FOLIO BIOGRAPHIES

Mohamed Ali

par

Claude Boli

Gallimard

Ouvrage dirigé
par Gérard de Cortanze

Claude Boli est docteur en histoire (De Montfort University, Leicester, Angleterre) et docteur en sociologie (Université de Nantes). Ses travaux portent essentiellement sur quatre sujets : l'Angleterre contemporaine, les populations noires en Europe, l'histoire sociale et la muséographie du sport. Il est Researcher Fellow à De Montfort University, et dirige actuellement le département de la recherche au musée national du Sport à Nice. Il a été commissaire de plusieurs expositions : *Euro 96, Football and European migration*, Pumphouse Museum of People History, Manchester (UK), 1996 ; *Il était une fois le Tour de France*, Monaco, 2009 ; *Football et Immigration*, Cité nationale de l'histoire de l'immigration, Paris, 2010 ; *Les footballeurs africains en France*, Paris, 2010 ; *Le sport s'affiche*, Paris, 2011 ; *Des batailles et des jeux. Le sport français dans la Grande Guerre. Centenaire 14-18*, 2014. Il est l'auteur de plusieurs ouvrages, dont *Manchester United. L'invention d'un club* (La Martinière, 2004) ; *Football : le triomphe du ballon rond* (Quatre chemins / Musée national du Sport, 2008). Il a codirigé *Les jeux Olympiques. Fierté nationale et enjeu mondial* (Atlantica / Musée national du Sport, 2008), *Allez la France ! Football et Immigration* (Gallimard, 2010) et *Des défis et des hommes* (Snoeck Éditions, 2013). Il est membre du comité directeur de l'Association des écrivains sportifs.

À Basile, Éric, Déjo et Guy Michel,
mes hommes de coin.

Une éducation à la porte du Sud profond

Les populations noires arrivées aux États-Unis à partir de 1619 du continent africain, principalement du golfe de Guinée (Gambie, Côte-de-l'Or, Sénégal...), furent longtemps les victimes d'une société discriminatoire et ségrégationniste. En dépit d'une participation active aux guerres de conquête de libertés individuelles et collectives (guerre de Sécession, guerres mondiales de 1914-1918 et de 1939-1945), la population noire fut tenue en marge de tous les processus historiques, politiques, économiques, culturels... L'abolition de l'esclavage en 1865 ne changea guère la donne. La réalité quotidienne resta structurellement marquée par un arsenal juridique — notamment avec les « lois Jim Crow » — qui normalisa l'idée d'une nation « séparée mais égale ». Si ce n'est toute l'Amérique, du moins les régions du Sud restèrent longtemps déterminées à maintenir un système rigide où les contacts entre communautés blanche et noire furent quasiment inexistants. Le vent de la liberté insufflé par les pères de la nation (Abraham Lincoln entre autres) fut stoppé net par une partie de la population peu encline à laisser des espaces d'action et d'espérance aux Noirs. Qu'en est-il durant les années 1940-1950 ?

À Louisville, tout du moins, la ségrégation perdure et donne lieu à des marqueurs de division. Louisville, « la porte du Sud » comme on l'appelle, n'échappe guère à ces images d'une société en noir et blanc, révélée dans les clichés de photographes témoins d'une époque souillée de cris et de silences racistes. Une plongée dans *The Courier-Journal*, le quotidien local de référence de l'époque, pointe l'invisibilité des populations afro-américaines dans tous les secteurs de représentation (politique, police, université, sport...). Véritable condensé de la situation sociale, la presse fournit d'innombrables preuves de la domination de la ville par la population W.A.S.P. (*White Anglo-Saxon Protestant* : ensemble d'immigrés blancs et protestants d'origine anglo-saxonne). L'image locale se lie de façon ritualisée à des moments de liesse et de fierté dans les sourires contenus de Ben Jones (grand entraîneur et membre du select Louisville Racing Elite) et les visages radieux des vainqueurs du Kentucky Derby (célèbre course hippique annuelle établie depuis 1875). Les autres lieux d'orgueil local transparaissent dans la fréquence des activités philanthropiques (création d'écoles, de centres de rééducation pour les plus démunis, d'associations sportives) guidées par l'éthique de la responsabilité sociale des notables, ou dans la démonstration du bel essor économique du transport naval, de l'industrie du whisky et du tabac. Le Louisville des années 1940 est majoritairement constitué d'une population blanche dont les ancêtres viennent d'Angleterre, d'Irlande, d'Écosse ou de France. Les Français bénéficient d'ailleurs d'une sympathie déclarée, puisque le nom de la ville est un hommage au roi Louis XVI qui envoya un contingent de soldats pour soutenir les Américains dans leur lutte contre l'oppresseur britannique lors de la guerre de l'Indépendance.

Présents depuis plusieurs siècles aux États-Unis, les Noirs sont paradoxalement invisibles, particulièrement dans les arcanes du pouvoir. Absents dans le recensement de 1940, ils sont comptabilisés en 1950 où ils représentent 15,6 % de la population totale. L'invisibilité est aussi « spatiale » : lorsque l'on porte son attention sur des vieux clichés des artères des rues ou boulevards les plus animés ou encore d'autres espaces publics (snack-bars, restaurants, cinémas, parcs et toilettes publics, gares...), aucun Noir n'y figure. Les meilleures salles de spectacles ont pour noms : Brown, Loew's, Strand, Kentucky, ou Mary Anderson. Le Dixie, Grand Théâtre, ou le Lyric, beaucoup moins pimpants, sont les seuls à être autorisés aux Noirs. Un objet on ne peut plus symbolique et présent partout : l'écriteau composé de bois ou de métal où est inscrit *White Only* (réservé aux Blancs) ou *Coloured*. Il définit l'infranchissable. Être noir dans le Louisville des années 1940-1950, c'est consciemment et inconsciemment ajuster son sens de l'orientation aux incommensurables zones interdites pour ne pas trouver le regard foudroyant et incrédule d'un agent de police ou d'un habitant raciste. La couleur de la peau devient en soi une pièce à conviction, un délit naturel. Louisville est toutefois épargné du racisme brutal qui règne dans les bastions du Sud profond de l'État du Mississippi. Là-bas, des villes connaissent, entre 1900 et 1940, 4 833 cas de lynchages, et les victimes sont dans une forte majorité noires. Les hordes de *nightriders* et du Ku Klux Klan pénètrent dans les maisons en pleine nuit, en arrachent les occupants et les lynchent en public. Bien que ces scènes soient relativement inexistantes à Louisville, la tension raciale y est cependant omniprésente. Le frère du futur boxeur s'en souvient avec émotion :

> La ségrégation était appliquée à Louisville, mais c'était une ville tranquille, pacifique et propre. Il n'y avait pas beaucoup de crimes, pas de drogue, très peu d'alcool et de prostitution [...]. Les seuls problèmes que Mohamed et moi avons rencontrés avec des Blancs, c'était lors des promenades dans certains coins de la ville. Si nous nous trouvions au mauvais endroit, des Blancs en voiture s'arrêtaient à notre hauteur pour nous dire : « Hé, les négros, qu'est-ce que vous faites ici ? » Je ne me suis jamais battu. Personne ne m'a jamais attaqué. Ce n'était pas comme dans le Sud profond, mais les gens nous traitaient de nègres et nous demandaient de dégager s'ils pensaient que nous n'avions pas le droit d'être dans tel ou tel endroit[1]*.

C'est dans ce Louisville-là que naît, le samedi 17 janvier 1942, à 18 h 35, à l'hôpital général, Cassius Marcellus Clay Junior, premier fils de Cassius Marcellus Clay Senior et d'Odessa Clay, née Lee Grady. Plutôt dodu, le visage adouci d'une paire de joues rondelettes posées sur une peau claire, Cassius est resplendissant de gaieté et d'énergie. « G.G. » comme l'appelle Odessa, en écho au babillage qu'émet le bébé Cassius pour extérioriser ses

* Les notes bibliographiques sont regroupées en fin de volume, p. 318.

désirs, est aux yeux de sa mère unique et singulier. Il fait preuve d'une précocité déconcertante. Il apprend très vite à marcher, à parler et surtout à exprimer avec une grande force de persuasion tout sentiment de mécontentement. À deux ans, il lui arrivait de se réveiller au milieu de la nuit pour sortir du placard de sa chambre tout ce qui lui était accessible. À quatre ans, il assumait avec une certaine confiance un rôle de chef de bande parmi ses camarades. Odessa est amusée et fière de voir l'enfant doté de telles qualités. Quant à Clay Senior, plus distant à l'égard de Cassius Jr, il est aussi agréablement surpris de la précocité de son fils. Plus tard, il dira que le champion a tout naturellement hérité de certaines de ses dispositions. Deux ans après Cassius, naît Rudolph Valentino Clay. Les deux garçons sont très proches. Rudolph voue une admiration sans bornes à cet aîné qui le lui rend bien en jouant régulièrement le rôle de grand frère protecteur. Dans les jeux, Cassius s'octroie toujours le rôle du chef et Rudolph est son fidèle lieutenant. L'envie de tout faire comme son frère aîné le poussera plus tard à embrasser une carrière de boxeur amateur et à se convertir à la religion musulmane.

Bien que les salaires de la mère et du père mettent la petite famille à l'abri du besoin, les deux garçons comprennent vite que les ressources d'Odessa et de Cash (surnom du père) sont peu compatibles avec un comportement dispendieux. Hamburgers et hot dogs constituent le gros de leur alimentation tandis que le poulet et les pommes de terre sont réservés aux jours exceptionnels. Leurs vêtements proviennent de *charity shops*, magasins où les familles en difficulté économique peuvent acheter des objets d'occasion à moindre coût et trouver un brin d'honneur en payant habits, jouets, livres ou disques à la mode. La famille est propriétaire d'une maison très modeste de quatre pièces, avec un grand orme planté à l'arrière. Le toit fuit et le porche risque de s'écrouler. Cassius Clay se souvient :

> La vérité, c'est que tant que j'ai vécu à Louisville, j'ai vécu dans la semi-pauvreté [...]. Bien sûr, à Louisville, les quartiers noirs ont moins l'air de ghettos que ceux de certaines grandes villes et il y avait des « bourgeois » parmi les Noirs, mais la famille Clay n'a réussi à entrer dans ce milieu que grâce à l'argent que j'ai gagné sur le ring[2].

Les enfants grandissent au 3302 Grand Avenue, dans la partie ouest de la ville, un quartier sans histoire, peuplé majoritairement de Noirs. Les populations les plus démunies sont plutôt du côté de Snake Town, et les nantis résident dans California Area.

Cassius et Rudolph pratiquent différents sports mais aucun ne les séduit vraiment. Grâce à sa rapidité et à ses excellents réflexes, l'aîné excelle au football américain, sans y être assidu... Dans leur ville, l'attraction sportive principale est le Kentucky Derby, célèbre course hippique qui a lieu chaque année au mois de mai. Il est toutefois difficile de s'identifier au vainqueur. Le souvenir du Noir Jimmy Winkfield, originaire du Kentucky et jockey de légende du début du XXe siècle, est bien loin et aucun adolescent noir ne se voit prendre la relève. Jackie Robinson, l'une des stars du base-ball, est le sportif le plus adulé. Premier Noir admis en *major league*, il plaît par sa classe sur le terrain et surtout par sa réserve vis-à-vis des mouvements d'émancipation. Apprécié du grand public, Robinson fait des émules dans les cours d'école et dans les ruelles.

La scolarité de Cassius est médiocre. À l'école primaire de Virginia Avenue, il se distingue uniquement dans les matières artistiques. Au lycée, il réussit péniblement à obtenir le baccalauréat en juin 1960 avec une faible moyenne. Il finit 376e sur 391. Ses professeurs s'accordent à dire qu'il est un garçon agréable, respectueux mais peu disposé aux études. Toutes les personnes qui l'ont côtoyé de près durant ces années préfèrent insister sur sa joie de vivre plutôt que sur ses aptitudes intellectuelles.

Depuis la seconde moitié du XVIIIe siècle, la conversion au christianisme est caractéristique des populations afro-américaines, qui conservent par ailleurs des croyances et des pratiques animistes. La religion est certainement l'un des signes uniques d'intégration. Chaque dimanche, les deux frères accompagnent leur mère dans l'enceinte de la congrégation baptiste. À l'exhortation du pasteur à une foi indéfectible se mêle le rêve d'un monde meilleur où la condition des Noirs s'améliorerait sensiblement. Clay, déjà très jeune, fait l'expérience des atrocités du racisme. En août 1955, il est bouleversé par l'histoire d'Emmett Till, quatorze ans, adolescent de Chicago en vacances dans le Mississippi rural, enlevé puis battu à mort. Son crime : s'être adressé de façon familière à Carolyn Bryant, une jeune Blanche de vingt et un ans. La photographie de son visage horriblement tuméfié est relayée dans la presse nationale[3]. Les mouvements des droits civiques s'y intéressent pour pointer l'atrocité de l'acte. Cassius racontera :

Emmett Till et moi étions à peu près du même âge. Il avait été assassiné dans le canton de Sunflower, au Mississippi, et je me revois, huit jours plus tard, planté au coin de la rue avec une bande de copains, on regardait les photos que publiaient les journaux et les magazines de la presse noire. Une photo le montrait en train de rire et l'air heureux. Sur une autre, il avait la tête tout enflée et écrasée, les yeux exorbités, la bouche tordue et les lèvres toutes fendues. Sa mère avait eu du cran. Elle avait refusé de le laisser enterrer tout de suite, pour que des centaines de milliers de gens puissent défiler devant son cercueil ouvert, à Chicago, et contempler son corps mutilé. On m'avait raconté qu'il était né le même jour et la même année que moi, et je m'étais senti une profonde affinité avec lui[4].

Une famille noire et blanche

L'origine de la famille de Marcellus Clay Senior est connue. Ses grands-parents furent esclaves et ils savaient lire et écrire. Ses arrière-grands-parents comptaient parmi les « Noirs libres » recensés dans le Kentucky. Le nom « Clay » provient d'un notable local, ami d'Abraham Lincoln, abolitionniste, mais intimement persuadé de la suprématie de la « race blanche » :

> Je suis convaincu que la race caucasienne ou blanche est la race supérieure ; les spécimens de cette race ont le cerveau plus gros et mieux constitué ; un corps mieux développé et une ossature parfaite. Les découvertes de la science moderne prouvent que les bâtisseurs de pyramides et les Égyptiens qui inventèrent les hiéroglyphes et les lettres étaient des Blancs. Ainsi cette question si longtemps débattue est maintenant réglée. Les historiens sont désormais d'accord pour considérer la race caucasienne comme la plus évoluée de toute l'histoire de l'humanité[1].

Clay Senior est né en 1912 dans le comté de Jefferson (Kentucky). Son teint très noir suppose qu'il y a eu très peu de mixité dans sa famille. D'extraction pauvre, il trouve dans des petits boulots les fruits d'une subsistance respectable. Doué pour le dessin, il en fait plus tard son métier. À Louisville, Cash est un artiste reconnu. Il peint des enseignes de magasins et des fresques religieuses. À tous ceux qui prêtent un tant soit peu attention à sa façon directe de s'exprimer, il répond qu'il est un artiste et le plus grand ! Les mauvaises langues disent qu'il se prend pour un vrai peintre. Dans les mots de Cash, l'image de l'artiste frustré n'est guère dissimulée. Pour lui, le trait artistique ne suffit pas, il faut aussi s'exprimer dans son accoutrement, le soin de son visage et de sa chevelure. Costume à carreaux, chemise à motifs ou de couleur rose, bottes en cuir de grande marque constituent la garde-robe du père dandy... Grand admirateur des acteurs-séducteurs hollywoodiens des années 1920-1930, Cash se plaît également à reproduire la moustache fine de Clark Gable ou de Rudolph Valentino, son acteur préféré. L'application de produits défrisants complète l'attirail de séduction. Avec une chevelure crépue transformée en coiffure lisse à l'européenne, Cash expose l'embarras d'une population en quête d'identité définie. Entendre parler Cash, c'est tenter de suivre le tempo d'une gouaille sans égale. Son langage est direct, argotique et profondément rythmé. Sans vergogne, il répète à tout le monde qu'il vaut beaucoup plus que ce qu'il est et que ce qu'il fait :

J'étais destiné à la peinture et, dans d'autres circonstances ou à une autre époque, beaucoup plus de gens auraient su de quoi j'étais capable. Je n'ai pas de préférence parmi mes peintures. Pour être honnête avec vous, je dirais qu'elles sont toutes de qualité. À une époque, j'avais peint des toiles au sous-sol : c'étaient des paysages enneigés [...]. Quand on les éclairait avec des guirlandes de Noël par exemple, le soleil prenait une teinte orangée et on avait l'impression que le soleil et les nuages se déplaçaient sur la neige[2].

Rien qu'à la lecture des noms des établissements pour lesquels il travaille, il n'est pas difficile de prendre la mesure de sa frustration. Citons *King Karl, le roi du meuble bon marché* ; *Joyce's, coiffeur pour dames*, *Docteur Harris, accouchements et maladies vénériennes*, etc[3].

On lui connaît très peu de conscience politique, mais il semble attiré par les discours de Marcus Garvey, le leader d'origine jamaïcaine, première figure qui invite ses semblables à être fiers de leur peau et de leurs origines africaines. Cash ne cesse de prévenir ses deux fils : être noir dans l'Amérique des années 1950, c'est avoir à redoubler d'effort pour se faire accepter et voir ses droits respectés.

La frustration de Cash ne s'accompagne que des moqueries et des sarcasmes d'autrui. De toutes les facettes de Marcellus Clay Senior, celles de baratineur, de chanteur de bar (dans le style des crooners Nat King Cole, Bing Crosby ou Russ Colombo), de comédien hors pair, d'alcoolique, de narcissique, de coureur de jupons ou de mari violent sont les plus répandues à Louisville. Les dossiers de la police rapportent quatre arrestations pour conduite en état d'ébriété, deux pour trouble à l'ordre public, une pour fraude hypothécaire et deux pour coups et blessures. Les forces de l'ordre doivent également intervenir pour des violences conjugales. À trois reprises, Odessa appelle la police pour une demande de protection. Situation gênante et humiliante qui sera relativement peu évoquée dans les biographies consacrées au champion. Odessa ne tient pas à ce que ces histoires souillent l'image paternelle, elle dont l'enfance est marquée par la séparation de ses parents et surtout par l'absence de son propre père dont elle n'a pratiquement aucun souvenir.

Comme de nombreux Noirs américains à la peau très claire, Odessa a du « sang blanc ». L'un de ses grands-parents porte le nom d'Abe Grady. Il a quitté le comté de Clare, en Irlande, pour aspirer à une vie meilleure aux États-Unis peu après la guerre civile, et a rencontré une « Noire libre ». Odessa est donc le résultat d'une union entre un Blanc et une Noire. Une rencontre improbable dans cette Amérique du XIXe siècle où la mixité raciale est souvent le rappel d'un acte dont on se force à taire à jamais le nom, d'une douleur pesante (un viol, un enfant non désiré…). Cette facette blanche, les Clay s'évertuent à la cacher. Enfant pauvre, solitaire, de parents séparés, c'est auprès de sa tante qu'Odessa trouve une forme de réconfort familial. Orgueilleuse et volontaire, elle réussit à trouver des petits boulots pour poursuivre sa scolarité et s'acheter des vêtements. Assommée par une existence rude, elle décide à seize ans de quitter le foyer familial et succombe au charme de Cash, de quatre ans son aîné. Avec lui, la vie est plus gaie mais loin d'être idyllique. Le don artistique du mari ne suffit pas à nourrir les deux enfants. Elle effectue différentes tâches ménagères pour de riches familles blanches des quartiers résidentiels. Reconnue bonne travailleuse et remplissant de multiples fonctions, on apprécie aussi son art de la cuisine même si on ne lui laisse pas la liberté de préparer des mets trop « afro ». Parfois, on la complimente, lui faisant entendre qu'elle fait « presque partie de la famille ».

Menant à la fois une vie de labeur et de mère protectrice, elle élève ses deux fils dans la morale religieuse et porte un regard attentionné à leurs ambitions. Cassius l'a bien compris, sa mère ne l'empêchera pas de poursuivre son rêve : devenir champion du monde de boxe.

La boxe et rien d'autre

Selon la légende, la rencontre de Cassius avec la boxe a lieu en octobre 1954. Lors d'une escapade avec un ami, à l'auditorium Columbia, dans le cadre d'une vente de charité annuelle organisée par la communauté noire de la ville. Cassius s'y rend avec son vélo rouge flambant neuf de la marque Schwinn, que son père lui a récemment offert. Voulant profiter des moments de festivités pour déambuler librement, il gare sa bicyclette. À la fin de cette après-midi radieuse où il s'est nourri de pop-corn et de friandises, il décide de prendre le chemin du retour. Mais à sa grande surprise, le vélo, acheté soixante dollars par son père, s'est volatilisé. Que faire ? Où aller ? Comment annoncer la nouvelle à un père si colérique ? Cassius sillonne le quartier au pas de course, le cœur brisé, et se rend à l'évidence : le Schwinn a été dérobé. La détresse du jeune garçon interpelle un adulte qui lui conseille d'aller voir au sous-sol de l'auditorium, là où les boxeurs s'entraînent, un policier nommé Joe Martin. Cassius s'y presse. Perdu dans ses larmes et incapable de construire un propos mesuré et cohérent, il dit à l'agent de police qu'il veut « corriger » celui qui a volé son vélo. Avec sang-froid et professionnalisme, le sergent Joe Martin demande au jeune garçon de se calmer. Il enregistre sa déclaration et lui avoue qu'il sera difficile de retrouver sa bicyclette, puis suggère à Cassius d'apprendre à se battre s'il veut se défendre. Tandis que l'agent s'exprime, la tristesse de l'adolescent s'évanouit. Le charme étrange de l'endroit est en train d'opérer : le Louisville Columbia Gym, dont Joe Martin est l'un des principaux entraîneurs, l'attire. On raconte qu'enchanté de trouver un univers nouveau, le jeune Cassius, douze ans, s'inscrit immédiatement au club. La réalité est sans doute tout autre, mais peu importe. Quoi qu'il en soit, la salle de boxe l'impressionne et cette journée le transforme. Puis l'histoire s'accélère par le biais d'une émission de télévision. Jack Rummel livre quelques morceaux de cette histoire légendaire :

> Il tomba par hasard sur une émission de télévision locale intitulée « Les champions de demain », présentant des matchs de boxe amateurs à Louisville. À l'écran, il vit Joe Martin du Columbia Gym se tenant dans le coin de l'un de ses poulains. Impressionné, il le montra à ses parents et leur dit qu'il avait envie d'essayer la boxe. Après quelques hésitations, ils acceptèrent[1].

Chez Cassius, la boxe devient alors plus qu'un loisir. Sa pratique est obsédante. Afin de nourrir son ambition, et ses rêves de célébrité, il s'impose une discipline assez incroyable pour un adolescent de son âge. Au spectacle des habitués ou des occasionnels de la salle de boxe, l'aîné des Clay observe méticuleusement les gestes, les souffles, les cadences. Il pose son regard rempli d'envie sur les photos de boxeurs qui ont marqué l'histoire locale, nationale ou internationale, de la discipline. « Vas-y, frappe ! Utilise ton *jab*, bouge-bouge ! Bon sang, tu vas te faire coincer par une sale droite ! » Ces mots résonnent sans cesse dans sa tête. Accrochés sur des murs qui ont souffert de l'humidité, les portraits de boxeurs légendaires dynamisent les entraînements des jeunes et des moins jeunes. Chacun se met à mimer le geste suprême de son idole. L'adoption d'un surnom crée la sensation d'être un autre quand on enfile sa tenue. Jack Johnson devient « le géant de Galveston », Benny Leonard « le sorcier du ghetto », Joe Louis « le bombardier noir », Rocky Marciano « le bloc de béton de Brockton », Walker Smith Jr « Sugar Ray Robinson ». Les coups et exploits de ces figures hantent la salle. Tout cela semble conditionner l'existence de Cassius. Son esprit est submergé par l'univers pugilistique dans ses moments de solitude, sur les bancs du lycée. Il s'approprie et invente des coups imparables et demande à son jeune frère de jouer le jeu du sparring-partner (complice d'entraînement). Ses piètres résultats scolaires deviennent des raisons supplémentaires pour se lancer corps et âme dans la boxe. D'ailleurs, les enseignants n'empêchent pas l'apprenti boxeur de s'éloigner des études. L'univers de la ségrégation a engendré un certain nombre d'idées préconçues sur l'avenir des jeunes Noirs. Parmi les perceptions les plus courantes, émerge celle d'un avenir tout tracé dans les emplois sous-classés ou dans les activités où l'aptitude physique prévaut sur les ressources intellectuelles. En dépit de l'existence d'une élite noire diplômée de l'enseignement supérieur et des actions menées par diverses organisations telles que l'Association nationale pour l'émancipation des gens de couleur (N.A.A.C.P.), les possibilités d'accéder à des postes à responsabilités sont quasiment nulles pour les Noirs. Le sport, en revanche, constitue un lieu d'ascension sociale, un terrain d'intégration et de visibilité. Aussi le surinvestissement du jeune Cassius dans la boxe apparaît-il comme une orientation « naturelle » pour ses professeurs et acceptable pour ses parents. Il est trop tôt pour parler de surreprésentation des Afro-Américains dans l'espace des sports, mais l'histoire de Cassius constitue un aperçu de ce qu'il en adviendra à partir des années 1970, avec le nombre croissant des Blacks dans les sports hautement valorisés (base-ball, football américain, basket-ball...). Et déjà, l'institution scolaire se fait complice de ce choix socialement déterminé. Ainsi, Atwood Wilson, le proviseur, soutient et minimise les mauvaises notes de Cassius. Plus tard, sa fierté d'être celui qui a laissé s'exprimer l'ambition du jeune homme sera palpable dans certains de ses propos. Le lycée d'où est sorti le champion en tire des bénéfices. Au vu des premiers bons résultats qu'il rencontre sur le ring, Cassius devient la coqueluche. Il en joue avec délectation tout en cachant une profonde timidité, notamment vis-à-vis des jeunes filles. Quant au sérieux qu'il met dans la boxe, cela lui vaut le respect de ses proches.

L'ascétisme juvénile

Dans les récits des lieux mythiques de la boxe aux États-Unis, la ville de Louisville est peu imposante. Le cœur historique du *noble art* se trouve à La Nouvelle-Orléans. Là-bas, se développe dans les années 1880-1890 une véritable industrie du spectacle pugilistique avec des salles construites pour les grandes occasions, des organisateurs spécialistes de rencontres, des arbitres respectés et des combattants rémunérés[1]. Cependant, on peut difficilement parler d'une boxe structurellement professionnelle, tout simplement parce que la découverte de ce sport est, chez bon nombre de combattants, le fruit du hasard. La vocation de boxeur à proprement parler est rare et quand elle émerge, elle apparaît comme inédite et novatrice.

À Louisville, la *boxe mania* est tardive et y apparaît comme une activité d'une importance mineure. Cela est dû en grande partie à la population majoritairement noire qui fréquente les salles. L'image de Louisville est à des années-lumière des grandes villes telles que New York, Detroit, Chicago ou Los Angeles, où l'histoire de mythiques salles de boxe croise le destin de champions d'exception. Dans certains endroits tels que le Bronx à New York, le *gym club* constitue un creuset de rencontres des plus redoutables bagarreurs de la ville. La littérature et le cinéma d'outre-Atlantique (Jack London, Ernest Hemingway, Nelson Algren, Joyce Carol Oates, Martin Scorsese, Silvester Stallone...) trouveront, dans la moiteur des salles, une source de fascination et de fabrication de destins cruels. À Louisville, répétons-le, c'est différent. Le club de boxe, le Columbia Gym, est situé dans une rue sans histoire, sans grand charme, presque banale.

À treize ans à peine, Cassius montre une volonté exceptionnelle d'abnégation et une grande force de caractère. Il surprend son entourage par un ascétisme quasi monacal. Plutôt que d'agir comme la plupart des jeunes de son âge, il s'impose une conduite de vie extrêmement rigoureuse. En fait, il se transforme en véritable athlète et s'astreint à un programme d'entraînement intensif. D'adolescent féru de friandises et de plats riches en calories, il décide brutalement de suivre un régime alimentaire qui interdit la gourmandise. Son corps est soigneusement sculpté par des séances régulières de footing. Au lever du jour, il avale plusieurs kilomètres pour entretenir son souffle et son endurance. Habillé d'une tenue trop grande pour sa silhouette presque « maigrichonne » (moins de 50 kg) et affublé de grosses et lourdes chaussures de chantier, il s'applique à courir méthodiquement à travers la ville endormie. À petites foulées d'un rythme soutenu, on le voit arpenter les bitumes de Greenwood Avenue, traverser Chickasaw Park, et longer la rivière

Ohio avec une assiduité et une cadence imperturbables. L'esprit totalement habité par sa séance d'entraînement, il ne remarque guère les personnes interloquées par ce jeune lève-tôt, galopant à l'heure des rondes des policiers. Ces derniers, dans un premier temps intrigués, ont fini par ne plus prêter attention à ce coureur matinal.

Le gymnase est ensuite le lieu des séances d'entraînement. À l'intérieur de cette salle aux équipements modestes, il fait ses gammes. Séquences de punching-ball, perfectionnement de gestes face au miroir, saut à la corde, tout est effectué avec minutie sous l'œil scrutateur de Joe Martin. Cassius écoute très attentivement les conseils prodigués par son entraîneur même s'il a une telle *self confidence* qu'il se fixe aussi lui-même ses règles et est en quelque sorte son propre maître. Son attitude hyperactive dans la vie courante devient, lorsqu'elle doit s'exprimer sur un ring, synonyme d'abnégation et de persévérance. Le jeune garçon veut à tout prix réussir, et semble tout miser sur le « grand art ».

Quand il n'est plus dans sa salle d'entraînement, le jeune « boxeur » ne perd rien de sa rigueur. Il refuse de boire des boissons sucrées et alcoolisées et surtout s'interdit la cigarette. Ses parents sont satisfaits de voir l'entrain qu'il met à atteindre son but. Odessa est toutefois interpellée par le fait que Cassius ne s'intéresse pas aux activités et aux plaisirs d'un gamin de son âge. La tentation des premiers baisers ne le touche donc pas ? Elle ne sait pas trop à quoi s'en tenir. Doit-elle encourager ce fils qui s'affirme et qui s'émancipe sans l'aide des parents ou lui suggérer une vie moins stricte ? La mère remarque qu'il ne lui présente pas de fille. Il semble ne jamais se rendre à des surprises-parties non plus. Hunt Helm, journaliste au quotidien de la ville *The Courier-Journal*, souligne :

> À l'époque, au Central High School, le jeune Clay avait déjà sa réputation : il buvait de l'eau parfumée à l'ail et du lait avec des œufs crus, il ne fumait pas, il ne consommait jamais de sodas ; il courait et boxait dans le vide aussi souvent qu'il marchait. Et il était très timide, surtout avec les filles[2].

Au même âge, aucun autre champion du monde poids lourds ne s'est autant investi dans la boxe. Jack Johnson, le premier champion du monde noir dans cette catégorie, découvre la pratique de la boxe avec son patron vers l'âge de seize ans. Gene Tunney, l'intellectuel du ring et fils de bonne famille, commence la boxe durant sa mobilisation dans les troupes des Marine Corps en 1918. C'est dans le cadre d'un programme de réinsertion en prison que l'Italo-Américain Jake LaMotta découvre la boxe à la fin de l'adolescence. À treize ans à peine, Cassius, lui, s'entraîne déjà durement pour appartenir au groupe des jeunes boxeurs prometteurs de Joe Martin. Ces boxeurs ont l'opportunité de démontrer leur talent dans le programme télévisé intitulé « Les champions de demain » *(Tomorrow's Champions)*, émission retransmise et diffusée dans tout le Kentucky.

Combattant plus que champion-né

Bientôt se profilent les premiers combats. S'il met beaucoup d'entrain sur le ring, il est, pour les puristes, un boxeur banal, courageux certes mais sans talent particulier. De toutes les façons, le courage ne suffit pas à faire de grands boxeurs. C'est avec honnêteté que Joe Martin fait part de ce constat au plus connu des biographes de Cassius Clay, l'avocat-écrivain new-yorkais nommé au prix Pulitzer, Thomas Hauser :

> Je dois avoir enseigné la boxe à environ un millier de gamins, ou tout au moins essayé de le faire. Cassius Clay, quand il s'est mis à fréquenter le gymnase, ne valait pas mieux que la plupart. Si les boxeurs recevaient des primes liées à leur potentiel comme les joueurs de base-ball, je ne suis pas sûr qu'il en aurait reçu. Il était ordinaire et je doute qu'un dénicheur de talents se serait intéressé à lui la première année. Mais au bout d'un an, il était évident que ce petit prétentieux — il a toujours été un peu culotté, vous savez — avait un potentiel énorme. Je suppose qu'il sortait du lot parce qu'il était plus déterminé que la plupart des autres garçons et qu'il voulait y arriver le plus vite possible. Il avait de la volonté ; il était prêt à faire des sacrifices pour réussir dans le sport. Je me suis rendu compte que rien ne pouvait le décourager. C'était le gosse le plus acharné que j'ai entraîné[1].

Au début de la formation de Cassius, ses matchs d'entraînement sont laborieux. Il est couramment dit que son premier véritable combat se déroule face à un adversaire plus âgé, et nettement plus confirmé. La confrontation semble irréaliste tant les entraîneurs sont habituellement attentifs aux différences de niveaux et ne laissent jamais un novice se confronter à un combattant plus âgé et de surcroît d'une catégorie différente. Cassius manque cruellement d'expérience, il est durement marqué par les coups qu'il reçoit à la tête.

Progressivement, cependant, son rythme d'entraînement et sa transformation morphologique le rapprochent d'un vrai boxeur. Au contact des apprentis et des « pros », il apprend à mieux former ses poings, à mieux comprendre l'anatomie humaine afin de cerner les parties du corps où les coups sont les plus fatals, à mieux appréhender ses forces et ses faiblesses en tenant compte de sa propre morphologie. À l'écoute du mentor Joe Martin, il incorpore davantage de *tricks*. En fait, toute une éducation pugilistique se met en place dans sa façon d'agir et de se mouvoir sur le ring. Au vu des progrès manifestes et des belles prestations réalisées à l'entraînement ou en combat, il participe à l'émission « Les champions de demain ». Cassius gagne des combats qui lui rapportent quatre dollars par victoire, somme non négligeable pour l'époque. Il franchit une étape supplémentaire : c'est un bouleversement dans sa vie quotidienne. Les changements sont évidents dans son esprit et autour de lui. Cash et Odessa commencent à reconnaître le talent de leur fils aîné. Cassius se rappelle cette métamorphose :

L'idée que tout le Kentucky me verrait à la télé me galvanisa, et je m'entraînai toute la semaine. On m'opposa à un Blanc, Ronnie O'Keefe, et je gagnai mon premier combat de justesse aux points.

Brusquement j'avais une nouvelle vie. Dans la bande, on me respectait parce que j'étais boxeur. Après ma première victoire, mon père avait arpenté Boston Street en prédisant à qui voulait l'entendre : « Mon fils sera un nouveau Joe Louis. Cassius Clay, champion du monde des lourds. » Bird commença à trouver que je ressemblais à Louis. « Vous trouvez pas qu'il a la même grosse tête ronde que Joe Louis ? » demandait-elle à mes cousins.

Et de ce jour-là, elle se mit à répéter partout que quand j'étais petit, je n'arrêtais pas de sauter dans mon lit en disant : « G. G. » « Il ne comprenait rien d'autre. Rien que ces deux lettres, G. G. » Moi j'en profitais pour placer ma blague favorite et expliquer que j'essayais de lui dire que je décrocherais un jour le championnat des Golden Gloves[2].

Les Gants d'or

En 1955, Cassius intègre l'équipe qui représentera le Columbia Gym dans une compétition régionale extrêmement réputée : les Gants d'or du Kentucky (Kentucky Golden Gloves). C'est l'étape suprême des jeunes boxeurs amateurs. Cassius flirte avec la notoriété. Dans ce qui est le plus grand tournoi annuel amateur depuis 1928, des milliers de jeunes boxeurs aux talents incertains, majoritairement issus de milieux pauvres, se battent pour la fierté de leur club et pour goûter à un début de célébrité en cas de victoire finale. L'autre aspect non négligeable de ce tournoi, c'est qu'il représente la porte d'entrée dans la cour des meilleurs boxeurs amateurs qui visent une carrière professionnelle. Un titre obtenu aux Golden Gloves, c'est une étape décisive dans une carrière. Cassius ne fait guère sensation durant sa première participation. Impressionné par son adversaire, il est nettement battu.

Cette défaite le perturbe car elle met en lumière des failles dans sa manière même de boxer. Serait-ce Joe Martin le coupable désigné dans cet échec ? Ou faudrait-il voir une approche stylistique inappropriée à son ambition ? Dans tous les cas, il est fasciné par celui qui l'a battu et dominé.

Dans le combat, il se rappelle qu'il a été incapable de sortir des pièges de celui-ci. Ses coups semblaient manquer de puissance, et pire encore, la cadence imposée par le boxeur adverse l'étouffait. Cassius, malgré une expérience de combat limitée, sait qu'il s'est passé quelque chose d'inhabituel. Tous ses repères pugilistiques sont annihilés par cette mystérieuse façon de boxer. Il se pose des questions et cherche des pistes de réponses. Le jeu de son adversaire est au centre de ses interrogations. Les mots de consolation de Joe Martin et le regard compatissant du petit frère Rudy n'ébranlent pas sa conviction.

Après le combat, Cassius observe son adversaire, le dévisage. Il semble subjugué par sa personnalité et se met à entrevoir l'inavouable : n'est-ce pas de cette manière qu'il a réellement envie de boxer ? Mais comment le savoir avec une si petite expérience ? D'une façon troublante, la déception se confond avec l'heureuse surprise d'avoir approché une boxe si différente de celle qu'on lui enseigne et si déconcertante.

Un autre motif de fascination s'empare de Cassius. Le boxeur et son entraîneur sont noirs. Ce dernier, un certain Fred Stoner, est le responsable du club de boxe concurrent de celui de Joe Martin, le Grace Hope Community Center, situé dans le quartier noir de Louisville. La tentation de rejoindre ce club est alors très forte chez Cassius. Il racontera plus tard :

Un soir que je regardais [à la télévision] les boxeurs de Stoner surclasser par leur force et leur style des boxeurs qui étaient venus d'un autre État pour faire une démonstration, je me suis senti tellement impressionné que je décidai de tenter ma chance. [...] je descendis au gymnase pour essayer de parler à Stoner.

C'était un Noir calme et frêle d'allure qui se passionnait pour son travail et suivait les moindres gestes de ses boxeurs. J'examinai la salle. Elle était moins bien équipée que celle de Joe Martin. L'hiver, il devait faire froid dans le sous-sol de l'église de Stoner, tandis que dans le gymnase de Martin, il faisait chaud. Et ses sacs et son matériel ne pouvaient se comparer à ceux de Martin[1].

Un dilemme se pose : faut-il quitter Joe Martin et ses entraînements classiques pour rejoindre l'équipe de Stoner et pratiquer une boxe plus proche de sa personnalité ?

Comment Joe Martin va-t-il réagir dès qu'il saura que Cassius est allé prendre conseil du côté de Fred Stoner ? Bien évidemment, la fierté de Martin va être ébranlée et cela inquiète Cassius. Il doit choisir. Il n'est pas très à l'aise dans ce rôle et sent qu'il doit laisser parler son ambition ultime : devenir boxeur. Les arguments pour se rapprocher de Stoner sont alléchants. La réputation de ses poulains a largement dépassé la ville de Louisville et les boxeurs sont dithyrambiques sur ses méthodes.

Les caractères et les itinéraires des deux entraîneurs sont diamétralement opposés. Joe Elsby Martin mène une modeste carrière de gardien de la paix dans la police locale. Peu intéressé ou incapable de gravir les échelons d'un grade plus important que celui de sergent, il n'en demeure pas moins une personnalité respectée et appréciée à Louisville. Marqué par la morale catholique de l'engagement personnel, très présente dans les populations d'origine irlandaise, il joue un rôle social déterminant. À côté de sa fonction professionnelle, il s'investit dans ce qu'il considère comme sa mission : utiliser la boxe pour réduire les comportements déviants des adolescents. La salle de boxe va constituer un îlot d'apprentissage de bonnes conduites et de frein à la délinquance juvénile. Il est en grande partie à l'origine du développement de la boxe amateur à Louisville. Aux dires de ses apprentis, Martin possède une forte personnalité. On le dit très strict, très ombrageux, peu enclin à laisser passer le moindre écart de conduite des jeunes boxeurs. C'est un mélange d'animateur et d'agent de paix sociale dévoué. La boxe est son champ d'action social[2].

La première différence entre Joe Martin et Fred Stoner réside dans la compétence pugilistique. Ce dernier a fait une honorable carrière amateur et professionnelle. Il a été un redoutable combattant dans les catégories des légers et s'est distingué par sa manière de boxer. C'est un « styliste », disent certains. Les qualités de Fred Stoner s'expriment davantage dans l'art de l'esquive, du mouvement des jambes, des astuces aux cordes plutôt que dans les coups foudroyants des puncheurs. Dans ce Louisville empreint de ségrégation, il réussit, avec des moyens limités, à entretenir le club de boxe, et à concurrencer la salle « officielle », celle de Joe Martin. Comme si le sort de sa condition était tracé d'avance, il accepte sans amertume que son gymnase soit relégué à la seconde place. La réputation et les résultats doivent suffire à remplir son club, dont le prix d'adhésion est nettement inférieur à celui du Columbia Gym. Le visage peu marqué par une expérience d'ex-boxeur, Stoner apprend à des centaines de gamins les rudiments du pugilat avec un certain charisme. Rares sont les fois où il élève la voix. Il est professionnel dans tous les cas. Quand un élève franchit sa porte, il essaye d'en faire un véritable boxeur. Le souci d'intégration sociale par la boxe l'intéresse peu. Sa marque de fabrique, c'est de former des combattants très rigoureux dans leur conception de la pratique, notamment avec un programme d'entraînement intensif. À Louisville, sa réputation est façonnée par ses résultats : Stoner a formé de remarquables boxeurs professionnels, comme Jerome Dawson, Billy Williams, Green Gresham ou Rudolph Stich. Cassius, admiratif devant les boxeurs de Stoner, souligne :

> C'étaient de magnifiques boxeurs. De vrais pugilistes. Ils cognaient sec et ils étaient agiles. Ils savaient frapper au corps, toucher, rompre. Ils avaient un joli jeu de jambes. Ils savaient esquiver et se dérober. Certains étaient encore plus jeunes que moi, mais leurs corps paraissaient épanouis. Comment s'y prenaient-ils pour avoir d'aussi beaux corps ? Il fallait que je le sache[3].

Plus tard, dans de nombreux entretiens, sans minimiser le travail de Joe Martin, Cassius attribue à Fred Stoner le rôle du maître qui lui a appris la science et la technique de la boxe. Un exemple est donné dans sa première autobiographie réalisée en collaboration avec Richard Durham, rédacteur en chef noir de *Muhammad Speaks*, quotidien officiel de la « Nation de l'Islam » (Nation of Islam) :

Chez Fred, la discipline était dure. Les exercices étaient une vraie religion, et Fred me forçait impitoyablement à développer certains muscles qui d'après lui étaient indispensables pour survivre sur le ring. Il nous obligeait à faire des séries de directs du gauche, deux cents d'affilée, des directs secs et enchaînés en cascade. Quand on se fatiguait, il nous obligeait à recommencer de zéro en comptant jusqu'à cent, un, deux, trois... et en alignant les directs jusqu'au jour où on se retrouvait capables de faire les deux cents sans s'en apercevoir. Puis il passait aux combinaisons, direct, direct et crochet du droit. Ensuite revenir avec un crochet, direct, crochet du gauche et esquive ; direct et en arrière, direct et en avant. Il nous apprenait à bloquer, à lancer des crochets croisés du droit, et on recommençait interminablement. On devait faire cent pompes sur les bras et cent flexions sur les genoux.

Chez Martin, tout ce qu'on nous demandait c'était de cogner sur le sac, de sauter à la corde, de bondir sur le ring et de se cogner dessus de bon cœur. Toute la publicité faite autour de ma vocation et des progrès de ma technique présente Joe Martin comme l'incubateur. Mais mon style, mon ressort, mon système furent façonnés dans le sous-sol d'une église de l'East End[4].

Finalement, Cassius ne rompt pas avec son premier mentor. Six jours par semaine, il répartit son temps de boxe entre les deux gymnases rivaux. Entre 18 et 20 heures, il suit les conseils de Joe Martin, ingurgite un rapide repas et rejoint la salle de Fred Stoner entre 20 heures et minuit pour un nouvel entraînement quasi professionnel.

Les progrès sont manifestes. Le corps change également. La régularité et l'intensité des nombreuses séances d'entraînement ont développé le corps entier. Le buste s'est sensiblement développé et le torse montre les signes d'une musculature qui s'éloigne d'une charpente d'adolescent. Le tour de bras s'est renforcé par des séances de travail au sac de frappe. Les jambes élancées se sont également endurcies aux interminables sauts à la corde. Il prend définitivement l'allure d'un boxeur de catégorie mi-lourds (moins de 80 kg). Sa taille approchant 1,90 m lui assure une corpulence de boxeur en pleine explosion corporelle. Il prend 15 kg de muscles. Les séances d'effort de résistance ont dessiné un coffre impressionnant d'abdominaux. Seule la douceur de son visage et de sa voix signale la jeunesse de Cassius, qui continue son apprentissage avec confiance et témérité.

En 1956, alors âgé de quatorze ans, Cassius fait de nouveau parler de lui aux Golden Gloves du Kentucky. Et cette fois-ci de fort belle manière. En finale, il rencontre une connaissance, Jimmy Ellis, un jeune de Louisville, de deux ans son aîné. Ils viennent du même club, le Columbia Gym, et ont appris la pratique avec Joe Martin. Leur première rencontre se déroule dans l'émission télévisée « Les champions de demain ». Jimmy Ellis est issu d'une famille nombreuse, comptant dix frères et sœurs. Chrétien dévoué, il s'implique dans la vie de la paroisse baptiste de son père pasteur, notamment en participant à la chorale. Ses talents de chanteur lui valent une belle réputation dans la ville. En tant que boxeur, il est connu pour posséder une « bonne droite » et une « bonne allonge ». Jimmy est l'un des meilleurs de sa génération et dispose d'un gros potentiel pour viser une excellente carrière « pro ».

Le combat s'annonce âpre, difficile et incertain tant les deux boxeurs se connaissent. Ellis a l'avantage de l'âge mais Cassius est courageux et le fait sentir dès les premiers rounds. Cassius remporte le combat avec difficulté, mais fait un pas de géant dans le cercle des boxeurs prometteurs. S'ensuivent d'autres titres majeurs, au plan local et national.

À l'aube de ses dix-huit ans, il aura participé à cent huit combats amateurs, remporté six fois les Gants d'or du Kentucky, connu la consécration nationale avec deux titres A.A.U. (Amateur Athletic Union) et se sera fait quelques frayeurs en dehors du ring.

En 1957, des médecins lui détectent en effet un souffle au cœur. Stupeur dans la famille. Les proches sont abasourdis. Les parents cherchent un cas similaire chez un lointain ancêtre. Aucune maladie du cœur n'a été diagnostiquée dans les familles de Cash et d'Odessa. La boxe et surtout l'intensité que Cassius met à l'entraînement deviennent source de suspicion. Et si la cause de ce « mal étrange », c'était la boxe ? Les survivances de pensées animistes venues d'Afrique ne sont pas sans conséquences sur les esprits de Cash et d'Odessa, pourtant marqués par les principes religieux chrétiens. S'agit-il d'un mauvais sort ? De qui viendrait-il ? Prières et appels à la providence divine deviennent la routine des parents, de Rudy le frère, et des proches. Pendant plusieurs mois, Cassius abandonne les salles de boxe sans pour autant arrêter de maintenir sa condition physique grâce au footing. Après des semaines d'anxiété et d'angoisse, le mal se résorbe et il reprend ses activités d'apprenti boxeur.

Sur le ring, Cassius connaît des défaites sèches qui sont marquantes dans sa toute jeune carrière. En 1958, lors des Golden Gloves, il est envoyé au tapis par un certain Kent Green, boxeur plus chevronné et plus puissant. Cassius est dominé dans tous les secteurs du jeu. Selon le mythe, il touche le tapis. Effrayé de voir son poulain surclassé et menacé d'un K.-O. qui semble inéluctable, Joe Martin décide de jeter l'éponge et signe l'abandon de la rencontre. En 1959, Cassius participe aux Jeux panaméricains. Il y rencontre Amos Johnson, dont le style est craint par tous les pugilistes. C'est « une fausse garde » ; dans le jargon de la boxe, cela signifie que c'est un gaucher dont la particularité est d'opérer avec une garde inversée, poing et pied droit en avant. La difficulté avec ce genre de boxeur, c'est l'imprévisibilité des coups violents qui peuvent venir à la fois de la main gauche et de la droite. À l'issue des trois rounds de trois minutes, Cassius perd aux points. Il est très déçu de cette défaite mais apprend à cerner ce type de boxeur. Il a certainement connu d'autres défaites cuisantes en amateur, dans les salles d'entraînement, mais la postérité ne retient que celles où les échecs ont alimenté la construction de la légende Ali. La victoire aux jeux Olympiques de Rome en 1960 intervient aussi dans ce registre de l'invention du champion.

1960 constitue en effet une date charnière. Le 9 mars, Cassius remporte avec panache les National Golden Gloves puis enchaîne, le 9 avril, en gagnant le prestigieux championnat amateur (Amateur Athletic Union). La presse locale commence à s'intéresser aux performances du jeune boxeur. Afin de rendre hommage au travail de Joe Martin, un article est consacré à Cassius Clay et à son entraîneur dans la revue de la police, *The Badge*. Tous les deux apparaissent en couverture. Un brin paternaliste, l'article présente le policier-entraîneur comme celui par qui tout a commencé dans l'aventure pugilistique de Cassius[5]. Le quotidien local, *The Courier-Journal*, suivra de près les résultats de Cassius dans les championnats locaux et nationaux.

Rome 1960

Aux jeux Olympiques de Rome, la renommée de Cassius éclate. Il entre dans la cour des gloires nationales et devient une vedette internationale. Ses performances et sa personnalité sont reconnues au sein de la délégation américaine, des médias, et des athlètes nationaux et étrangers. En compagnie de l'équipe dirigeante de sexagénaires, dont 100 % sont issus de la communauté blanche[1], s'envolent pour Rome plusieurs athlètes « afro » sélectionnés principalement dans les épreuves d'athlétisme, de basket-ball et de boxe.

Gonflé à bloc par ses titres nationaux, Cassius est parmi les médaillés potentiels. Pour lui, Rome est une étape mémorable. Tout d'abord parce qu'il ne veut pas y aller. Un rocambolesque et angoissant voyage en avion quelques mois plus tôt lors des sélections qualificatives, en compagnie de son entraîneur Joe Martin, s'étant soldé par une phobie de l'avion. Des discussions très fermes avec Joe Martin parviennent à atténuer sa peur. Celui-ci se rappelle :

Il avait peur de l'avion. Nous avions eu un vol plutôt rude en allant en Californie pour les sélections. Alors, quand l'heure est venue de partir pour Rome, il a déclaré qu'il ne volerait pas, qu'il ne pouvait pas y aller. Je lui ai dit : « Dans ce cas, tu perds tes chances de devenir un grand boxeur. » Il m'a répondu : « Eh bien, je n'y vais pas. » Il voulait prendre un bateau ou un autre moyen de transport. Finalement, je l'ai emmené à Central Park, ici à Louisville, et on a discuté longuement, deux ou trois heures. J'ai réussi à le calmer et à le convaincre que s'il voulait devenir champion du monde des poids lourds, nous devions nous rendre à Rome et gagner les jeux Olympiques[2].

Convaincu par son entourage et des spécialistes de boxe, tel Fred Stoner, et sans doute poussé par son ambition et son ego, Cassius se décide finalement à participer aux olympiades. Quelques semaines avant les Jeux, le célèbre *Sports Illustrated* lui consacre un papier élogieux, qui souligne à la fois l'immense assurance du jeune boxeur et sa façon unique de faire du spectacle sur le ring, particulièrement en dansant. D'autres journalistes, en revanche, pointent déjà l'impertinence qui lui jouera, à n'en point douter, un tour à un moment ou à un autre. Dans *The Courier-Journal*, à Louisville, Cassius pose fièrement avec son blazer bleu de la sélection U.S. et affiche un bel optimisme. Au sein de la délégation de boxe, l'émergence d'une nouvelle génération talentueuse constitue également un motif d'optimisme. Le comité olympique américain espère que les boxeurs rééditeront les performances des jeux d'Helsinki en 1952 où ils avaient remporté cinq titres dans les dix catégories. L'une des vedettes de cette olympiade d'Helsinki fut Floyd Patterson, champion olympique des lourds. Sans pour autant être l'un des leaders de la délégation des sportifs, Cassius est celui sur qui beaucoup d'espoirs de médaille sont fondés. Il est parmi les dix boxeurs sélectionnés. Parmi eux, sept sont noirs. Humberto Barrera, Nicholas Spanakos et Jerry Armstrong, respectivement d'origines italienne, grecque et irlandaise, complètent cette équipe plurielle à l'image de la population de la nation au drapeau étoilé.

Dans l'enceinte du village olympique qui réunit les 5 348 athlètes de différentes nations, dont ceux des pays africains récemment indépendants, le jeune Cassius, alors âgé de dix-huit ans, se distingue de multiples façons. On le voit partout et surtout on l'entend beaucoup. Lors des promenades avec ses camarades d'équipe, tel un politicien en campagne électorale, il salue et se présente auprès de toutes les personnes qu'il rencontre. Dans les artères du village, il harangue à tout-va les athlètes étrangers leur annonçant qu'il sera le prochain champion olympique. Au réfectoire, il hausse volontairement la voix afin d'attirer l'attention. Pour se faire davantage remarquer, il se rapproche de la star de l'athlétisme de l'époque, Wilma Rudolph, qui survole les épreuves de sprint en remportant trois médailles d'or. Wilma, discrète et peu diserte, tout le contraire de Cassius, déclare plus tard :

> Je l'observais de loin. Tout le monde l'aimait. Tout le monde voulait le voir, l'approcher, lui parler. Il ne faisait que ça, parler, parler, parler[3].

Ses camarades boxeurs, en particulier Wilbert McClure et Harry Campbell, s'amusent et s'étonnent du culot du jeune homme. Ses pitreries et ses fanfaronnades sont associées à sa jeunesse. D'autres athlètes apprécient peu l'exubérance de Cassius et décident de le montrer en quittant systématiquement l'endroit où il se trouve, faisant ainsi remarquer qu'ils ne sont pas disposés à rire de ses farces. Agacement et jalousie se mêlent. Chez d'autres athlètes, peu habitués à rencontrer ce genre d'attitude, c'est un souffle nouveau dans un moment de « tension internationale » entre les deux grandes puissances mondiales, les États-Unis et l'URSS, et leurs alliés. Cassius surprend et déconcerte. C'est un souvenir que garde Michel Jazy, coureur de fond français :

> C'était étonnant de voir ce gamin, qui visiblement ne se rendait pas trop compte de l'ampleur des jeux Olympiques, exprimer une telle confiance dans le village olympique. C'était pratiquement impossible de ne pas le remarquer avec son blazer bleu avec l'insigne du comité olympique U.S. qui paraissait trop grand sur lui. On le voyait souvent avec deux ou trois compagnons d'équipe en train de parler et de sortir des vannes pour amuser ses camarades. Nous les Français, on le trouvait plutôt sympathique et très drôle. Dans cette délégation, on peut dire qu'il y avait Cassius et la ravissante Wilma. D'ailleurs, ils étaient souvent ensemble et ça faisait un beau couple. Tous les deux étaient jeunes, grands et très beaux[4].

La désinvolture de Cassius au village olympique révèle une facette complètement différente de celui qui se réveille à 6 heures du matin pour son footing quotidien, se repose, dîne et commence dans l'après-midi sa séance intensive d'entraînement sur les rings jusqu'à 18 heures. À l'intérieur de la salle de boxe et dans les dures séances d'entraînement, il a une attitude totalement éloignée de l'impression qu'il donne à l'extérieur. Cassius y est transfiguré. Le clown met l'habit du besogneux. Les témoignages des autres athlètes présents se rejoignent sur la faculté binaire de Cassius, à la fois *showman* et travailleur acharné. Wilbert McClure souligne :

> À Rome, il était très extraverti et en même temps très concentré sur la boxe. Personne, dans aucune autre équipe, n'était aussi impliqué que lui. On se baladait et il serrait les mains de tout le monde, mais il ne pensait qu'à l'entraînement. Il travaillait pour l'obtenir, cette médaille d'or. Il s'entraînait très dur. Comme nous tous. On ne rigole pas quand on essaye de devenir champion olympique. Et je peux vous dire avec certitude, pour l'avoir observé, qu'il se donnait vraiment à fond[5].

Si Cassius gagne en sympathie, il le doit aussi à son incroyable démonstration tout au long de ces rencontres. Son sacre se déroule en six actes. Il apparaît dans la catégorie des mi-lourds où dix-neuf nations sont représentées. Les favoris sont les boxeurs du bloc de l'Est, en particulier les Soviétiques et les Polonais.

Si la délégation américaine olympique est constituée de jeunes amateurs sans expérience internationale, le cas est différent chez les boxeurs des pays de l'Est, beaucoup plus expérimentés, qui sont en réalité des professionnels même si le mot est communément banni. Ces boxeurs participent entre deux olympiades aux championnats européens lancés depuis 1924. Au sein des mi-lourds, Cassius est très attendu. Les observateurs américains sont impatients de le voir face aux redoutables boxeurs du Vieux Continent. Les rencontres se déroulent dans le somptueux décor théâtral du Palazzo dello Sport à Rome. La compétition débute par un bon coup du sort. Cassius est exempt du tour préliminaire et débute en 8e de finale.

Le premier combat l'oppose au Belge Yvon Becaus. Ce sidérurgiste de profession se distingue par sa grande taille. Contre Cassius, cet avantage ne suffit pas, il est très vite dominé et ne peut arrêter la fougue du jeune boxeur de Louisville. Dès l'entame, Cassius prend la mesure de son adversaire en attaquant et l'assaille de terribles « droites ». Le Belge réagit en répondant par de belles séries de coups. Les juges déclarent égalité. Au deuxième round, Cassius continue son pressing, tandis que Becaus semble pris de court. Il reçoit une violente droite et s'écroule. Le Belge est malmené. L'arbitre décide d'interrompre le combat. Cassius remporte le combat par K.-O. technique. La domination est telle qu'il est difficile d'avoir un avis tranché sur sa prestation. On attend de le revoir aux quarts de finale.

Il y rencontre un Soviétique. Le contexte du choc entre les deux systèmes politiques rivaux n'échappe pas aux protagonistes et aux médias internationaux. Le combat reçoit de plein fouet les effets de la guerre froide. Le début de la médiatisation internationale de l'événement avec l'introduction en direct des retransmissions télévisées transforme les olympiades et accentue les liens entre sport et nationalisme. Au jeu des joutes verbales pour mettre en avant la meilleure idéologie politique, les Américains sont les plus réactifs. La délégation américaine est offensive. Cassius lance les hostilités. Il déclare à un journaliste italien, sur un ton rempli de naïveté en utilisant un vocabulaire convenu :

> Si je perds, c'est ma patrie qui perd. Tout le monde au pays sera bombardé. Il faut que je donne tout ce que j'ai, que je le pulvérise et que je remporte la guerre pour les États-Unis[6].

Il est confronté à Gennadiy Shatkov. L'homme a la particularité d'avoir cumulé une carrière de boxeur et d'universitaire. En 1960, alors âgé de vingt-huit ans, il affronte Cassius avec une fort belle réputation. Quatre ans auparavant, Shatkov avait décroché le titre olympique dans la catégorie des moyens dans laquelle il boxe depuis dix ans. À Rome, les autorités russes décident de l'inscrire chez les mi-lourds. L'obligation d'une prise de poids et le changement de technique modifient profondément ses qualités et il en ressort un certain désavantage face au vrai mi-lourd. Dans les deux premiers rounds, aucun des boxeurs ne prend un ascendant sur l'autre. Malgré l'avantage de la taille et de la vitesse d'exécution des coups, Cassius ne parvient pas à dominer son adversaire. Les boxeurs se neutralisent l'un l'autre. Au troisième et dernier round, l'une des règles fondamentales de la boxe se révèle : à niveau égal, le boxeur le plus lourd, à savoir le plus puissant, prend toujours un avantage sur le plus léger. Shathov raconte :

> J'ai senti, en tant que moyen et avec mes kilos en trop, que je n'avais aucune chance de battre ce mi-lourd motivé. Je n'arrivais pas à le toucher à la face. Et Clay encaissait sans problème mes coups au corps. J'ai perdu aux points. Une décision parfaitement justifiée[7].

Cassius poursuit son chemin avec confiance mais la victoire aux points conduit le clan américain à une certaine réserve quant à la suite des éliminatoires.

En demi-finale, il rencontre l'Australien (installé aux États-Unis) Tony Madigan. Contrairement aux autres concurrents, celui-ci possède un atout majeur : il connaît Cassius et a l'habitude des boxeurs américains. En effet, l'Australien était le concurrent de Clay lors de la finale des National Gloves de Chicago en 1959, qui l'avait à l'époque remporté de justesse. À Rome, malgré son âge (trente ans), il figure parmi les sérieux prétendants au titre olympique. Une année après le match des Golden Gloves de Chicago, qui des deux boxeurs gagnera la bataille psychologique ? Quel visage offrira Cassius face à un adversaire qui sait comment il bouge, comment il prépare ses coups, comment il peut déstabiliser d'un mot celui contre qui il se bat ?

Les trois reprises sont très disputées. Madigan adopte une tactique différente de la finale des Gloves. Plutôt que d'attaquer Cassius sur tout le ring sans répit, il décide de boxer autrement, optant pour un style plus défensif, moins aventureux. Il sait que sa condition physique ne lui permet pas de courir longtemps après son adversaire. La meilleure solution est donc d'attendre patiemment Cassius et d'user de sa puissance et de son expérience. Madigan dira plus tard :

J'avais déjà rencontré cette grande gueule de Clay deux fois. La première fois, j'avais gagné, la deuxième fois, en finale des

Golden Gloves à Chicago, j'avais été déclaré perdant mais, franchement, il n'y avait pas un gros écart. J'avais fait l'erreur de rentrer dans son jeu en le poursuivant aux quatre coins du ring et Clay adorait boxer en reculant, c'était ce qu'il savait le mieux faire. Alors, à Rome, je n'ai pas fait la même erreur, je l'ai attendu, et ça a marché. Je n'avais pas peur de lui, je n'étais pas comme les types des pays de l'Est, des Noirs j'en avais déjà vu beaucoup en m'entraînant au Stillman's, ils ne m'impressionnaient pas. Clay n'était pas meilleur que moi, il ne frappait pas. Franchement, je pense que j'ai gagné et plein de gens le pensent aussi[8].

Cassius, de son côté, suit le plan de boxe qu'il s'est fixé : être très mobile, éviter les corps à corps, asséner des coups rapides et ne pas hésiter à reculer pour frapper efficacement. Entre le jeune Américain fougueux et l'Australien expérimenté, on assiste à un combat avec de beaux échanges de coups. La rencontre est très équilibrée et la décision arbitrale devient donc indécise. Les spécialistes donnent une courte avance à Madigan. C'est le cas de Nat Fleischer, figure de la boxe mondiale, patron et rédacteur en chef du célèbre magazine *The Ring*. Finalement, les arbitres donnent raison à l'ardente fraîcheur de Cassius et le déclarent vainqueur aux points. Ce qu'ils veulent retenir, ce sont certainement ses ultimes assauts, juste avant le gong final. L'Américain un peu désarçonné par la bravoure de son adversaire se soumet aux règles du salut de la main aux membres du staff de Madigan, puis au corps arbitral. Quelques huées de réprobation sont entendues dans l'enceinte. Des voix éparses s'élèvent : « Madigan Champion ! Madigan Champion ! » Dans le camp de l'Australien, la déception est atténuée par l'éthique du fair-play. Madigan est furieux. Il crie à l'injustice auprès de son entraîneur mais la décision est irrémédiable. Cassius Clay est qualifié pour la grande finale.

Le 5 septembre 1960, Clay se retrouve face au terrible gaucher polonais Zbigniew Pietrzykowski, l'espoir de toute une nation. Depuis la victoire de Pietrzykowski contre le triple champion olympique, le Hongrois László Papp, l'État polonais a fait de son athlète un modèle du régime communiste. Formé à la célèbre école de boxe Feliks Stamm, Pietrzykowski est un boxeur prometteur. Aux jeux Olympiques de Melbourne de 1956, il avait perdu contre l'intouchable László Papp mais obtenu une médaille de bronze. Une année auparavant, il avait décroché les titres de champion d'Europe des poids welters, celui des poids moyens en 1957, et des mi-lourds en 1959. Au regard de son expérience et de son parcours, Pietrzykowski est donné grand favori. Une victoire face à Cassius Clay est donc attendue.

Le combat à proprement parler se déroule sous le somptueux dôme du Palazzo devant 16 000 spectateurs venus encourager les six boxeurs italiens qui figurent en finale. Cassius est vêtu d'un short blanc, de gants noirs, d'un gilet orné d'une bande tricolore en diagonale et de l'insigne du comité olympique U.S. Le public prend fait et cause pour le Polonais, suite à la rencontre précédente. La victoire contestable de l'Américain Eddie Crook opposé au Polonais Tadeusz Walasek dans la catégorie des moyens a provoqué un tollé du public et par conséquent un fort taux de sympathie pour Pietrzykowski. Visiblement troublé par ce sentiment d'antiaméricanisme, Cassius rentre tardivement dans la rencontre. Le Polonais en profite pour mener les deux premières reprises. Le jeu du gaucher explique également les difficultés de l'Américain. Il ne semble pas à l'aise face à ce type de boxeur. Cassius danse autour du ring, cherche à maintenir la distance par des directs du gauche, change de rythme pour essouffler son adversaire, mais rien n'y fait. Il encaisse les coups de Pietrzykowski. Au troisième et dernier round, Cassius sait qu'il n'a pas les faveurs des cinq juges arbitres. S'il veut remporter le combat, il lui faut attaquer avec agressivité, et pourquoi pas trouver le K.-O. Il décide de changer de tactique. Il choisit de moins bouger, d'assurer ses coups en restant immobile avec « les pieds bien plantés dans le tapis ». La ruse est convaincante. Cassius a trois minutes pour remonter les points. Il trouve deux ouvertures, et parvient à toucher le Polonais grâce à de violentes droites portées au visage. Pietrzykowski vacille, le nez et la bouche en sang. Grâce aux cordes et à une volonté terrible, il évite de s'écrouler. La scène est extrêmement brutale et dramatique. Quand il rejoint son camp, l'explosion de sang rend le Polonais méconnaissable et complètement groggy. Plus tard, il dira :

> Pendant la finale, j'ai combattu sans protège-dents. Après ma demi-finale contre l'Italien Giulio Saraudi, je l'avais oublié dans les vestiaires. Quand je suis allé le rechercher, il avait disparu. Les dentistes n'avaient pas le temps de m'en refaire un avant la finale qui se tenait seulement deux jours plus tard. Clay m'a touché dans la troisième reprise et je me suis mordu les lèvres. Ce qui explique la quantité de sang[9].

Les spectateurs et la presse ne retiennent que cette impressionnante effusion de sang. À la télévision, un jeune Italien se dit choqué par la brutalité du dernier round. La presse photo accentue la scène. Le visage ensanglanté du Polonais fait la une de nombreux journaux. Martin Kane, reporter au *Sports Illustrated*, parle du match « le plus sanglant des jeux Olympiques ». Le résultat prend également une tournure politique.

La victoire dépasse le cadre du sport quand Cassius devient le sujet de nombreuses interrogations sur la société américaine. À la question d'un journaliste soviétique sur la ségrégation raciale à laquelle les Noirs font face aux États-Unis, le jeune Cassius répond :

« Si je suis choqué par la ségrégation en usage chez nous ? Nous avons des gens compétents qui travaillent à cela », et il poursuit d'une façon décousue : « Nous avons les plus grosses et les plus jolies voitures. Nous avons toute la nourriture que nous voulons. Les États-Unis sont le plus grand pays du monde, et à propos des endroits où je ne peux aller, je dirais qu'il y en a beaucoup plus qui me sont autorisés, beaucoup plus où je peux me rendre que l'inverse »[10]...

Malgré une certaine réserve de la presse (américaine et européenne) sur le titre olympique, jugé sans panache, la carrière de Cassius prend une nouvelle dimension. Son image s'est considérablement transformée. La télévision a largement contribué à sa popularité, sur le plan local et à l'échelle mondiale, en diffusant les rencontres. Sans retenue et avec un aplomb de vieux briscard, Cassius dit et redit aux journalistes ses prédictions et ses ambitions : il est le plus grand, le meilleur !

Dans les jours et les semaines qui suivent le titre olympique, Cassius fait une entrée remarquée dans la presse américaine ; médaille d'or au cou et sourire resplendissant. On le voit poser avec plusieurs célébrités, dont le crooner Bing Crosby. Dans le rapport officiel de l'édition spéciale « J.O. 1960 », le comité olympique américain réserve une place d'honneur aux boxeurs et en particulier à Cassius Clay, consacré comme l'une des grandes vedettes de cette olympiade[11].

À Louisville, c'est l'événement. Depuis le très ancien titre de champion du monde des lourds de Marvin Hart, « le plombier de Louisville », en 1905, la boxe n'a pas suscité une telle effervescence. Sous l'autorité du maire démocrate, Bruce Hoblitzell, une cérémonie de bienvenue est organisée pour le jeune champion. Dès la descente de l'avion, Cassius est accueilli par six majorettes et trois cents fans. Une rangée de véhicules de police escorte le convoi de vingt-cinq voitures jusqu'à Central High School, son ancien lycée où l'attend un énorme écriteau où est inscrit « bienvenue au Champion[12] ». Place aux discours de circonstance. Atwood Wilson, le proviseur qui a toujours soutenu Clay, déclare au micro qu'il est un ambassadeur de l'Amérique. Le maire poursuit en disant qu'il est une source d'inspiration pour les jeunes de la ville. La presse locale, qui a relativement peu relaté ses combats, lui réserve des pages élogieuses. L'histoire du « gars du coin » et son parcours pour le titre olympique sont vantés dans *The Courier-Journal*, qui encourage la population à encenser son champion. Cassius profite de l'occasion qui lui est offerte pour livrer au quotidien un poème qu'il a rédigé dans l'avion de la Pan Am, la compagnie spécialement affrétée pour la délégation olympique de Rome :

Faire de l'Amérique la plus grande nation est mon ambition
Ainsi, j'ai battu le Russe, ensuite le Polonais
Pour les États-Unis d'Amérique, j'ai remporté la médaille d'or
Les Italiens ont dit : tu es plus grand que l'ancien Cassius
Nous aimons ton prénom, nous apprécions ton style
Aussi, fais de Rome ton royaume si tu le désires
J'ai dit : votre hospitalité m'honore
Mais les États-Unis d'Amérique restent mon pays
On m'attend pour un accueil grandiose à Louisville[13].

Dans ce premier poème publié à grand tirage, Cassius exprime une pensée volontairement convenue, immaculée de tout signe de malaise social. Il tient le discours du « Noir intégré », ou celui plus péjoratif de l'« oncle Tom », posture qu'il attaquera quelques années plus tard. Le maire l'ajoute à la liste des personnalités locales et sa victoire s'inscrit ainsi dans le registre patriotique. Devant la presse, il qualifie Cassius de « brave et sain petit Américain » qui s'est comporté « comme on pouvait s'attendre de la part d'un jeune Américain[14] ».

Les parents de Cassius profitent de ces moments de célébrité pour se montrer en public. Assis à l'arrière d'une limousine décapotable où on lit sur le côté « Bienvenue à Clay, notre champion », Odessa et Cash participent à la tournée triomphale. Cassius est debout à l'arrière de la voiture, le bras levé en signe de remerciements. Il est vêtu de son blazer bleu frappé du drapeau américain et arbore sa médaille autour du cou. Les Clay sillonnent les quartiers noirs où des centaines de personnes se sont réunies d'une façon spontanée pour accueillir le boxeur. Des enfants, des adolescents et des adultes s'agglutinent pour voir, toucher et parler au champion olympique. Aux côtés de son frère Rudy, Cassius arpente les rues en exhibant fièrement sa médaille d'or. Il est heureux de cet accueil et remplit de satisfaction ses adorateurs en esquissant quelques mouvements de boxe, mimant la façon dont il a procédé pour battre l'adversaire. Tout cela est effectué dans un flot de paroles ponctuées de plaisanteries qui transmettent de la joie et de la fierté. Le visage radieux et le verbe amusant, Cassius rayonne au milieu de centaines de gens. Quand certains curieux lui demandent s'ils peuvent toucher la médaille, il s'exécute sans la moindre hésitation, comme s'il s'agissait d'un prix individuel transformé en honneur collectif.

Une célébrité locale

Le titre olympique conquis, Cassius entame une nouvelle vie de boxeur. Il se lance dans l'aventure professionnelle. Des offres de service d'entraîneurs les plus connus affluent. Les anciens champions du monde Archie Moore et Rocky Marciano, l'ex-champion olympique Pete Rademacher ou le manager du prometteur Floyd Patterson se portent candidats pour entraîner Cassius, très flatté de voir autant de « légendes » s'intéresser à lui[1].

Il devient aussi une valeur marchande fort appréciable aux yeux des *businessmen* locaux et nationaux. Onze membres des familles blanches les plus riches et les plus influentes de Louisville décident de s'occuper de lui. La carrière, sportive et surtout financière, de Cassius est désormais aux mains de personnes constituant un groupe « d'actionnaires » établi en une société appelée Louisville Sponsoring Group.

C'est à Alberta Jones, un avocat noir, que vient l'idée de réunir les onze personnes afin de prendre en charge les intérêts de Cassius Clay[2]. William Faversham Jr., cinquante-six ans, vice-président de l'une des plus importantes entreprises de boissons alcoolisées (Brown & Forman Distillers Corp) est celui qui met en place la structure et l'organisation du groupe[3]. Ces onze personnes sont toutes liées par des réseaux divers : héritage familial, amitié, religion, monde des banques, industrie du tabac ou du whisky, passion hippique, club de golf, industrie de la presse. Le parcours de chacun des membres est un vaste tableau de l'*establishment* local. Chacun trouve dans ce soutien à Cassius Clay des raisons d'investir. Tandis que certains remplissent une espèce de mission sociale gouvernée par l'éthique religieuse, d'autres y voient un intérêt ludique, un amusement d'homme riche qui recherche dans la carrière du jeune boxeur un piment supplémentaire à une vie sans limite économique. Les considérations de spéculations financières sont très minces, voire inexistantes. La boxe devient un nouveau terrain d'investissement moral et financier, au même titre que les clubs de base-ball ou de football américain dans lesquels certains d'entre eux sont déjà impliqués.

À la marge du groupe des onze, mais jouant un rôle tout aussi important, se trouve Gordon Byron Davidson, le conseiller juridique. Avocat d'affaires, il a effectué ses premières années d'études à Louisville avant de rejoindre Yale. Ayant participé à l'élaboration des lois de déségrégation de 1954 dites « Brown v. Board of Education » qui permettaient aux Noirs d'intégrer les écoles publiques sans aucune distinction raciale, il est membre du comité d'administration de nombreux établissements dont le quotidien *The Courier-Journal*. Ses activités s'étendent également aux institutions caritatives et culturelles.

L'ensemble de ces personnes va s'employer à transformer la carrière de Cassius. L'argent et le sport se rencontrent. Deux décisions importantes sont prises.

La première est d'ordre économique. Un contrat de six années lie les deux parties. Le groupe prend en charge les dépenses de déplacement et de promotion de Cassius, assure également les frais d'entraînement. Pendant les quatre premières années, les bénéfices sont partagés à 50/50 entre le boxeur et le Louisville Sponsoring Group. Les deux années suivantes, les « actionnaires » prélèveront 40 % des bénéfices obtenus par Cassius Clay. Le boxeur touchera un salaire de 333 dollars par mois avec une garantie de revenus d'un montant de 4 800 les deux premières années et 6 000 dollars les quatre suivantes. Cassius reçoit 10 000 dollars à la signature, 15 % de ses gains sont placés sur un fonds de pension qu'il ne touchera qu'après ses trente-cinq ans ou à la fin de sa carrière. Pour Cassius, le contrat est très avantageux et inédit dans un milieu gangrené par la mafia, et où coexistent les détournements de fonds, les enquêtes menées par le service des fraudes du gouvernement, et la déchéance de centaines de boxeurs dont la carrière a été anéantie par des agents véreux. Du côté des membres du Louisville Sponsoring Group, le risque d'un mauvais coup financier est très faible tant ces personnes sont riches et peu intéressées à recevoir autre chose qu'une reconnaissance sociale.

La seconde décision est d'ordre sportif. Faut-il trouver un nouvel entraîneur ou continuer avec l'ancienne équipe ? Cruel dilemme qu'induit le passage de l'amateurisme au professionnalisme. Afin d'assurer à Cassius un entraîneur réputé et extrêmement compétent, la recherche du mentor devient une priorité. Un changement qui s'avérera déterminant.

La quête du mentor

Le 29 octobre 1960, trois jours après la signature de son contrat, Cassius effectue son premier combat professionnel au Freedom Hall de Louisville. Six mille fans sont réunis pour voir leur champion battre un boxeur de la région. Il s'agit de Tunney M. Hunsaker, vingt-neuf ans, né à Dawson Springs (Kentucky), commissaire divisionnaire à Fayetteville, en Virginie-Occidentale, et boxeur par intermittence. Hunsaker est choisi parce que son manager vient de Louisville et qu'il connaît l'un des membres du Louisville Sponsoring Group. Quelques jours auparavant, *The Courier-Journal* annonce l'entrée de Cassius dans le monde professionnel. Il est décrit comme un « jeune homme confiant, bouillant d'énergie et d'ambition ». Quant à Hunsaker, on le présente comme un boxeur « coriace et puissant qui ne fait pas dans la dentelle… Son agressivité et sa force de caractère peuvent gêner ses adversaires[1] ».

Nombreux sont ceux qui désirent voir en chair et en os le héros des J. O. de Rome, et observer de près si les attentes sur l'avenir prometteur de Cassius sont justifiées. L'affrontement est soigneusement préparé par le groupe. L'affiche est sans risque dans ce combat de poids lourds où s'affrontent un jeune homme de dix-huit ans, 87,1 kg, en pleine possession de ses moyens, et un boxeur chevronné de 84,4 kg, en fin de carrière avec un palmarès sans éclat (13 défaites pour 9 victoires en 22 combats). Hunsaker a le profil tout désigné pour être le premier faire-valoir de Cassius. La rencontre se déroule en six rounds de trois minutes. Dès le début du combat, l'écart d'âge est criant. Cassius est bien plus mobile et précis que son adversaire. Hunsaker subit littéralement les assauts du jeune homme sans trouver la faille pour sortir des enchaînements gauche-droite de Cassius. Au troisième round, le visage de Hunsaker est ensanglanté. Au suivant, il peut à peine voir ce qui l'entoure, car ses deux yeux gonflés sont presque fermés. Mais à court d'expérience à ce niveau, Cassius ne réussit pas à « finir le boulot ». Il ne parvient pas à porter le coup fatal pour étendre son adversaire sur le tapis. Le combat s'achève finalement par une large victoire aux points de Clay, qui remporte une bourse de 2 000 dollars. Quelques années plus tard, dans les propos de Hunsaker, la fierté d'avoir été le premier adversaire de Cassius Clay efface le souvenir de la défaite. Le souvenir de Cassius (devenu Mohamed Ali mais demeurant Cassius Clay à ses yeux) reste très précis dans sa mémoire :

Clay avait un jeu de jambes incroyable. Comme un poids mouche. J'ignorais alors qu'un lourd pouvait aller si vite. Il avait un *jab* bizarre, même à cette époque. Avant la fin du combat, j'avais les deux yeux au beurre noir, complètement tuméfiés. Je n'y voyais plus rien. [...] Il a gagné aux points. C'était une bonne décision... Faire l'intéressant n'appartenait pas à son répertoire à ce moment-là. Il ne la ramenait pas trop non plus. C'était un chouette gamin, vous savez ?

Un gosse gentil, vraiment timide. Je n'ai jamais douté qu'il serait champion du monde un jour. Un deuxième Joe Louis[2].

Cette nette victoire a cependant mis au jour des lacunes dans le jeu du jeune boxeur, surtout s'il veut se frotter à des adversaires plus sérieux. Sans attendre, les membres du groupe décident donc de changer radicalement l'équipe d'encadrement de Cassius. Ils se lancent à la recherche d'un entraîneur plus expérimenté avec une excellente réputation dans le milieu. Cassius, qui voue un véritable culte à Ray Sugar Robinson, le boxeur le plus créatif et le plus admiré des années 1950, avait déjà prospecté sur ce terrain. Avant son départ pour les jeux Olympiques de Rome, il était allé à la rencontre de son idole, dans son café à New York, pour lui faire part de son envie de l'avoir comme entraîneur. Robinson raconte :

Je m'intéressais à lui depuis le début de l'été 1960. À cette époque, un jeune et beau garçon, solidement musclé, s'approcha de moi, devant mon café.

— Monsieur Robinson, dit-il gentiment.

— Oui, mon vieux. Qu'est-ce que je peux faire pour toi ?

— Monsieur Robinson, vous ne me connaissez pas, mais je pars pour Rome.

— C'est un endroit très agréable.

— Je vais là-bas pour les jeux Olympiques, dit-il. Je suis sélectionné dans l'équipe de boxe des États-Unis. Je vais à Rome pour gagner la médaille d'or.

— Bonne chance ! lui dis-je.

— Mon nom est Cassius Marcellus Clay, dit-il.
— Cassius quoi ?
— Cassius Marcellus Clay Junior. Je suis de Louisville, dans le Kentucky. Je suis champion des Golden Gloves. Vous êtes mon idole, Monsieur Robinson. Vous êtes le plus grand des boxeurs.
— Je te remercie beaucoup, lui dis-je.
— Et lorsque je deviendrai professionnel, après les Jeux, je veux que vous soyez mon manager[3].

De retour, son titre olympique en poche, Cassius, déçu du « manque d'intérêt » que lui avait témoigné Robinson avant sa victoire, ne daigne pas refaire sa demande. De toutes les façons, le choix de l'entraîneur n'est plus de son ressort. Depuis la signature de son contrat professionnel, la quête du mentor est menée par les actionnaires. L'aura et la réputation de l'ancien champion du monde de la catégorie poids lourds Archie Moore plaisent au groupe.

À quarante-sept ans, cette légende de la boxe n'a pas abandonné sa carrière. Moore est l'un des meilleurs boxeurs de la catégorie mi-lourds. Originaire du Mississippi, né en 1913 (ou en 1916 !), il a connu une carrière d'une longévité phénoménale, étalée sur trente ans avec plus de deux cents combats effectués. Poids moyen avant la guerre, il dispute et remporte son premier titre mondial à trente-huit ans, dans la catégorie mi-lourds. Pendant dix ans, il conserve sa ceinture mondiale. Obsédé par le titre suprême des lourds, il défie Rocky Marciano, en 1955. Devant 61 574 spectateurs au Yankee Stadium de New York, celui que l'on surnomme « la vieille mangouste » impressionne. Au deuxième round, Marciano s'écroule mais reprend ses esprits et par un sursaut de rage terrasse finalement Moore à la neuvième reprise, préservant ainsi ses ahurissantes statistiques de quarante-neuf victoires pour autant de combats. Une année plus tard, Archie défie un jeune boxeur de vingt et un ans, Floyd Patterson, pour le titre mondial vacant depuis l'accident de Rocky Marciano, décédé lors d'un vol dans son avion privé dans le ciel de l'Iowa. Il est battu par K.-O. à la cinquième reprise.

En novembre 1960, sur décision des actionnaires, Clay prend le train (toujours tétanisé à l'idée de monter dans un avion) pour la Californie, afin de rejoindre le camp d'entraînement de celui qu'on appelle la « Mine de sel », Archie Moore, près de San Diego. Cassius est frappé par la carrière du « vieux », et par son style sur le ring. Le jeune boxeur est aussi subjugué par le fait qu'il ait réussi à garder un beau visage et une magnifique dentition malgré ses nombreux combats. Certaines facéties de Moore, comme le fait de lancer un défi à Rocky Marciano via la presse, ont aussi plu à Clay. Mais il rechigne à suivre les recommandations de Moore. Tout en admirant sa carrière, il veut lui montrer, en dépit de son âge, qu'il a l'étoffe d'un champion. Moore tente de mille manières de s'imposer comme le « boss » et de l'astreindre à une certaine discipline aussi bien dans l'art de la boxe que dans la vie quotidienne en lui demandant par exemple de remplir des tâches ménagères (vaisselle, nettoyage de la salle à manger). En fait, Moore s'ingénie à dicter sa loi en lui montrant qu'il a besoin de travail, d'attention et de temps pour devenir un as de la boxe. Cela déplaît profondément à Cassius. À travers les deux personnalités, ce sont deux générations de boxeurs qui s'affrontent. L'entente semble impossible tant ils sont différents et peu disposés à céder du terrain. Entre le monde de la boxe d'Archie Moore et celui de Cassius Clay, il y a une grande différence de conception du sport et aussi un écart considérable dans l'appréhension du métier de boxeur, en particulier depuis l'arrivée de la télévision qui a considérablement modifié les gains des combats. Tandis qu'Archie connaît des difficultés pour vivre décemment de l'après-boxe, Cassius entame sa carrière avec des certitudes bien affichées sur la boxe et de grandes ambitions : devenir « le plus grand de tous les temps » et surtout être très vite un nouveau riche. Archie, avec beaucoup de lucidité, décrira le passage de Cassius ainsi :

J'aime Ali car c'est la poule aux œufs d'or. Les gars comme moi, on a dû se frayer un chemin, mais Ali, lui, il a carrément explosé la porte. Au début, je touchais dix dollars pour un combat. On me faisait des promesses, rien de plus. Nous autres, on devait toujours marcher, combattre, marcher, combattre... Et la plupart du temps, ce n'était pas trop drôle. C'est devenu mieux quand j'ai commencé à gagner de l'argent et personne ne m'a proposé le championnat du monde avant que je sois vieux. Et j'ai rencontré Ali. Bien sûr, il était encore Cassius Clay. Il cherchait à prendre Sugar Ray Robinson comme entraîneur, mais Robinson était encore dans la course et n'avait pas de temps à perdre avec ce jeune effronté. Il ne pouvait pas se permettre, pour les années qui lui restaient à boxer, de gaspiller son temps avec un amateur devenu pro, quel que soit son potentiel, et je pense que ça a blessé Ali que le grand Sugar Ray refuse. Mais des gens lui ont dit : Il y a un homme sur la côte qui est plutôt bon combattant. Pourquoi tu ne vas pas le voir ? Et c'est comme ça qu'Ali est venu avec moi en train. [...] Je lui ai dit : Fiston, je vais t'enseigner à gérer tes coups de poing. Il a mis des tas de types K.-O., mais il le faisait à sa manière, avec énergie et beaucoup de tension. Je lui ai dit : Je vais t'apprendre à devenir un puncheur vraiment puissant, pour que tu sortes l'adversaire en un ou deux rounds. [...] Il m'a répondu : Je ne veux pas boxer comme Archie Moore, je veux combattre comme Sugar Ray Robinson[4].

L'expérience ne dure que quelques semaines. Cassius profite des fêtes de Noël pour revenir à Louisville puis décide de ne plus retourner au camp d'entraînement. La page de Moore se tourne sur une série d'incompréhensions et d'accrochages insignifiants qui ont fini par devenir de véritables conflits. Archie est le grand perdant de cette opération qui lui était lucrativement profitable. Quelques années plus tard, leurs chemins se croiseront à nouveau, cette fois-ci sur le ring. Cassius sera sans pitié avec une victoire par K.-O. au quatrième round.

La quête d'un entraîneur se poursuit au sein des experts du milieu de la boxe. William Faversham use de ses relations pour trouver l'oiseau rare. Il demande l'avis de connaisseurs vivant sur les côtes Est et Ouest. Finalement, il trouve dans les conseils de l'influent Harry Markson, organisateur des combats de boxe du Madison Square Garden, un profil d'entraîneur qui lui semble convenir. L'heureux élu est Angelo Dundee, un Italo-Américain de petite taille, installé à Miami. Au début du mois de décembre 1960, Dundee reçoit Faversham et quelques membres du groupe pour la transaction. D'une façon directe, Faversham expose ses plans pour son jeune « poulain ». Dundee rétorque en proposant un programme d'entraînement qui, aux yeux du groupe, est déjà un indicateur d'un professionnalisme bien affiché. Les négociations commencent. Deux propositions sont faites : une garantie de 125 dollars par semaine ou 10 % des bénéfices des gains du boxeur. L'entraîneur accepte la première option. La mission sportive est on ne peut plus claire : faire de Cassius la prochaine vedette dans la catégorie la plus mythique de la boxe mondiale. Dundee avait déjà rencontré Clay quand il avait dix-sept ans. Le jeune homme l'avait impressionné lors d'un combat avec un boxeur professionnel. La perspective d'entraîner ce jeune surdoué est alléchante. Leur histoire commune commence le 19 décembre, dans une salle crasseuse de Miami.

Angelo Dundee, de son vrai nom Angelo Mirena, est né en 1923 à Philadelphie. Il a vécu dans un environnement où la boxe occupait une place prépondérante. Son frère aîné Joe a été un assez bon boxeur professionnel. C'est d'ailleurs lui qui fut le premier à utiliser le nom de Dundee en référence au grand champion du monde des poids welters et plumes des années 1920, Johnny Dundee (qui avait battu le Français Eugène Criqui pour le titre mondial en 1923). L'autre frère d'Angelo, Chris, élèvera la renommée de la famille en étant organisateur de combats dans la capitale mondiale de la boxe, New York. Angelo monte furtivement sur les rings dans les rangs de l'armée durant la Seconde Guerre mondiale. Très tôt, il se rend compte de ses limites physiques et mentales et renonce à entamer une carrière. Il décide toutefois de rester dans le milieu en suivant de près la destinée des boxeurs. Il se lance dans la carrière d'entraîneur à moins de trente ans. Le Stillman's Gym, célèbre lieu d'entraînement new-yorkais, est l'endroit où il expérimente ses premières méthodes de coach. Dans ce gymnase, il apprend le métier auprès d'illustres « hommes de coin » de l'époque, dont Charlie Goldman, coach de Rocky Marciano (champion du monde des lourds, de 1952 à 1956), ou Bill Gore qui emmena Will Pep au titre mondial des plumes (de 1942 à 1948). En 1950, Chris Dundee s'installe à Miami pour devenir l'un des promoteurs les plus en vue de la côte Est. Angelo le suit. Dans la cité balnéaire, il accède progressivement à la notoriété, tout d'abord en tant qu'entraîneur adjoint et *cutman* (« soigneur »), puis comme entraîneur principal du redoutable combattant Carmen Basilio. En 1955, c'est la consécration. Basilio remporte le titre de champion du monde des poids welters, la catégorie de Ray Sugar Robinson. Quelques années plus tard, Chris Dundee rachète une salle d'entraînement, la Fifth Street Gym, au deuxième étage d'un immeuble à proximité de la plage, et Angelo devient l'un des principaux entraîneurs du lieu. Tout dans cet endroit rappelle les conditions misérables de la boxe : l'odeur de la salle, la vétusté des équipements et les origines sociales des boxeurs. Ici, seules comptent les heures de labeur pour assouvir d'improbables rêves d'ascension sociale. La salle n'offre qu'une seule ventilation par laquelle pénètre l'étouffante chaleur subtropicale qui se mêle aux odeurs de gaz d'échappement et aux bruits de la rue en contrebas. Autour du ring sont disposées deux rangées de vieux fauteuils de cinéma provenant certainement de salles fermées des environs. « Quand des lattes du plancher étaient rongées par les termites, Angelo les remplaçait par des morceaux de contreplaqué, rapidement maculés de gouttes de transpiration et, ici et là, de sang[5] », précise Flip Schulke, journaliste pigiste au *Sports Illustrated*. Dans cette salle, le couple Dundee-Cassius s'associe pour faire émerger un style de combat tout à fait particulier et invente rien de moins que la boxe moderne.

Choisir ses adversaires pour durer

Dans l'univers de la boxe professionnelle, rien n'est laissé au hasard, surtout quand il s'agit de la gestion de la carrière d'un jeune combattant inexpérimenté. Chez tout entraîneur, qui se doit d'avoir du métier et un savoir-faire, suivre méticuleusement les étapes de la progression d'un boxeur est l'une des marques de compétence et de connaissance de la science du *noble art*. Quelle que soit la qualité d'un jeune pro, il doit suivre un cheminement pour accéder au Graal. L'une des premières actions de la méthode Dundee fut de bien choisir et de bien étudier les adversaires de Cassius Clay. La raison en est simple. Il ne faut pas le confronter trop tôt à un redoutable boxeur chevronné. Sa devise ? Pour durer, il faut soigneusement choisir ses adversaires, du moins dans les débuts. Le premier combat de Cassius sous l'ère d'Angelo Dundee a lieu huit jours après que l'union fut scellée entre les deux hommes. Le promoteur de la rencontre est Chris, le frère d'Angelo. Sur le programme, on aperçoit la photo de Chris Dundee, sourire aux lèvres, lunettes d'intellectuel sur le nez. Cinq combats sont prévus dans la petite salle du Miami Auditorium. Celui qui oppose Cassius Clay à Herb Siler précède la rencontre vedette, entre Willie Pastrano et Jesse Bowdry. Contrairement à la tradition des premiers combats professionnels qui se déroulent en quatre rounds, la rencontre de Cassius est fixée au meilleur des huit rounds. À seulement quelques jours de leur association, Dundee a le temps de fabriquer pour Cassius une arme nouvelle, le *jab* du gauche : un coup porté à mi-distance avec une légère inclinaison de haut en bas.

Comme Cassius, Herb Siler, né en 1935, entame sa carrière professionnelle, mais avec un âge nettement plus avancé. Il a débuté en décembre 1960. Le match s'est soldé par une défaite par K.-O. à la quatrième reprise. Le même sort lui sera réservé contre le « poulain » d'Angelo Dundee. Cassius ouvre la rencontre avec sérieux et intelligence. Suivant les conseils de son entraîneur, il décide de varier ses coups et d'expérimenter son *jab* du gauche. Coup réussi. Cassius s'impose facilement devant un adversaire à court d'idées et complètement dominé. Au quatrième round, Siler est sonné par une puissante droite reçue au ventre suivie d'un non moins violent crochet au menton. C'est semble-t-il trop pour lui. Il abandonne la partie. Deux mille cinq cents spectateurs sont venus assister à la démonstration. Dans la facile victoire de Cassius sur le ring, on ne pouvait guère entrevoir le travail d'Angelo. Ce qui saute à l'œil des spectateurs, c'est le braillement du jeune Cassius qui à peine le combat terminé se met à hurler qu'il va battre Floyd Patterson, et devenir le prochain champion du monde !

Si surprenant que cela puisse paraître, les mots du boxeur ne sont pas pris pour les paroles innocentes d'un individu immature. Au Fifth Street Gym, certaines personnes qui fréquentent le lieu s'arrêtent de plus en plus fréquemment pour admirer les séances d'entraînement de Cassius. Elles observent de près les courtes confrontations entre le jeunot et les plus expérimentés de la salle. Cassius fait état d'une classe qui ne laisse personne indifférent. Sa bonne humeur et sa « grande gueule » font de lui un personnage qui ne passe pas inaperçu. Vingt jours après le combat contre Herb Siler, il retrouve les rings. Cette fois, il est opposé à Anthony « Tony Dukes » Esperti, un Italo-Américain sans envergure qui sort d'une grande période sans combats. Un autre faire-valoir comme on en trouve des centaines dans les grandes métropoles de la boxe. Esperti mène tranquillement sa barque de boxeur poids lourd limité mais il est relativement redoutable pour accrocher quelques contrats dans le cercle de la boxe new-yorkaise. D'ailleurs, les médias ne se trompent pas sur ses médiocres qualités. Dans les jours qui précèdent le combat, le *Miami Herald* décrit Esperti comme « un tas de graisse importée de New York » ou encore comme « un adversaire minable, lamentable pour le jeune espoir pressé[1] ». Une nouvelle fois, c'est Chris Dundee qui organise la rencontre et le combat de Cassius n'est pas celui qui arrive en tête d'affiche. Pour attirer le public, le titre de champion olympique est indiqué sous le nom de Cassius Clay. Il ne faut pas être un expert pour s'apercevoir au bout de quelques minutes que ce combat ressemble à tout sauf à un vrai combat.

Peu préparé et en manque de condition physique, Esperti ne peut éviter la vitesse d'exécution de Clay qui ne demande pas mieux pour appliquer ses enchaînements sur quelqu'un d'autre qu'un sparring-partner. Cassius fête son anniversaire par une victoire sans appel par K.-O. à la troisième reprise. L'opposition était trop faible. L'essentiel est ailleurs. L'apprentissage du métier de poids lourd professionnel suit son cours sans incident.

Le 7 février 1961, Clay est confronté à Jim Robinson. Le lieu du combat est le même que les fois précédentes (17th Street and Washington Avenue) mais la salle est différente. Cette fois-ci, il s'agit du Convention Hall, à Miami. Le combat est une mascarade. Jim Robinson est médiocre. De dix-sept ans l'aîné de Clay et mi-lourd de surcroît, il est appelé au pied levé pour affronter Cassius. C'est Willy Gullat, un autre boxeur, qui devait initialement concourir mais ce dernier se blesse quelques jours avant le combat et déclare forfait. Dans la panique, Chris Dundee offre à Robinson, qui se démène autant sur un ring que sur les champs de foire, un combat qui lui permettra de continuer à se battre pour quelques dollars. Bien évidemment sans préparation spécifique et sans connaître son adversaire, « Sweet » Jim Robinson accepte de monter sur le ring avec la conviction des boxeurs qui ne risquent jamais de décevoir l'organisateur et les spectateurs. Avant le match Johnson-Bowdry, trois mille spectateurs assistent à la furtive rencontre entre Cassius et Robinson. 1 minute 34 secondes suffisent à Cassius pour exploser la tête de son adversaire en dansant autour de lui. La presse, qui n'est pas dupe, crie à la farce. Les remarques n'ébranlent pas pour autant le camp de Clay. Angelo est même satisfait de la prestation de son boxeur qui, en pleine confiance, commence à se distinguer en dansant sur le ring. Cette danse serait-elle la marque d'un style ?

À peine quinze jours après ce combat, Cassius monte à nouveau sur les rings au Miami Beach Auditorium. La rencontre est singulière à double titre. Pour la première fois, il est en tête d'affiche et son adversaire n'est pas un « toquard ». Le Texan Donnie Fleeman, né en 1932, est un boxeur expérimenté. Son palmarès impressionne : 45 combats, 34 victoires dont 22 avant la limite. Il ne veut pas rater cette opportunité de se produire en vedette et également de toucher un bon cachet, et cela bien qu'il fût sorti moins de quatre semaines auparavant d'un combat au cours duquel il a été blessé aux côtes et à la rate. Mais le gain de 3 000 dollars est suffisamment important pour lui faire oublier ses douleurs et les mises en garde de son médecin. La confrontation cependant est attendue par les connaisseurs. Fleeman est donné favori à deux contre un. Certainement effrayé par l'expérience de son adversaire, Cassius prend le combat très au sérieux. Dès le deuxième round, le vétéran est atteint par un puissant coup au cœur. Voyant le Texan protéger le côté où il est touché, Cassius cherche les occasions pour asséner des coups à cet endroit et sur le visage découvert. L'arbitre décide d'arrêter le combat au septième round d'un match prévu pour en compter huit. Fleeman a les arcades sourcilières complètement fendues et le nez ensanglanté. À la fin du match, le visage intact, sans aucune trace de coups, Clay est radieux. Il sait qu'il vient de passer un véritable examen de passage. Angelo le félicite pour sa prestation, tout en délivrant quelques points à améliorer au niveau de ses mouvements pour éviter les coups inopportuns. Le lendemain de la rencontre, Dundee annonce à Clay qu'il lui accorde quelques jours de repos afin de préparer un combat prévu dans sa ville natale. Les membres du Louisville Sponsoring Group ont voulu faire du combat un grand événement local. Tout fiers de revoir le héros de Rome, les habitants affluent au Freedom Hall. Louisville est prêt à accueillir son fils prodige. Devant 5 441 spectateurs, Cassius montre une nouvelle fois qu'il maîtrise tous les coups d'un futur grand. Son adversaire est pourtant un redoutable puncheur. Lamar Clark alias « K.-O. Kid » ou le « marteau-pilon » de l'Utah est loin d'être un inconnu. Avant le duel face à Clay, il pouvait se vanter d'avoir gagné 50 combats, dont 45 avant la limite. Cet ancien mineur est aussi connu pour avoir obtenu 44 victoires par K.-O. d'affilée, ce qui lui valut une entrée dans le *Guinness Book of World Records*. Fait nouveau et qui fera plus tard l'un des traits saillants des facéties de Clay, il prévoit la reprise à laquelle son adversaire s'écroulera. Clay prédit la quatrième ou la cinquième reprise. Finalement, il est beaucoup plus expéditif. Dès le premier round, de violents coups finissent par briser le nez de Lamar qui n'a pas eu le temps de trouver une parade et surtout de ralentir l'ardeur de Clay. Assis sur sa chaise, Dundee lui glisse discrètement à l'oreille qu'il doit continuer à maintenir cette cadence infernale en restant attentif à un méchant crochet droit, l'une des spécialités de Lamar. Sur les conseils de Dundee, Clay se jette sur son adversaire et lui assène plusieurs coups. Sonné, Lamar tombe à deux reprises, essaie tant bien que mal de récupérer, mais en est incapable. L'arbitre décide d'arrêter la rencontre. Cassius est déclaré vainqueur. Le nouveau succès devient un gage de crédibilité. Les journalistes spécialistes de boxe qui assistent au combat commencent à être surpris par l'assurance et la puissance de Cassius. Parmi eux, Herb Lowe porte un avis très élogieux sur ce « bébé à la grande gueule » qui « semble être tout ce que la boxe cherchait depuis Joe Louis[2] ».

Ce n'est pas pour autant que Dundee change le programme mis en place pour voir son poulain progresser, au fil des combats, contre des « seconds couteaux ». À ses yeux, aucun match ne doit être pris à la légère, chaque rencontre est une occasion de s'améliorer, même les plus insolites. Ainsi, le clan de Cassius accepte la rencontre contre Duke Sabedong, un Hawaïen au physique d'attraction de foire avec sa taille de plus de deux mètres et ses 102 kg. Le combat a lieu à Las Vegas, plus précisément au Convention Center. Une nouvelle fois, Cassius lance les hostilités en annonçant aux journalistes le moment où le géant hawaïen essuiera les planchers du ring : au quatrième round... Un sentiment étrange entoure le combat. Pour la première fois, Cassius se trouve confronté à un *freak* (« un phénomène »), c'est-à-dire quelqu'un qui n'a ni le pedigree ni le profil d'un vrai boxeur. Dans le camp de Cassius, on se demande comment combattre ce genre de boxeur. La difficulté n'est-elle pas de se laisser surprendre par ses maladresses ? Toutes les certitudes sont mises à l'épreuve. Cassius opte pour des coups au visage, notamment aux yeux, afin de réduire le champ de vision de l'adversaire. Il y parvient merveilleusement dans les premières reprises. Du côté de Sabedong, l'absence de technique se fait sentir et celui-ci n'a pas d'autre arme que d'abuser des coups interdits. L'arbitre inflige au boxeur hawaïen plusieurs avertissements et points de pénalité pour coups bas, coups de tête, ceinturage de l'adversaire, refus de combat... Le match est inégal et laid à regarder. Ce qui est le plus troublant, c'est de voir Cassius en grande difficulté. Les coups portés atteignent leur cible mais Sabedong résiste et gagne de la confiance au fur et à mesure des reprises. Finalement, il tient jusqu'aux dix rounds prévus pour ce combat. À l'unanimité, les juges donnent Cassius comme vainqueur aux points. Le K.-O. à la quatrième reprise prédit par Clay n'a pas eu lieu. Cependant, la soirée est riche en informations. Désormais, aux yeux de Dundee, Clay devra utiliser plusieurs stratégies pour prendre un net avantage sur ce genre de boxeur.

Moins d'un mois plus tard, Clay retrouve le Freedom Hall de Louisville face à un adversaire plutôt coriace, Alonzo Johnson, classé dans les dix premiers boxeurs mondiaux de la catégorie. Le combat est doublement médiatisé. Deux journalistes, du *Sports Illustrated* et de *United Press International*, couvrent l'événement. La rencontre est retransmise à la télévision sur les chaînes nationales. Pour la première fois, le nouveau Cassius pénètre dans les foyers de nombreux Américains. Pour donner un caractère particulier au match, Johnson annonce aux journalistes qu'il a scrupuleusement préparé cette rencontre et monté un plan secret pour battre Clay. Comme prévu, le combat s'annonce très intéressant pour observer comment Cassius réussira à déjouer un boxeur de classe mondiale. Les premiers rounds sont stupéfiants. À la deuxième reprise, Johnson fait vaciller Cassius par un uppercut au menton puis un crochet du gauche au foie, mais ce dernier répond à la quatrième reprise par un crochet du gauche. Johnson tombe. Il se relève difficilement et courageusement pour terminer la rencontre au bout des dix rounds. Cassius est déclaré vainqueur aux points. Sans vraiment dominer, il a montré pendant quelques séquences qu'il était nettement supérieur à son adversaire, et dans tous les secteurs de jeu : vitesse d'exécution, jeux de jambes, puissance... Face aux caméras de télévision, il n'a certes pas réalisé une prestation extraordinaire mais il a gagné et a séduit par son charisme 6 000 spectateurs venus spécialement le voir. Et cette huitième victoire d'affilée dans le monde professionnel est de bon augure pour des rencontres plus difficiles. Après le combat, Dundee a pris la décision de faire souffler son jeune boxeur et de revoir certaines gammes. Deux autres combats remportés assez facilement (K.-O. à la sixième contre l'Argentin Alex Mitteff et à la septième contre l'Allemand Willi « le vieillard » Besmanoff) suivent et concluent victorieusement la première année de travail entre Dundee et Clay. Entre les deux hommes s'est forgée une formidable entente. La passion de la boxe, l'envie de réussir et le caractère facile de l'entraîneur y sont pour beaucoup dans cette relation particulière.

Depuis décembre 1960, Clay s'est installé à Miami. Dundee lui a trouvé une petite chambre à l'Alexander Apartments, à proximité du célèbre restaurant Famous Chef sur la Northwest Second Avenue dans le quartier mouvementé d'Overtown. Ensuite, il s'installe dans divers hôtels de bas de gamme, Mary Elizabeth Hotel ou Sir John Hotel, situés dans le quartier d'Overtown, qui est à cette époque le principal quartier noir de Miami. À proximité des hôtels où il séjourne, Clay côtoie des sans-abri, des ivrognes, des prostituées et leurs rabatteurs. La vie nocturne y est également soutenue. L'activité économique autour des spectacles est très riche. L'endroit est véritablement le Harlem de Miami et les musiciens réputés tels qu'Ella Fitzgerald, Nat King Cole, Dinah Washington ou Count Basie s'y produisent. Comme dans toute autre ville américaine, la discrimination raciale y est très présente. Les lieux publics, notamment les hôtels chics, n'acceptent aucune clientèle noire. Les night-clubs en revanche reçoivent un public mixte. En dépit de toutes les sollicitations extérieures, en particulier de la gent féminine, Clay reste concentré sur ses ambitions. Aucune activité ne le préoccupe plus que de faire son footing sur Biscayne Boulevard, s'entraîner au Fifth Street Gym, boire son jus d'orange au Sir John ou aller se coucher à 21 heures au Mary Elizabeth, un hôtel de passe à trente-six dollars la semaine. La vie austère d'un si jeune garçon devient suspecte à tel point que de nombreuses personnes s'interrogent sur le peu d'intérêt que Cassius semble manifester à l'égard des femmes. Cette attitude de Clay a renforcé les liens qui l'unissent à Dundee, qui voit là une source de motivation inébranlable pour bâtir un champion.

Clown avant-gardiste

Un an après ses débuts, le cercle des experts s'interroge sur les réels talents de Clay. Est-il un clown des rings ou un innovateur, un boxeur avant-gardiste ? La question partage. Le débat est engagé. A-t-on trouvé un nouveau successeur digne des grands boxeurs tels que Jack Johnson, Joe Louis ou Jack Dempsey ? Ou s'agit-il de l'une de ces nombreuses étoiles filantes qui ont brillé aux jeux Olympiques mais n'ont jamais confirmé les attentes et sont retombées dans l'anonymat ? La manière de boxer de Clay interpelle. Certains lui reprochent de placer le spectacle avant l'efficacité sur le ring. Il est critiqué pour être davantage un boxeur de foire qu'un vrai boxeur, un *hardman*. Cassius subit le discrédit d'une boxe de mouvement, de coups variés, d'esquive.

Dès 1960, année du titre olympique, son caractère fantasque avait été pointé du doigt. C'était déjà l'avis d'Abbott Joseph Liebling, grand journaliste au magazine *The New Yorker*, connaisseur de boxe très attiré par la montée médiatique de Clay :

Le style de Clay est certes séduisant, mais il n'est pas probant pour autant. Il est joli à voir boxer, c'est un garçon amusant, mais ce n'est pas un vrai boxeur, ses regards sont plus menaçants que ses poings. Quelqu'un qui utilise ses jambes comme il les utilise ne pourra pas tenir la distance en professionnel. Je ne pense pas qu'il puisse jamais devenir un vrai poids lourd. Pour ce qui est de ses vers de mirliton, n'oublions pas ceux de Bob Gregson, le Géant du Lancashire, qui en faisait d'aussi mauvais au siècle dernier[1].

Une grande partie des spécialistes de l'époque ont été marqués par les frappeurs, véritables machines à détruire leurs adversaires par de terribles victoires par K.-O. avant la limite des combats. Auprès de cette génération de journalistes, la référence, c'est Joe Louis, un poids lourd doté d'une droite redoutable qui remporta les trois quarts de ses combats avant la limite. Le reproche est clair : Clay est bon boxeur mais il n'égale pas les grands poids lourds. Ceux-là ont importé de la rue leurs qualités de frappeurs, de cogneurs, de vrais puncheurs. Les premiers combats ne plaident pas en faveur de Clay. Ses victoires par K.-O. sont certes convaincantes, mais elles se terminent rarement par une domination éclair, nette et sans bavure. Le public, les journalistes, des anciens et de nouveaux boxeurs prennent part au débat. Le public conspue Cassius lors du combat contre Sabedong pour ne pas avoir battu le géant hawaïen par K.-O.

L'ancien champion du monde Jack Dempsey soutient la boxe de Cassius. Il accorde peu d'importance à la manière ; ce qu'il apprécie le plus, c'est sa fraîcheur et son caractère novateur. Après sa rencontre contre Donnie Fleeman, un journaliste du

Miami Herald affirme également que Cassius, « loin d'être le plus costaud des boxeurs », remportera ses combats par K.-O., et il approuve son côté spectaculaire.

Un catcheur et un nouveau combat seront les éléments déterminants qui vont faire changer les avis sur lui. Dans les premiers moments de sa carrière professionnelle, il fait la connaissance, lors d'une émission de radio, d'une des personnalités les plus appréciées des spectacles de catch, Gorgeous George. L'exubérance de Gorgeous ébahit le jeune Clay. Le catcheur donne la mesure de ses spectacles en garantissant au public un show extraordinaire. Parmi ses déclarations d'avant-match, George annonce qu'il va ridiculiser ses adversaires et lance des gages en cas de défaite. Le personnage interpelle Clay l'extraverti :

> J'ai commencé à prédire l'issue de mes combats après avoir vu Gorgeous George, le grand lutteur. J'entendais ce Blanc clamer : « Je suis le plus grand lutteur du monde. Je suis invincible. Je suis le plus grand ! Je suis le roi. Si ce gogo décoiffe mes jolies boucles, je le tuerai. Si ce minable me bat, je sauterai dans le premier jet pour la Russie. Je ne peux pas être vaincu. Je suis le plus beau, le plus grand ! »[2].

Dès les années 1920, le catch (« catch-as-catch-can », terme courant réduit à « catch ») s'était éloigné de la lutte pour devenir une pratique à part entière avec de nouvelles règles, comportant plus de contacts brutaux et introduisant des éléments théâtraux, dans le but de divertir les spectateurs. Le public américain adopta ces spectacles de combats arrangés pour en faire une propriété de la culture

U.S. Les catcheurs furent bientôt élevés au rang de vedettes nationales. Dans les années 1950-1960, le catch bénéficia d'un regain de popularité grâce à l'arrivée de la télévision dans des millions de foyers. Les spectacles remplirent de nombreuses salles et les rencontres remportèrent d'énormes succès d'audience. Cassius appartient à cette jeune génération fascinée par le catch télévisé.

Le 10 février 1962, pour la première fois, il fait un combat au Madison Square Garden de New York. Il rencontre Sonny « K.-O. » Banks. Sur l'affiche en dessous de leur nom, il est écrit « la coqueluche du pays » (du côté de Cassius) et « le jeune de Detroit et futur successeur de Joe Louis ». L'annonce est alléchante. Avant la rencontre, le boxeur de Louisville annonce que son adversaire tombera à la cinquième reprise, mais, à la deuxième reprise, alors qu'il mène facilement la rencontre, il reçoit une gauche qui le projette à terre. C'est l'effroi dans le camp Clay, et une demi-surprise pour les nombreux sceptiques du style de Cassius. Le boxeur de Louisville est compté jusqu'à huit mais ne semble pas très affecté par ce terrible coup. Suit ce que ses admirateurs ont plus tard décrit comme le moment où il s'est véritablement révélé. Comme énervé par cet accident, Cassius surpasse Banks en lui assenant de terribles coups qui l'assomment littéralement. À la vingt-sixième seconde du quatrième round, l'arbitre prend la décision d'interrompre le massacre. Cassius a outrageusement mystifié son adversaire et surtout réussi à faire taire les voix les plus critiques à son égard. Désormais, il peut s'enorgueillir d'être un technicien hors pair mais également un vrai puncheur.

Avec ce combat, il conquiert le cœur de nombre de spectateurs et de journalistes. Les témoins de la rencontre sont épatés par sa formidable réaction et insistent sur sa puissance de frappe. Robert L. Teague du *New York Times* parle de « coups destructeurs ». L'arbitre de la rencontre, Ruby Goldstein, au sujet des déplacements et de la vitesse des coups, évoque une ressemblance assez troublante entre Cassius Clay et deux grands boxeurs, Floyd Patterson et Sugar Ray Robinson, à leurs débuts. Le journaliste A. J. Liebling, longtemps parmi les plus réticents à parler d'un grand champion potentiel, livre un exposé lyrique et dithyrambique vantant les mérites de ce « Cassius-là[3] ». Angelo Dundee, habituellement très avare de compliments, surprendra par des remarques sur ce match, délivrées quelques années plus tard :

> Quand j'ai vu Muhammad Ali se relever du tapis contre Sonny Banks et neutraliser le reste de la reprise, puis reprendre ses esprits et gagner, c'est ce soir-là que je suis tombé amoureux du gosse[4].

Après ce combat, les victoires par K.-O. de Cassius sont prises au sérieux. Le regard des journalistes change. À propos de ses victoires, l'accent est mis sur le caractère démolisseur de ses coups. Partout où il combat, on rapporte son fort débit de paroles et également ses victoires rassurantes. En avril 1962, au Memorial Sports Arena de Los Angeles, devant 8 000 spectateurs, il ridiculise Joe Logan, un excellent poids lourd de bonne réputation. La foule est totalement subjuguée par la démonstration du jeune boxeur. Lorsque les critiques évoquent cette boxe non orthodoxe avec une garde basse et un menton exposé en avant, Cassius rétorque avec assurance qu'il s'agit d'une astuce pour mieux frapper ses adversaires beaucoup trop lents pour espérer le toucher. La victoire lui donne raison. Logan est mis K.-O. au quatrième round et n'a eu aucune chance d'approcher son adversaire. Cette resplendissante victoire fait dire à un journaliste de *United Press International* :

> Clay, dont la haute opinion de lui-même surpassait jusqu'à présent sa réputation pugilistique, vient d'acquérir aujourd'hui un véritable statut chez les poids lourds, grâce à une victoire facile et impressionnante[5].

Combat après combat, les langues se délient : Cassius Clay est bien le nouveau phénomène de la boxe mondiale. Le public, de plus en plus nombreux à venir le voir, l'ovationne. Parallèlement aux journalistes, les boxeurs confirment son style novateur, s'accordent pour dire qu'il danse sur le ring et reconnaissent ses qualités singulières de vitesse et de punch, que souligne Billy Daniels après avoir été victime d'un K.-O. à la septième reprise. Tous ses combats sont scrupuleusement suivis, commentés, débattus. Reste une interrogation en suspens dans l'opinion des spécialistes de boxe : comment Cassius peut-il réagir face à un ancien champion du monde ? Est-il à même de supporter la pression d'un combat de grande envergure ? La réponse ne tarde pas à arriver.

Le 15 novembre 1962, encore au Memorial

Sports Arena de Los Angeles, 16 200 personnes payent 182,60 dollars pour voir sa prestation face au chevronné et ancien champion du monde mi-lourd, face à celui qui a été son entraîneur, Archie Moore (quarante-huit ans). Le duel est vendu comme le match de l'ancien contre le nouveau. Sur l'affiche, sous le nom d'Archie, apparaît le titre de Champion et, à côté de Cassius, celui de Challenger. La tactique de Moore est de tourner autour de lui pour déjouer ses plans d'attaque et de le fatiguer à coups de crochets au corps. Échec total. Cassius est inattaquable et trop vif pour celui que tout le monde appelle familièrement « la vieille mangouste ». Le public venu voir un miracle assiste à un récital terrible du plus jeune. Pendant les trois premiers rounds, aucun des coups balancés par Moore n'atteint Cassius. En dansant, il esquive et martèle son adversaire de coups droits et gauches, de *jabs*. Le spectacle est terrifiant pour Moore qui sombre à 1 min 35 s du quatrième round. Moore est sèchement battu et la cote de popularité de Cassius continue de grandir. Le magazine de référence, *The Ring*, et d'autres organes de presse exposent une série de séquences photos sur la débandade de Moore lors de la quatrième et dernière reprise. C'est avec fair-play et honnêteté que Moore reconnaît la supériorité de Cassius :

On a d'abord eu un tournoi de palabres avant le combat. Il était plein de poésie et effronté, et moi, je n'ai jamais manqué de répondant côté vocabulaire. Mais il me surpassait en poésie comme en prose, car il a un don naturel dans ces domaines. Puis on s'est battus et il m'a mis K.-O. Mon plan était de jouer sur mes déplacements et sur des crochets au corps — car personne ne l'a jamais frappé vraiment au corps — pour le ralentir et le finir avec une droite sournoise. Mais il était trop rapide pour moi et je ne pouvais adopter qu'une défense au corps à corps. L'étreinte laissait ma tête sans garde et c'est ce qu'il cherchait. Vous voyez, c'était son style : toucher le maximum de fois le haut de la tête. Si vous cognez le crâne, vous touchez la structure des pensées de votre adversaire. Il n'a plus les idées claires. Un boxeur doit réfléchir, mais si on le frappe sur la tête, il n'arrive plus à mettre de l'ordre dans ses idées et perd sa tactique. C'est ce qu'il a fait. J'étais étourdi et il m'a mis K.-O[6].

Si la presse pugilistique vante sa manière de boxer, la presse généraliste s'intéresse plutôt à ses outrances verbales et à ses extravagances littéraires. Le très populaire et respecté magazine *Life* publie un de ses poèmes en attendant de lui réserver une place de choix dans les photographies de célébrités américaines. *True*, le magazine chic dédié à la gent masculine, lui consacre une belle page et le décrit comme une personnalité qui séduira très prochainement le monde entier par son talent et son charisme.

Le flot de compliments prend un sacré coup de massue quand Cassius bat difficilement un certain Doug Jones, au Madison Square Garden, au mois de mars 1963. Est-il vraiment crédible, ce jeune garçon qui parle autant qu'il mystifie ses adversaires ? pensent de nombreux observateurs. Et si le test contre Doug Jones était un bon maître étalon pour juger réellement de la soi-disant supériorité de Cassius dans la catégorie ?

Venus nombreux pour voir une facile démonstration du boxeur de Louisville, les spectateurs assistent à un combat acharné et à une très belle performance de son adversaire de six ans son aîné. Clay, qui a prédit sa victoire à la quatrième reprise, rencontre d'énormes difficultés à déjouer la puissance de Jones. Dès la première reprise, ce dernier le surprend avec une vigoureuse droite qui l'envoie dans les cordes. Peu étonnés, les détracteurs de Cassius fustigent la façon insensée qu'il a de boxer avec la tête en arrière pour esquiver les coups et sa garde basse pour attaquer. Pour la première fois de sa jeune carrière, le combat semble indécis. Au quatrième round, Cassius pense avoir trouvé le K.-O. mais Jones résiste et maintient son effort. Les deux combattants tiennent jusqu'au dixième round final. Quelques minutes avant la décision des juges arbitres, Cassius, assis dans son coin, marmonne quelques mots à Dundee. Le regard du boxeur ne laisse transparaître aucun signe d'inquiétude. Comme le lui a appris son entraîneur, il a pensé à dominer son adversaire durant les trois derniers rounds. Finalement, les juges le donnent vainqueur à l'unanimité. Le public déçu crie au combat truqué. Doug Jones parle de victoire volée. Un journaliste de *Sports Illustrated* qualifie le combat de « pitoyable ». D'autres journalistes ajoutent que pour quelqu'un qui prétend pouvoir battre le surpuissant champion du monde Sonny Liston, le chemin de la victoire est encore loin. Arthur Daley, chef de la rubrique sportive du *New York Times*, Prix Pulitzer 1956 du journalisme, figure incontournable du monde de la boxe et fasciné par la personnalité de Cassius, participe au chœur des mécontents et des sceptiques :

Le temps est venu pour le précoce Cassius Marcellus de modifier son image publique. Il est beau gosse, avec une personnalité attachante, qui attire instantanément et gagne chacun à sa cause. Cet amusant charmeur utilise les fanfaronnades constantes pour susciter l'attention. Cependant sa vantardise commence à devenir irritante. Ce qui nous amusait au départ devient lassant. Le Clay excessivement agréable ruine ses relations publiques en se vantant et il est grand temps qu'il se calme[7].

Ce sentiment d'agacement généralisé est toutefois relatif. Jamais la cote de popularité de Clay n'a été aussi haute. Le combat avec Doug Jones, en dépit d'une importante grève de la presse new-yorkaise, s'est déroulé à guichets fermés. L'excitation et l'engouement autour de la rencontre ont rappelé à certains journalistes, tels que A. J. Liebling, le match au sommet entre Joe Louis face à Rocky Marciano de 1951. L'hebdomadaire *Time Magazine* lui a d'ailleurs consacré la couverture et quelques pages extrêmement élogieuses dans son numéro du 22 mars 1963. C'est un fait, ses apparitions médiatiques en compagnie de célèbres chanteurs, tels que Stevie Wonder ou Sam Cooke qui deviendra plus tard un de ses proches, font de Cassius un personnage public. Une aisance, une assurance face aux journalistes de la presse écrite et de la radiotélévision lui assurent une sympathie digne d'une star d'Hollywood. À en croire certains journalistes, il est parfait dans ce rôle de sportif de spectacle. Dans cette Amérique où l'ascension d'un pauvre est toujours source de belles histoires, celle de Cassius capte l'intérêt de l'industrie du spectacle. En 1962, déjà, il avait fait une rapide incursion dans *Requiem pour un champion*, un film prémonitoire où il tient le rôle d'un jeune boxeur prometteur qui met fin à la carrière d'un ancien champion adulé, Mountain Rivera, joué par Anthony Quinn. Une année plus tard, c'est la prestigieuse maison de disque Columbia (label entre autres de Billie Holiday, Dave Brubeck, Miles Davis ou Duke Ellington) qui lui avait proposé d'enregistrer ses poèmes et ses autoproclamations. Cela donne quarante minutes de drolatiques saynètes avec Cassius comme acteur principal, soutenu par des éclats de rire du public. Le titre de l'album est celui qui inaugure le travail : *I am the greatest !* Le dernier morceau est une reprise du tube mondial de Ben E. King, *Stand by Me*, interprété par Clay.

L'Amérique est séduite par ses multiples talents de *showman*. Il lui reste maintenant à captiver l'attention du Vieux Continent. Si en France, en Italie, en Belgique, en Allemagne, le nom de Cassius commence déjà à circuler, c'est en Angleterre qu'il fait sa première apparition. Il est opposé à Henry Cooper et son incroyable puissance de frappe, d'où son surnom de « Henry le marteau », « *Enry the hammer* » comme le prononcent les Anglais. Le boxeur londonien est alors champion d'Angleterre et du Commonwealth. C'est aussi l'un des meilleurs pugilistes européens. Le combat est historique à plusieurs titres. L'Europe n'a pas connu de championnat du monde de lourds depuis plusieurs décennies. La rencontre a lieu dans le mythique Empire Stadium de Wembley où se déroulent toutes les finales de football depuis 1923. Un mouvement politique de rejet des hommes de couleur, avec pour slogan *Keep the Britain White* (« L'Angleterre aux Blancs »), commence à prendre de l'importance dans les grandes villes anglaises, et en particulier à Londres.

Le 18 juin 1963, 55 000 spectateurs sont présents pour découvrir le boxeur dont tout le monde parle. Comme à son habitude, l'Américain prédit la fin de la rencontre à la cinquième reprise. Cassius pénètre sur le ring avec une tenue sensationnelle : un peignoir rouge au dos duquel est inscrit « Cassius le plus grand » et, sur la tête, une couronne sertie de pierres précieuses factices et bordée d'hermine. Les spectateurs sont bluffés par son apparence. « C'est comme si un extraterrestre arrivait sur la planète boxe », commente un spectateur. « C'est le nouveau roi de la boxe », ajoute un second[8]. Une partie du public, peu habitué à voir un boxeur noir avec une telle assurance, se met à le siffler — manifestation de malaise plus que de haine. À quelques kilomètres de Wembley, la communauté noire de Brixton, qui a vu le boxeur américain passer dans le quartier, s'impatiente : quelle va être l'issue de ce combat ? Cassius est devenu en quelques jours leur idole. Tous les médias britanniques sont là. C'est l'événement à ne pas manquer. Les passionnés de sport de toutes les catégories sociales sont pris dans le tourbillon de ce grand match. Les amateurs de boxe des clubs de Cardiff, Glasgow, Belfast suivent tous la rencontre.

Durant les trois premiers rounds, Cooper décide d'attaquer farouchement. La tactique marche à merveille. Cassius est vivement ébranlé par la précision des coups de l'Anglais. *Jab* du gauche, crochet, direct du droit, tout l'attirail du bon frappeur. Il touche Clay au visage, qui se met à saigner du nez.

Dominé par l'acharnement de Cooper, il est en difficulté. Simon Smith, le commentateur de la B.B.C., suffoque d'excitation. Il rêve d'une victoire improbable. Les journalistes de la presse écrite se regardent et pensent assister à un moment inoubliable. Le public réagit dans un brouhaha mêlé de joie et d'inquiétude. « La grande gueule de Louisville » a-t-elle trouvé enfin quelqu'un qui va l'empêcher de l'ouvrir ? murmure-t-on. Le stade est en transe.

Au milieu du troisième round, Clay est offensif, affûté, flamboyant. Il danse, sautille, accélère ses coups. Il n'hésite pas à prendre le public à témoin pour faire admirer sa technique, ses jeux de jambes, son adresse. Cooper est enseveli sous les coups. Sur un de ses enchaînements éclairs, Clay touche l'arcade, le nez, l'œil, la pommette, la mâchoire... Cooper, en sang, devient méconnaissable. Seul son courage lui permet d'avancer sur une cible noire devenue invisible, en mouvement perpétuel et qui continue de lui massacrer le visage. Le combat devient insupportable. Cassius domine outrageusement son adversaire en cherchant non à le mettre K.-O., mais à faire durer le plaisir, ce qui plonge William Faversham dans tous ses états. « Angelo, dis-lui d'arrêter son cirque ridicule », crie Faversham à quelques mètres du ring. Au quatrième round, la foudre tombe. Trop sûr de lui, Cassius manque d'attention. Dans un geste de désespoir et de rage, Henry sort son fameux « marteau » pour décrocher à Cassius un terrible crochet du gauche qui lui arrive en pleine mâchoire. Le coup le fait « valser » dans les cordes. Il est compté par l'arbitre jusqu'à quatre et se relève très vite. Sonné et les jambes tremblantes, Cassius est mal en point. Sans expression, hagard, les yeux fixés vers son coin ne sont plus ceux du *king* mais du *loser*. Face à cette vision surprenante, la foule exulte et ose croire au miracle. Heureusement pour Cassius, le gong arrive à point pour lui permettre de récupérer.

Pour la première fois, le camp de Cassius est surpris, certes, mais si étonnant que cela puisse paraître, extrêmement calme et concentré. Dundee trouve même une ruse qui plus tard entrera dans les fabuleuses histoires de la boxe :

> Clay avait explosé son gant à la couture, près du pouce. En fait, c'est arrivé dès le premier round. Je l'ai remarqué et lui ai dit : « Garde tes poings serrés. » Je ne voulais pas qu'on le remarque car tout se passait comme prévu, si vous voyez ce que je veux dire. À la fin du quatrième round, il a été cloué. Et Cooper pouvait encore l'assommer avec sa gauche. Cassius était blessé : aucun doute là-dessus. Il a été touché avec ce crochet pile sur le menton. Quand il est revenu dans le coin, je lui ai fait respirer les sels. Un des soigneurs lui a appliqué de la glace sur le dos et les extrémités pour le faire revenir à lui. Puis j'ai craqué un peu plus la déchirure du gant, je l'ai mis de côté et j'ai signalé à l'arbitre que son gant était fichu et qu'il en fallait un autre. J'ignore combien de temps ça nous a fait gagner, mais ça suffisait. Sans ce temps supplémentaire, je ne sais pas si Clay aurait gagné[9].

L'arrêt momentané du combat dure près de trois minutes. C'est juste assez pour voir Clay revenir requinqué et terriblement échaudé par cette humiliation. Il décide de passer à la vitesse supérieure. « Il rentre vraiment dans Cooper », assure le commentateur de la B.B.C. aux supporters. D'un coup violent, Cassius tranche encore la paupière de Cooper. S'ensuit une série de gauches, de droites, sans relâche. Cooper souffre, il est attaqué sur tous les fronts. Il ne trouve aucune brèche pour échapper à la fureur de son adversaire Le combat est désormais à sens unique. Les juges ne peuvent que comptabiliser les coups de Clay. Cooper tente de se protéger et se maintient droit tant bien que mal pour ne pas subir l'humiliation du K.-O., mais les coups de Cassius Clay sont imparables parce qu'ils sont précis et puissants. Très peu de boxeurs ont encaissé autant de coups en si peu de temps. La foule effrayée et bouleversée par l'ampleur de la punition crie à l'arrêt immédiat du combat. Au lieu d'un K.-O. propre, les journalistes pensent qu'il cherche à « réduire Cooper en bouillie ». À 1 min 15 s de la cinquième reprise, l'arbitre Tommy Little décide de mettre fin au massacre et donne Cassius vainqueur par K.-O. technique. Les observateurs sont ébahis par la prestation. Plusieurs commentateurs sont partagés entre un sentiment de respect et de désapprobation. Cassius a séduit et impressionné en tant que boxeur mais a irrité les puristes d'une boxe attachée aux valeurs fair-play qui veulent qu'un boxeur évite d'humilier son adversaire quand celui-ci est hors d'état de combattre. Toutefois, tous les observateurs et passionnés de boxe sont d'accord pour affirmer que Cassius Clay a potentiellement les qualités pour décrocher le titre mondial des lourds. Toujours avec sa verve singulière, le jeune homme ne se prive pas pour crier tout haut son originalité et ses ambitions, dans la presse prise à témoin :

Je ne suis pas le plus grand. Je suis doublement le plus grand. Je ne les mets pas seulement K.-O., je domine le round. Je suis le plus intrépide, le plus beau, le plus fort, le plus scientifique, le plus compétent des boxeurs sur le ring actuellement. Je suis le seul boxeur qui va de coin en coin et de club en club, en débattant avec mes fans. On me fait plus de publicité qu'aucun boxeur n'en a jamais eu dans l'histoire de la boxe. Je réponds aux interviews des journalistes tant que leurs doigts peuvent encore écrire[10].

Un produit de la télévision

La télévision, invention américaine mise au point en 1927, contribue à la popularité des célébrités sportives. Durant les années 1930, elle fait timidement son entrée dans les foyers. Son impact progresse sensiblement à partir de 1947 grâce à diverses initiatives politiques qui facilitent les créations de chaînes privées locales soutenues par les puissants *networks*, C.B.S., N.B.C., A.B.C. En 1960, c'est l'explosion. Aux États-Unis, les trois quarts des foyers ont au moins un poste. La télévision devient le moyen de loisir le plus courant et le plus apprécié des Américains. De 1960 à 1970, le nombre de téléviseurs passe de 60 millions à 95 millions. Les plus aisés possèdent un téléviseur couleur. Cassius bénéficie de cet extraordinaire média pour s'illustrer et pour en devenir un des produits les plus remarquables. Il aime la télévision et les chaînes trouveront en lui une source intarissable pour faire grimper leur audience. Sa jeunesse et la fraîcheur de ses paroles sont séduisantes dans une société où les moins de vingt-cinq ans prennent de plus en plus position pour se signaler comme une force culturelle puissante et avec laquelle il faut compter. Comme nous l'avons signalé précédemment, la rencontre entre Cassius et la télévision date de ses premiers pas de boxeur dans l'émission « Les champions de demain », retransmise par des chaînes à péage. Les jeux Olympiques de Rome, dont le comité olympique américain[1] a voulu qu'ils soient abondamment couverts par les médias, particulièrement par la télévision, dans cette période de rivalité idéologique avec le bloc soviétique, constituent le deuxième moment où Cassius Clay devient un personnage connu et familier du grand public. Les victoires du boxeur et son exubérance n'échappent pas aux responsables des chaînes qui en font une personnalité à suivre. La pesée est souvent le moment choisi par Cassius pour vanter sa beauté, son corps parfait, ses envolées poétiques, et ridiculiser son adversaire. Tout à fait conscient des retombées de la télévision dans l'opinion publique, Clay s'en saisit pour véritablement lancer sa campagne afin d'être le challenger désigné qui combattra Floyd Patterson puis Sonny Liston, les deux meilleurs poids lourds du début des années 1960. En décembre 1960, lors de sa convaincante victoire contre Herb Siler, Clay s'approche des journalistes, fixe la caméra et lance qu'il veut un combat contre le champion du monde en titre, Floyd Patterson. Acte de comédie pure puisqu'il sait très bien qu'il lui faudra plusieurs combats pour devenir auprès des organisateurs de matchs un challenger crédible. Cassius n'ignore pas cette règle non écrite mais espère qu'avec l'aide de la télévision, il peut être considéré comme le prétendant numéro un au titre mondial. Les Américains admirent le boxeur mais surtout ils sont séduits par son charisme. Les combats de Clay retransmis sur les canaux privés obtiennent des succès d'audience. La mise en scène qu'il effectue juste avant, en prédisant le round exact de la chute de l'adversaire, est un excellent plan de communication. Cassius sait que s'il veut séduire les journalistes, le seul fait de gagner les combats ne suffit pas ; il faut se distinguer de multiples façons. Il choisit la prédiction, l'humour, la provocation. De leur côté, les journalistes sont servis par le talent de showman de Cassius.

Le souvenir de ses rencontres reste indélébile dans la mémoire de plusieurs personnes. John H., employé de bureau à Louisville, se souvient :

> Je suis ce qu'on peut appeler un fan des premières heures. J'ai commencé à regarder ses matchs quand il était un tout jeune boxeur entraîné par Joe Martin. Ce qui m'a tout de suite plu, c'est qu'il semblait ignorer la peur. Quel que soit son adversaire, il était entreprenant, très sûr de lui. Chez moi, la boxe est reine et Cassius était le roi. Plus tard, il est passé professionnel, j'ai continué à regarder ses matchs par le biais de N.B.C. Ce n'était pas très compliqué, il fallait payer pour voir le match. J'ai même été assister à un de ses matchs dans une salle de cinéma, c'était sa première rencontre contre Archie Moore. La salle était bondée. Tout le monde criait Cassius comme si nous étions au match[2].

La singularité de Cassius sur le ring et en dehors remplit de bonheur les passionnés de boxe mais aussi des personnes qui ne sont pas des fans de la boxe anglaise. Un habitant du quartier du Miami Beach Auditorium témoigne :

J'avais un ami qui connaissait un peu le milieu de la boxe à Miami. Un jour il me permet d'assister à un entraînement de Cassius. Et là, sans être un connaisseur en boxe, je reste estomaqué par ce gamin qui s'amuse sur le ring. Je demande à mon ami s'il a un grand avenir, ce boxeur, il me répond méchamment : comment peux-tu me poser cette question ? Regarde, ce boxeur est un génie et il sera bientôt champion du monde des poids lourds. À chaque fois qu'il passait à la télévision, j'écoutais attentivement ce qu'il disait et je pensais qu'il était aussi bon sur l'écran que bon comédien[3].

Ayant débuté comme les petites retransmissions d'un jeune prometteur, les rencontres de Cassius deviennent à partir de 1962 des événements télévisuels. Dans les jours qui précèdent son combat contre Doug Jones, le 13 mars 1963, il fait une intervention remarquée à la télévision. Deux intentions sont principalement visées par Clay. Premièrement, faire un maximum de publicité pour vendre la rencontre afin d'éviter un raté retentissant alors qu'une importante grève des médias new-yorkais menace ce rendez-vous qui a lieu au Madison Square Garden, La Mecque de la boxe. Deuxièmement, faire de ce match un pas essentiel vers la confrontation ultime contre Sonny Liston, le tenant du titre de champion du monde.

Au milieu de la salle d'entraînement, habillé en tenue de ville, lorsqu'on le questionne sur son adversaire, Clay esquive en répondant qu'il n'accorde guère d'importance à Doug Jones. Ce qui l'intéresse, c'est Sonny Liston. Il précise que Jones n'est qu'un boxeur minable qu'il mettra K.-O. à la quatrième reprise et jure que s'il perd le combat, il se retire de la boxe. Sourire aux lèvres, Cassius ajoute à ses paroles des gestes sur la manière dont il procédera pour anéantir ce boxeur médiocre[4]. Face à cette scène, l'hilarité des journalistes démontre un début de connivence avec Cassius qui, de match en match, assure l'audience et plaît aux millions de téléspectateurs qui le regardent. Les émissions où il apparaît deviennent les lieux de show entre Clay et le présentateur. Cassius est à l'aise face à la caméra, et cela se ressent dans la manière qu'il a d'emmener ses interviews sur le terrain qui est le sien. Peu de journalistes peuvent se vanter de n'être pas tombés dans le piège d'un entretien d'auto-célébration de Cassius. Jeunes ou moins jeunes journalistes, tous sont comme envoûtés par le boxeur. Les victoires qu'il remporte sur le ring ne font que renforcer sa force de persuasion. À chaque retransmission de ses combats, tous font allusion à la beauté de cet athlète poids lourd qui se déplace comme un poids plume. Beaucoup mentionnent aussi son bagout, ses poésies et sa volonté de dominer pendant plusieurs années la catégorie des poids lourds. Avant son combat contre Henry Cooper à Londres, une équipe de la B.B.C. le suit pour avoir ses impressions sur la rencontre qui l'attend. Avec le talent d'un acteur, il s'exprime calmement puis tout à coup gesticule, précise ses propos, faisant semblant de s'énerver et décidant de prendre un ton menaçant, annonce que son adversaire succombera aux coups venus du « plus grand boxeur de tous les temps », à la « cinquième reprise ». Prédiction accomplie. Après sa victoire, Cassius donne une interview où il explique comment, geste après geste, il a maîtrisé le combat. Un des assistants de la B.B.C., Brian H., raconte :

> Il avait quelque chose d'incroyable, ce Mohamed Ali, qui à l'époque s'appelait Cassius Clay. Il était très à l'aise face à la caméra. C'était très facile de travailler avec lui, il était très amusant. Hors caméra, il était banal et très concentré sur son travail. Mais dès que nous commencions à tourner, il se transformait en acteur. C'était un vrai acteur avec des mimiques incroyables. Nous Anglais plutôt coincés nous n'avions pas l'habitude d'approcher quelqu'un d'aussi fascinant. Quand il a battu Cooper, je faisais partie des gens qui n'étaient pas tristes parce que je me disais que nous avions la chance d'approcher un grand champion[5].

La première rencontre face au champion en titre, Sonny Liston, est certainement l'un des moments les plus exemplaires de l'utilisation de la télévision par Cassius pour devenir une des personnalités les plus connues des États-Unis, voire même d'outre-Atlantique. Le ton qu'il adopte dans les émissions est digne de celui des acteurs de comédie légère. Il devient l'amuseur public de millions de téléspectateurs par des allusions liées à la culture populaire. Il affuble ses adversaires de surnoms afin de mieux les tourner en dérision. Personne n'échappe à cette règle qu'il s'est imposée pour les ridiculiser. Il puise ses références dans un univers réduit. Cela va du bestiaire animal à l'apparence physique, en passant par des personnages de séries télévisées, de bandes dessinées, de cinéma. Ainsi, Sonny Liston est affublé du surnom de « gros ours hideux » (parce qu'il est laid et qu'il pue comme un ours, dixit Clay), Archie Moore de « vieillard » (parce qu'il est assez âgé pour être son grand-père), Floyd Patterson, de « lapin » (il serait apeuré sur le ring comme un lapin), George Chuvalo, de « lavandière » (il frappe comme une femme avec une planche à habits), Ernie Terrell, de « pieuvre » (il agrippe ses adversaires et ne lâche pas sa prise), Earnie Shavers, de « gland » (son crâne rasé ressemble à un gland), Leon Spinks, de « Dracula » (il lui manque ses dents de devant), Larry Holmes, de « cacahuète » (sa tête a une forme de cacahuète).

À observer les archives de films, on se rend compte que le sérieux de la boxe n'a en rien altéré l'espièglerie enfantine que dégage Cassius. Mimiques de clown, gestes et allures d'un animal effrayant, imitations d'accents des Noirs du Sud ou du Nord, autodérision, tout un répertoire de moquerie est utilisé par Cassius et relayé par la télévision pour inscrire mots et images dans la conscience collective. Plusieurs journalistes s'accordent pour dire qu'il était un comique hors du commun qui s'extasiait des répercussions positives de son talent de comédien en dehors des rings, en particulier auprès des gens non initiés à la boxe. Cassius fut certainement la première vedette sportive à occuper autant le rôle de joueur que de jouet des médias. Face à la caméra, il a su parfaitement s'exprimer dans les registres du gentil, du méchant, du « bon nègre », du « nègre hostile », du mauvais comédien, de l'animateur, du boxeur facétieux et terrible sur un ring.

Quelques mois avant la rencontre, Cassius lance une véritable campagne de discrédit contre Liston. Les téléspectateurs suivront avec délectation ses pitreries jusqu'au jour du combat en février 1964. Lors d'une séquence devenue célèbre, on aperçoit Cassius face à un poste de télévision, torse nu, installé dans son salon, en train de mimer, en éclatant de rire, la façon de boxer de Sonny Liston, tout en agrémentant sa gesticulation de traits d'humour et de commentaires humiliants :

> Sonny Liston n'est rien. Ce type ne sait pas parler. Il ne sait pas se battre. Il a besoin de leçons. De leçons de boxe. Et puisqu'il va se battre contre moi, il ferait bien d'apprendre à tomber... Après avoir démoli Sonny Liston, je vais dérouiller les petits hommes verts de Jupiter et de Mars. Et je n'aurai pas peur de les regarder, parce qu'ils ne peuvent pas être plus moches que Sonny Liston... après sa raclée, je le donnerai au zoo du coin... Je suis jeune, je suis beau, je suis rapide, je suis imbattable. Il est trop laid pour être champion du monde. Le champion du monde devrait être joli, comme moi[6].

Cassius use de toutes sortes d'ingrédients pour perturber Sonny Liston. À bord d'un bus et accompagné de proches, il effectue ainsi près de 1 500 kilomètres afin de provoquer Liston. La bande de Cassius quitte Chicago pour Denver. Le petit groupe formé d'Howard Bingham (qui deviendra plus tard le photographe officiel du champion), de son frère Rudy et de quelques amis se relaie au volant pour réaliser cette grande traversée d'Amérique d'Est en Ouest. Le 5 novembre 1963, à 2 heures du matin, ils arrivent dans un paisible quartier résidentiel habité majoritairement par la *middle class* blanche. Pour faire de cette escapade un événement médiatique, Cassius a pris soin de prévenir la presse écrite, radio et télévisée. À leur arrivée sur les lieux, les journalistes sont déjà installés et prêts à immortaliser la scène. Howard Bingham est désigné pour frapper bruyamment à la porte de Sonny Liston. Surpris par ce tapage autour de sa maison, ce dernier, en peignoir de bain, demande avec un regard menaçant de cesser ce vacarme, ce qui a pour conséquence d'exciter Cassius et ses amis. Clay, debout sur la pelouse de Liston, vocifère sur la façon dont il va détrôner le tenant du titre de champion du monde, tandis qu'une personne dans le bus klaxonne à tout-va. La comédie organisée comme un *blitzkrieg* médiatique dure quelques minutes afin d'éviter l'arrivée des policiers et d'échapper à une arrestation pour tapage nocturne. Tout juste installé dans le bus, c'est l'explosion de rire tandis que Liston médusé observe d'une fenêtre entrebâillée le départ de « ces fous ». Pour l'équipe de Clay, l'objectif est atteint : Liston est profondément surpris et énervé. L'effet médiatique porte ses fruits. Le lendemain, la scène est rapportée à la télévision, dans la presse écrite et à la radio. L'exercice de déstabilisation psychologique a marché et le tapage médiatique est une réussite. Mort Sharnik, journaliste à *Sports Illustrated*, témoin de cette scène, rapporte :

> Liston a été humilié. D'abord, il a eu du mal à obtenir cette maison parce qu'elle se trouve dans un quartier blanc. Au début, avec sa famille, il s'asseyait sur la pelouse, comme un riche planteur. Depuis que Clay a commencé sa « chasse à l'ours », Liston n'ose plus le faire. Il est comme prisonnier de sa luxueuse banlieue résidentielle. Il n'a plus envie de se pavaner comme un roi. Liston, qui s'est toujours battu pour se faire accepter, a reçu le traitement inverse de la part de Clay. Il était

champion du monde et un gosse de vingt-deux ans, qui avait eu du mal à se débarrasser de Doug Jones et de Henry Cooper, s'incrustait chez lui, dans son camp d'entraînement, à la télévision et dans les journaux et partout, il se moquait de lui. L'insolent[7] !

« Flotte comme un papillon, pique comme une abeille »

Pour devenir un champion, il faut gagner des titres, mais pour devenir une légende il faut bien plus que ça. Cassius Clay atteint le Graal de la boxe mondiale le 25 février 1964, au Convention Hall. Depuis son titre olympique obtenu à Rome, il a fait de la ceinture mondiale son objectif principal. Pour y parvenir, il faut franchir des obstacles. Le premier qui se présente à lui est donc l'effrayant champion du monde en titre, Sonny Liston. Cassius sait que sa crédibilité d'enchanteur du ring ne tiendra que s'il le bat d'une manière éclatante. Avec sa façon particulière, il mène l'opération « champion du monde ».

Outre son passage chez Liston, c'est d'abord avec les mots qu'il commence sa campagne. En effet, en dehors du ring, d'autres matchs avaient commencé, celui des invectives par presse interposée et celui d'une presse pugilistique qui devait choisir entre « la grande gueule de Louisville » et « la terreur de St Louis ». La rencontre tient l'Amérique en haleine. Par le jeu des extrêmes, les médias opposent les deux combattants. D'un côté, Cassius Clay, jeune, beau et exubérant. De l'autre, Sonny Liston : taiseux, visage ingrat, droite meurtrière.

Comme à son habitude, Cassius mène la bataille des nerfs en usant soigneusement des relais de diffusion de masse : ring de boxe, télévision, presse écrite et radiophonique, disque, boîte de nuit...

En 1963, une année avant la confrontation, Clay avait prédit sa victoire dans la presse qui commençait à en faire une vedette. Dès la fin de son dix-huitième match professionnel remporté par K.-O. contre Doug Jones, au Madison Square Garden de New York devant près de 19 000 spectateurs, celui qui était encore Cassius Clay avait annoncé la couleur : il veut se battre contre Liston et précise qu'il le mettra K.-O. à la huitième reprise.

Quelques mois plus tard, Cassius assiste au match de revanche qui oppose Floyd Patterson à Sonny Liston (vainqueur du premier match par K.-O. en un seul round). L'ex-champion olympique des poids moyens de 1952 subit la même leçon que lors de la première rencontre. Il est sèchement battu par Liston. Dans ce combat à Las Vegas, où la bourse de chacun des boxeurs dépasse le million de dollars (1 434 000 plus exactement), Sonny Liston achève son adversaire d'une puissante droite en deux minutes et dix secondes. Les observateurs sont impressionnés et terrifiés par une telle prestation ; ils sont médusés par la puissance que dégage Liston. Le regard glacial dès l'entame de la rencontre, il ne donne aucune chance à Patterson. Tous les journalistes, sans se concerter, soulignent dans leurs articles la puissance mortifère de ses frappes. Tous les spécialistes de boxe présents sont unanimes : pour eux, Cassius Clay n'a aucune chance face à cette machine à cogner. On dirait qu'il frappe fort pour éteindre toute velléité de faire durer les combats, assure un spectateur. Le spectacle qu'offre Liston est époustouflant de puissance et de maîtrise. Les médias sont impatients d'assister à la confrontation avec Clay.

Lors de cette rencontre Liston-Patterson, Cassius a à peine le temps d'étudier le style de son prochain adversaire. Le match est trop rapide pour qu'il puisse repérer les failles éventuelles de Liston. Sur le ring, ce dernier semble imbattable. Cassius décide de mener la bataille ailleurs. Dès la fin du combat, il escalade le ring, se faufile entre les forces de l'ordre, et face aux reporters-photographes et aux caméras de télévision, dessine un 8 avec ses doigts pour indiquer le nombre de rounds qu'il lui faudra pour battre Liston. Les jours qui suivent, la photo de Clay avec ses « deux mains en huit » rivalise avec l'écroulement de Patterson. Régulièrement, Cassius interpelle la presse pour ridiculiser Liston. L'arme de destruction utilisée, c'est l'humour. À tous les journalistes qui l'interviewent, il sort son numéro bien préparé de monologue où Liston, « l'ours hideux », se fait démolir par Cassius Clay, « le plus grand boxeur de tous les temps ». À l'entraînement devant les journalistes, aidé par ses assistants, il trouve de multiples moyens de moquer Liston. Une fois, il fait monter sur un ring un gorille en peluche, feint de le corriger jusqu'à ce qu'il s'écroule. Le gorille par terre, Clay indique aux médias hilares le huitième round. Il joue les boufons en imitant la voix de Liston. Les autres sources de dérision sont le parcours scolaire et l'origine sociale de son futur adversaire. Les allusions à un personnage bourru sont clairement stigmatisées. Il assure que Liston est un idiot qui ne sait ni lire ni écrire. Les journalistes contribuent d'ailleurs consciemment ou inconsciemment à faire de Liston un misérable gamin du Mississippi, vingt-quatrième enfant d'une famille de vingt-cinq, un analphabète et un personnage peu fréquentable, ami d'un certain Blinky Palermo, un mafieux notoire.

Bref, à quelques semaines du combat, Cassius occupe la scène médiatique. On le voit aussi s'entraîner aux côtés des Beatles. Plusieurs clichés le montrent en train de chiper la vedette aux garçons de Liverpool. Clay amuse également les médias avec ses prédictions. Il livre à un parterre de journalistes le déroulé du combat avec une verve digne des grands journalistes radio des années 1930-1940. Le souvenir de l'écoute des rencontres de base-ball ou de football américain se lit dans son enthousiasme pour reproduire la même inspiration. Cassius y ajoute une touche personnelle, poétique. C'est du slam avant la lettre :

Encore une droite magnifique.
Quel swing fantastique !
Le coup l'envoie dehors
Voler dans le décor.
Liston monte encore
Et l'arbitre, perplexe, se tord
Car il ne peut compter le K.-O.
Tant que Sonny n'est pas sur le dos.
Avec Sonny perdu de vue,

La foule ne se contient plus,
Mais nos radars l'ont repéré
Sur l'Atlantique, il s'est envolé.
Qui aurait pu imaginer
En venant au combat assister
Que du décollage, il serait témoin,
D'un satellite humain !
Qui aurait pu imaginer
En payant sa place au guichet
Qu'il verrait à Miami
Une éclipse totale de Sonny.
Je suis le plus grand[1] !

Pendant ce temps, Liston est absent dans les colonnes de la presse ou se fait très discret. Né au début des années 1930 (certains disent dans les années 1920[2]) dans une famille pauvre du Sud, Liston ressemble à ces millions d'Afro-Américains qui ont fait de la discrétion une façon de « s'intégrer » dans la société américaine. Pour certains, l'invisibilité sociale est l'attitude à suivre pour éviter les ennuis avec les « maîtres blancs ». Liston choisit la boxe comme unique espace d'expression. Il n'est donc pas très à l'aise avec les médias et se tient à distance. Le battage médiatique dans lequel s'est engagé Clay avec frénésie ne l'intéresse pas, et il a compris qu'il n'en sortirait pas vainqueur. Sans doute trop sûr de lui, Liston n'est jamais rentré dans l'escalade des moqueries orchestrées par Clay. Devant la presse, chaque fois qu'il doit répondre aux questions sur les provocations de son adversaire, il préfère dire avec une voix posée que le combat est perdu d'avance pour Clay, en ajoutant que ce dernier ne dépassera pas le quatrième round. Certaines fois, le ton est toutefois plus menaçant et vulgaire quand il évoque Cassius. Après sa seconde victoire contre Patterson, il s'adresse à Cassius, et d'un ton percutant lui dit : « Maintenant, ça va être ton tour, grande gueule ! »

Ces déclarations sont très rares, voire quasi inexistantes. Pourtant, il intrigue les journalistes par son passé de délinquant, son regard, les rumeurs qui le lient avec les milieux de la pègre de Chicago, de New York ou de St Louis. Sur le Vieux Continent, les combats contre Patterson ont marqué les spécialistes de la boxe. En France, l'une des capitales mondiales de la boxe anglaise, on lui consacre plusieurs articles plutôt élogieux. Au lendemain de la victoire de Liston contre Patterson en 1962, John Paddington, écrit :

> Que vaut le boxeur Liston ? Je n'hésite pas : il est au niveau des plus grands. Et il faut absolument chasser cette image du Liston émergeant de sa prison, du Liston à face de gorille, du tueur s'emparant du titre par la seule vertu — si l'on peut oser ce mot — de sa force brutale, de son envergure, de sa brutalité. Non, dans le ring, Liston, c'est autre chose que le garçon qui un jour assomma un policier, le roua de coups, lui cassa une jambe. C'est autre chose que la bête féroce, puante de haine. Non, dans le ring, Liston c'est un boxeur qui respecte la loi, qui agit dans la règle[3].

Une année plus tard, le même reporter livre au lecteur français un visage détendu et souriant de Liston et de son épouse[4]. Image peu vue dans la presse américaine.

Arrive le moment où les pronostics sont lancés. Pour bon nombre d'observateurs, le combat est inégal, la puissance et l'expérience de Liston devraient lui suffire à remporter la rencontre haut la main. Pour certains, la jeunesse de Clay est un handicap. Comment pourra-t-il tenir avec seulement dix-neuf matchs professionnels ? Ces quatre dernières années, Liston a remporté neuf combats avant le quatrième round, dont huit par K.-O. Les parieurs donnent un large avantage à Liston. Les bookmakers de Las Vegas notent des cotes cinq fois plus élevées en pariant, non pas sur l'issue du match, mais sur le round de la victoire de Liston.

L'opinion sur la chance infime de voir Clay remporter la rencontre est partagée par la grande majorité des spécialistes. Les journalistes sont les plus pressés à crier à l'inégale confrontation entre le champion sortant et le novice Cassius Clay. Robert Boyle, journaliste vedette à *Sports Illustrated*, est dans le groupe de personnalités qui choisissent le camp de Liston. Face au discours optimiste de Cassius sur sa probable victoire, il rétorque :

> Cassius doit dire ça pour rigoler. Si ce n'est pas le cas, il est fou s'il s'imagine faire le poids contre une machine de combat aussi mortelle, presque indestructible. Avec son style, Clay court au massacre. Sa garde est trop basse, il esquive les coups et est incapable de pénétrer la garde de Liston. Il va affronter un adversaire sacrément endurant, très technique, étonnamment rapide et suffisamment fort pour assommer un éléphant d'une main[5].

Jimmy Cannon, un fan inconditionnel des puncheurs des années 1930, et notamment de Joe Louis, est catégorique :

Clay ne combat pas comme le poids lourd qu'il est censé être. Il charge rarement et rate beaucoup. Il faut se rappeler qu'il a démarré en amateur, alors qu'il pesait 53,5 kg. Il a grandi, mais son style est resté celui d'un poids coq. D'une certaine manière, Clay est un monstre. C'est un poids coq de plus de 90 kg. Il n'y a pas un seul poids lourd licencié qui puisse tenir tête à Liston. Ce gros poids coq n'a aucune chance[6].

Un autre grand nom du journalisme sportif, Arthur Daley, prend position pour Liston. Nourrissant des doutes sur les réelles qualités de boxeur de Cassius, il estime que le personnage fantasque prend trop de place et fait de l'ombre au boxeur :

Le championnat du monde poids lourds qui oppose Liston et Clay mardi a quelque chose de surréaliste. Il ne s'agit même pas d'un match réclamé par le public. La seule personne qui tenait à cette rencontre, c'est Cassius, un pro du battage médiatique qui s'endort le soir non pas en comptant des moutons, mais en comptant ses sous. Il verra des étoiles mardi quand Liston lui réglera son compte. Ce soir-là, la grande gueule de Louisville risque de ravaler son orgueil sous les coups de marteau que lui assènera Liston le destructeur, actuel champion du monde. Cassius, avec cette détestable confiance en lui qu'il affiche constamment, démarrera ce combat avec un petit handicap : il est incapable de se battre aussi bien qu'il parle[7].

Si une partie des mêmes journalistes insistent sur les qualités intrinsèques de chaque combattant, c'est cependant Sonny Liston qui a toutes leurs faveurs. Son style de boxe, sommaire mais très efficace, est plébiscité. Toutes les techniques de destruction et de puissance de Liston sont valorisées pour mettre à mal les arguments des pro-Cassius. De Liston, on cite les éléments qui lui permettront d'abattre assez facilement Clay : le puissant crochet du droit, la carrure impressionnante, le nombre d'adversaires battus par K.-O., la force des coups, l'expérience du corps à corps... Une prose sanglante s'est même infiltrée dans les propos de journalistes évoquant la bestialité de Sonny, qui est perçu comme l'incarnation de la rudesse de la boxe dans la catégorie des poids lourds. C'est ce qui ressort de l'article de Tex Maule, spécialiste de football américain et grand fan de boxe à *Sports Illustrated* :

> Les *jabs* de Clay cinglent, mais ceux de Liston blessent. Ce dernier a des bras massifs, très musclés, et ses *jabs* du gauche sont bien plus que des *jabs*. Ils secouent l'adversaire avec une puissance inouïe. Même quand ils manquent de précision, ce qui est rarement le cas, ils fusent avec suffisamment de force pour faire chanceler l'adversaire, si bien que ce dernier doit récupérer et retrouver son équilibre avant d'attaquer à nouveau. Son crochet du gauche est aussi vif que l'attaque d'un serpent et il n'a pas besoin d'onduler pour le balancer. Il succède au *jab* à la vitesse d'un battement de tambour. Ça n'effleure jamais Liston qu'il puisse perdre un combat. Jamais il ne monte sur le ring dans l'espoir de l'emporter aux points sur son adversaire au quinzième round ou en se disant que, si l'occasion se présente, il le mettra K.-O. Il n'a qu'un but : la destruction[8].

L'avis des boxeurs est aussi tranché que celui des journalistes. Le verdict est sans appel : Liston vaincra par K.-O. Les anciens champions du monde de la catégorie des lourds, certainement par proximité stylistique, donnent un large avantage à Liston. Rocky Marciano et Joe Louis (qui deviendra l'un des conseillers de Liston) pensent d'ailleurs que Cassius est un « peu dérangé » pour oser affronter un boxeur aussi redoutable. Seul Ray Sugar Robinson se rapproche du camp de Cassius.

Le soir du combat approche. La pesée constitue l'un des moments forts. Cassius est accompagné d'Angelo Dundee l'entraîneur, Drew « Bundini » Brown le gourou, Bill Faversham le promoteur de la rencontre ; plusieurs autres proches et l'ancien boxeur Ray Sugar Robinson qui lui a suggéré de garder son sang-froid pour ne pas perdre trop d'influx nerveux sont également présents. Cassius approuve d'un mouvement de la tête sans broncher. Dès qu'il aperçoit Liston, il le fixe droit dans les yeux et c'est l'explosion. Devant une centaine de journalistes, Cassius, déchaîné, se met à vociférer :

> Je peux te battre à n'importe quel moment, gros lard ! Je vais te détruire ! Allez, viens, je suis prêt à en découdre ! T'as peur, crétin ! Je suis le plus grand[9].

Pendant que Cassius profère ses insultes, Bundini ajoute en hurlant la phrase qui deviendra la marque de fabrique du style Clay : « Flotte comme un papillon, pique comme une abeille[10] ». Un brouhaha entoure cette petite salle aux allures de *conference room* d'un grand hôtel.

Sonny Liston jette un œil mi-amusé mi-effrayé en direction de Cassius. Il est entouré de proches, dont le plus reconnaissable est Joe Louis, l'ancien champion du monde. Il se soumet tranquillement à la séance de pesée.

Dans ce brouhaha, le président de la Commission de boxe de Miami décide d'infliger une amende de 2 500 dollars à Cassius. Le médecin de la commission tente avec difficulté de prendre son pouls. Le jeune boxeur a le cœur qui bat à 110, au lieu de ses 54 pulsations habituelles. C'est le signe d'un « déséquilibre émotionnel » constate le médecin. Cassius aurait donc tenté de cacher sa peur en jouant cette scène hystérique devant Liston ?

Arrive le moment de la confrontation. Le match constitue l'événement sportif le plus attendu de l'année. Le promoteur de la rencontre déclare qu'il devra dégager 800 000 dollars pour équilibrer les comptes et espère faire rentrer 1 206 720 dollars avec la vente de 15 744 billets. Le prix moyen est de 76,65 dollars. Les meilleures places, celles situées autour du ring que l'on appelle « cercle d'or », sont fixées à 250 dollars et sont réservées « à des sportifs distingués », comme l'indique la plaquette promotionnelle. En dépit d'une grosse promotion, le combat n'attire cependant pas les foules. Le Convention Hall affiche 8 297 spectateurs payants pour une salle qui peut recevoir presque le double. C'est une énorme déception pour les organisateurs. Les rumeurs d'une proximité entre Cassius et les Black Muslims en sont peut-être la cause. C'est le bruit qui court... Le prix élevé des places est, plus certainement, la raison d'une si faible assistance. Nous en reparlerons.

Les photographes des meilleures agences de presse sont là autour du ring. Parmi eux, Neil Leifer, vingt-deux ans comme Cassius, est envoyé par *Sports Illustrated*. Les vedettes de la radio, de la télévision, et du cinéma sont venues voir le spectacle. Sont assis près du ring Arthur Godfrey (acteur et scénariste), Tony Martin (chanteur), Joe E. Lewis (chanteur et comédien), George Jessel (acteur et producteur), Ed Sullivan (animateur de télévision de la chaîne C.B.S.). Les célébrités sportives Joe DiMaggio et Yogi Berra, légendes du base-ball, sont aussi là. Étrangement, les deux combattants pénètrent sur le ring avec le même short de couleur blanche.

Le premier round est, pour Clay, celui de l'observation. Tandis que Liston balance des coups tranchants, Clay opte pour une tactique plus sécurisante. Il danse autour du ring, pour éviter le corps à corps fatidique avec un boxeur aussi puissant. Clay utilise son bras gauche pour le tenir à distance et évite les coups de Liston en reculant de front : un sacrilège dans le monde très codifié du *noble art*. Il risque de perdre l'équilibre, de perdre ses appuis. Il continue à se mouvoir de gauche à droite avec le bras gauche tendu en avant. Le combat, loin d'être plaisant, fournit quelques indices pour la suite. Clay profitera de sa grande taille et d'une meilleure allonge pour annihiler les coups de boutoir de Liston. Ce dernier suivra une tactique simple : avancer et attaquer. L'affrontement est d'une telle intensité que les deux combattants oublient de rejoindre rapidement leurs coins malgré le gong de fin de round qui sonne à trois reprises.

Le round qui suit ressemble au précédent avec toutefois un léger avantage à Liston qui surprend Cassius avec une violente droite. Celui-ci ne semble pas touché pour autant et continue de danser. Les spécialistes lui ont déconseillé de courir : il s'essoufflera très vite et risquera l'asphyxie s'il prend un coup dans les côtes. Cassius reste sur le schéma tactique qu'il a échafaudé avec Angelo Dundee.

Au troisième round, les attaques de Cassius sont plus menaçantes. Liston est touché. Il saigne du nez. Le commentateur se précipite pour l'annoncer, c'est la première fois que Sonny saigne. La tactique de Cassius est en train de marcher. Mais Liston n'est pas champion du monde pour rien. Il continue à attaquer Cassius en utilisant son crochet du gauche, ses uppercuts. Il tente de couper la mobilité de Cassius sans trop y réussir. Cassius maintient son avance au quatrième round. Vers la fin du round, un fait étrange survient. Cassius semble gêné. Il se frotte sans cesse les yeux. Il s'accroche à Liston. Angelo est aux aguets. Il attend impatiemment la fin du round. Dès que Cassius s'assoit, il se met à crier : « Je n'y vois rien ! Mes yeux ! ... enlevez-moi ces gants ! On rentre à la maison[11] ! » Dundee nettoie vigoureusement ses yeux et lui glisse avant qu'il se lève : « C'est ton match, fiston. Tiens-toi à l'écart de lui. Cours. »

La cinquième reprise commence. Cassius pleure et semble terriblement handicapé. Le commentateur pointe les clignements de ses paupières. Il donne l'impression d'être aveuglé par quelque chose. Il sera dit plus tard que le camp de Liston a utilisé une substance piquante pour l'aveugler[12]. Le jeune boxeur décide de faire un « non-match » en courant autour du ring et en maintenant son bras gauche pour empêcher Liston d'avancer. L'autre façon de maîtriser Liston est de prendre sa tête et de la baisser sur sa poitrine. Les astuces mises en place par Cassius s'avèrent efficaces jusqu'à la fin du round.

À la sixième reprise, Cassius recouvre ses esprits, les coups vers la tête de Liston affluent. Il devient le maître de la rencontre. Au milieu de la reprise, il parvient même à enchaîner plusieurs coups sur le visage de Sonny dont l'œil est en train de se refermer. La pommette gauche est coupée et enflée. À la fin du round, Cassius rejoint son coin avec le sentiment d'être en train de déjouer tous les pronostics. Liston semble éreinté par les coups qu'il a jetés sans qu'aucun ne touche véritablement son adversaire.

Arrivé au gong du septième round, Clay aperçoit Liston assis sur sa chaise, immobile. Quelques secondes plus tard, ce dernier jette son protège-dents, ce qui signifie qu'il abandonne le match. Immédiatement, Cassius se livre à quelques pas de danse, qui seront bientôt nommés *Ali Shuffle*. Il sait qu'il vient de remporter le titre mondial. Le tenant du titre invaincu depuis dix ans est battu. Clay avait pronostiqué la fin du match à la huitième reprise, elle arrive plus tôt. Il vient d'exaucer un rêve d'enfance. Howard Cosell, le présentateur-vedette de la chaîne de radio A.B.C., surpris, hurle à l'antenne : « Liston ne revient pas… Liston ne revient pas[13]… » Cassius Clay exulte de joie. Il interpelle les journalistes en répétant compulsivement :

Je suis le plus grand ! Je suis le roi du monde ! J'ai bouleversé le monde ! Je vous l'avais bien dit ! Je suis la meilleure chose qui ait existé, j'ai ébranlé le monde ! Je suis beau ! J'ai renversé Liston, alors que je viens d'avoir vingt-deux ans. Je suis le plus grand[14]…

La centaine de journalistes présents, venus du monde entier, sont abasourdis. Ils regardent vers le ring, tous incrédules. Certains évoquent un match truqué. Le rapprochement de Liston et de la pègre nourrit la méfiance. Prescott Sullivan du *San Francisco Examiner* suspecte Liston d'être le perdant le moins marqué de toute l'histoire des championnats du monde dans la catégorie des poids lourds. Sonny Liston confie aux journalistes qu'une blessure à l'épaule l'a handicapé pendant toute la rencontre[15]. Quelques jours plus tard, le *Miami News* annonce en couverture que la blessure de Liston a été confirmée par les médecins. L'issue du combat devient une affaire politique. Michael A. Feighan, un représentant démocrate de l'Ohio, somme la plus haute juridiction de réagir :

> Le Congrès a le devoir de mener une enquête sur la boxe. Je suis convaincu sans le moindre doute qu'il devrait sans délai examiner tous les coins et recoins de ce sport professionnel inter-États qui porte sur des millions de dollars. Le Congrès a le devoir de faire toute la lumière et de passer toute législation nécessaire pour empêcher la fraude et l'emprise de la pègre[16].

En dépit de toutes ces rumeurs, le titre de champion revient à Cassius Clay qui quelques jours plus tard est au centre d'une autre polémique : sa conversion à l'islam par le biais de la secte radicale Nation of Islam.

Mon nom est Mohamed Ali

Le 26 février 1964, un jour après sa sensationnelle victoire contre Sonny Liston qui propulse le boxeur originaire de Louisville au firmament des légendes sportives, l'Amérique est en émoi. Cassius Clay annonce en effet publiquement qu'il est désormais membre de la confrérie musulmane Nation of Islam :

> Je n'ai pas à être celui que vous souhaitez que je sois. Je suis libre d'être qui je veux[1].

Une vague de critiques acerbes s'abat sur lui. Ali cristallise les discours d'une certaine Amérique qui est alors profondément « négrophobe », anticommuniste, et manichéenne. Comme un réflexe de défense de la « race blanche », des personnalités influentes d'horizons variés prennent position contre Ali.

La maison de disque Columbia retire des lieux de vente *I am the greatest !*, le disque où Cassius Clay tient la vedette. Le talk-show de l'animateur-vedette Jack Parr où Ali devait intervenir est annulé. Les membres du Louisville Sponsoring parlent d'ingratitude[2].

La presse, avec en tête de file Jimmy Cannon, le doyen des journalistes de boxe, mène une violente campagne contre le boxeur de Louisville. Ali est considéré comme leader d'une véritable guerre de religion. Cannon affirme :

> Depuis ses débuts putrides, l'escroquerie dans les combats est le quartier rouge [quartier de prostitution] du sport. Mais c'est la première fois que ça devient une arme de haine massive. La boxe a mutilé les corps de beaucoup et ruiné bien des cerveaux, mais là, tel un missionnaire d'Elijah Muhammad, Clay l'instrumentalise en arme pour attaquer l'esprit. J'ai pitié de lui mais déteste ce qu'il représente. Dans les années de famine de la Grande Dépression, les communistes utilisèrent des célébrités de la même façon que les Black Muslims utilisent Clay. C'est une secte qui détourne le but noble des religions[3].

Au nom du monde de la boxe, Harry Markson, le patron du Madison Square Garden, réagit :

> Les organisateurs de combats responsables doivent y réfléchir à deux fois avant d'engager ce gamin. Ses singeries sont déplorables. On n'utilise pas le titre de champion du monde pour lancer des diatribes religieuses. Nous avons fait tant de progrès en faisant tomber les barrières raciales et c'est dommage de voir que nous nous trouvons face à un tel problème : le champion du monde prêchant une religion de haine[4].

Des boxeurs et non des moindres, tels que les Noirs, champions du monde, Joe Louis et Floyd Patterson, participent au lynchage médiatique. Le premier pense qu'Ali, en se ralliant aux Black Muslims, va s'attirer une réaction de haine du public. L'autre se présente comme le catholique qui se battra contre Ali le musulman pour lui retirer son titre et faire honneur à l'Amérique. Celui-ci, atteint par cette vindicte, demeure digne.

Ali, donc, fait partie des Black Muslims, une organisation qui est à la fois une secte religieuse et un mouvement politique avec des idéaux radicaux. Les « musulmans noirs » rejettent en bloc le christianisme, soupçonné de maintenir le pouvoir de la population blanche. Une de leurs singularités les plus notables est le refus de porter un nom américain, hérité de l'esclavage, et de lui préférer un patronyme musulman. Cassius Clay deviendra donc : Cassius X Clay, puis, en mars 1964, Mohamed Ali. La conversion à la religion musulmane du boxeur de Louisville est loin d'être un « coup de tête » comme le prétendent certains journalistes de l'époque. Il s'agit de bien plus que cela. Il a fallu un ensemble de circonstances qui ont été nourries par l'expérience du racisme au quotidien, un environnement favorable et une certaine naïveté pour le conduire à cette direction spirituelle. La vocation du jeune boxeur tisse des liens étroits entre une religion qui était marginalisée et qui devient, durant les années 1960, l'une des forces visibles de l'émergence d'un pouvoir noir. Cassius Clay devenu Mohamed Ali participe à sa façon aux cris de révolte d'une minorité invisible devenue, de par son appartenance à la foi musulmane, une menace pour l'intelligentsia blanche.

La présence de communautés noires d'obédience musulmane aux États-Unis est ancienne[5]. Le mouvement des Black Muslims, mélange de préceptes d'un islam sunnite traditionnel et d'un nationalisme inspiré de Marcus Garvey, naît à la fin des années 1920. Wallace D. Fard en est le père fondateur. Installé à Detroit, il se dit originaire de La Mecque et exhorte à la libération des Noirs, spoliés par « les démons aux yeux bleus ». À Detroit, grande métropole du Midwest, s'est construit un lieu de culte musulman où les fidèles sont rebaptisés. Leur prénom est suivi du X, rappelant l'héritage africain inconnu et disparu au fil des années d'esclavage. Sous l'autorité de Fard se met en place une organisation très structurée. Il crée un groupe d'autodéfense nommé le F.O.I. (Fruit of Islam) qui s'entraîne à la boxe et au karaté, délivre un enseignement destiné aux jeunes filles conçu pour l'apprentissage des bonnes manières d'épouse et de mère intitulé Muslim Girls Training Corps, lance un corpus d'enseignement pour les jeunes écoliers, etc. Attirés par cette « nouvelle religion », d'autres groupes se forment avec plus ou moins de succès, et des scissions idéologiques apparaissent. Une frange beaucoup moins radicale (refusant le rejet de l'appartenance à la nation américaine) que celle de Detroit se forme autour d'Abdul Ahmed. En 1934, à Chicago, Wallace D. Fard fonde la Nation de l'Islam. Une année plus tard Elijah Muhammad lui succède.

Ce personnage de petite carrure transforme en profondeur l'image et l'organisation de la Nation de l'Islam. Elijah Muhammad, né Elijah Robert Poole, vécut dès l'enfance dans le bain de la religion en étant le fils d'un pasteur de Géorgie (sud des États-Unis). Plus tard, en quête de travail dans les usines de Chevrolet, il est sauvé de la misère par W. D. Fard qui en fait son principal homme de confiance. À la tête de l'organisation et doté d'un charisme hors du commun, Elijah tente d'unir toute la communauté des Black Muslims. Sa popularité s'accroît quand il décide de défendre ceux qui sont hostiles à la mobilisation durant la Seconde Guerre mondiale. Objecteur de conscience, il passe trois ans de sa vie en prison. À sa libération, il est élevé au rang de martyr. Si toute la communauté noire ne partage pas forcément son rejet du christianisme, de l'assistance publique et du gouvernement fédéral, du mariage mixte, ou du sport de haut niveau, la croyance au fait qu'Elijah s'est sacrifié pour la cause noire est solidement partagée. Le charisme de « l'Honorable Elijah Muhammad », comme il est nommé par ses disciples, notamment par un certain Malcolm X[6], permet une rapide augmentation des lieux de culte musulmans. Alors qu'il y en avait quatre (Detroit, Chicago, Milwaukee et Washington) dans les années 1930-1940, ils passent en quinze ans à soixante-dix-huit. Parmi les fidèles, nombreux sont ceux qui ont été recrutés lors de leur détention en prison (comme Malcolm X) ou dans les organisations d'assistance aux familles de condition sociale précaire. À la fin des années 1960, la Nation of Islam revendique plus de 200 000 membres[7] répartis dans vingt-sept États.

En 1961, Malcolm X prend la direction du journal de diffusion de la philosophie des musulmans, *Muhammad Speaks*. Tribune des aspirations d'une partie des Afro-Américains, le journal devient aussi l'une des publications les plus lues dans la communauté noire. Des émissions radiophoniques et télévisées complètent les moyens de propagande. Elles ont principalement pour cible les jeunes déracinés des régions du Sud profond perdus dans les vicissitudes des grandes cités urbaines et industrielles, et la population juvénile incarcérée en prison et en quête de guide spirituel.

Durant les années 1960, celui qui permet aux Black Muslims de devenir une puissante force politique est incontestablement Malcolm X. Il devient naturellement le leader du mouvement avec une aura sans égale qui permet durant plusieurs années un rayonnement et une popularité des thèses soutenues par Elijah Muhammad. Né en 1925 à Omaha dans le Nebraska, Malcolm Little a été témoin des atrocités du racisme blanc quand, enfant, il a vu sa maison flamber et son père pasteur (membre actif de l'Universal Negro Improvement Association de Marcus Garvey) être assassiné par un groupe du Ku Klux Klan. Marquée par cet épisode, sa mère tomba dans une terrible dépression nerveuse et finit dans un asile. Malcolm et ses frères et sœurs furent alors confiés à différentes familles d'adoption. Malcolm s'installe ensuite chez l'une de ses sœurs à Boston où il plonge dans la délinquance. Sa réputation de voyou grossit dans le quartier de Roxburg à Boston où il est connu sous le surnom de « Detroit Red » pour sa peau et sa chevelure rousse. En 1946, il sera incarcéré pour cambriolage et condamné à dix ans de réclusion. C'est là, en prison, qu'il décide, encouragé par des « frères musulmans », d'entreprendre une correspondance régulière avec Elijah Muhammad[8]. À sa sortie de prison, en 1952, il devient l'un des plus importants lieutenants du chef de la Nation of Islam. Deux années plus tard, il prend la direction de la Mosquée 7 de Harlem, à New York, l'une des plus fréquentées du pays. Orateur hors pair, il parcourt l'Amérique pour porter au sein de la communauté noire, des plus démunis aux catégories aisées, un discours tranché sur cette Amérique raciste où les Noirs sont mis au ban de la société civile. Grâce à sa force de persuasion renforcée par une intelligence hors du commun, il enchante les foules noires et attire l'attention des médias nationaux et internationaux de toutes couleurs confondues. Par ses apparitions publiques dans les petites, moyennes et grandes villes, il réussit à implanter les principes de l'islam dans le cœur et l'esprit de nombreuses personnes. La génération de l'après-guerre est séduite par ses discours qui questionnent l'héritage africain, et surtout la condition noire dans une société de discrimination et de séparation raciale. La « grande gueule de Louisville » est parmi ces nombreux jeunes qui sont littéralement envoûtés par l'appel de la Nation of Islam, et en particulier par les propos d'Elijah Muhammad.

Le jeune Cassius rencontre le nationalisme noir en 1960, lors de son voyage à New York, alors qu'il veut demander à Sugar Ray Robinson d'être son entraîneur. Déambulant dans les rues de Harlem, le jeune de Louisville est fasciné par un Noir, debout sur une caisse à savon, qui harangue les passants : « Achetez noir ! » Ces paroles renvoient aux messages de mouvements communautaristes tels que le Garveyisme ou l'islam des Black Muslims. Cassius médusé trouve un courage absolu chez ce Noir qui ose se rendre visible dans le maelström de la foule bigarrée new-yorkaise. Il est secoué par cette scène et garde secrètement en lui l'image de la bravoure manifestée par cet homme.

Si l'expérience de la religion musulmane à proprement parler a lieu pour Cassius en 1961, alors qu'il fréquente le quartier d'Overtown à Miami, où on peut l'apercevoir parmi la communauté des musulmans noirs et des lecteurs de *Muhammad Speaks*, il faut remonter à sa plus tendre enfance pour trouver les motivations d'un rapprochement des thèses séparatistes prônées par les Muslims. Le jeune Cassius avait en effet entendu parler des préceptes d'Elijah Muhammad bien avant son titre olympique, plus précisément lors du tournoi des Gants d'or à Chicago. Il raconte :

> Là, juste avant les jeux Olympiques, j'ai vu un journal de Nation of Islam, *Muhammad Speaks*. Je n'y ai pas fait trop attention mais certains trucs m'ont travaillé l'esprit. Quand j'étais petit, un garçon de couleur nommé Emmett Till avait été tué pour avoir sifflé une femme blanche. Emmett Till avait le même âge que moi, et même s'ils ont attrapé les types qui l'avaient lynché, rien ne leur est arrivé. Des choses comme ça se passaient tout le temps. Et même dans ma vie, il y avait plein d'endroits où je ne pouvais pas aller, d'endroits où je ne pouvais pas manger. J'ai gagné une médaille d'or aux jeux Olympiques en représentant les États-Unis, et en revenant à Louisville, j'étais traité comme un Nègre. Des restaurants refusaient de me servir. Des gens m'appelaient « Boy ». Puis à Miami (en 1961), pendant un entraînement, j'ai rencontré un disciple d'Elijah Muhammad appelé Capitaine Sam (Saxon). Il m'a invité à une réunion et ma vie a changé[9].

Sa vie change, mais il ne se convertit pas pour autant. À Miami, il se rapproche progressivement des musulmans, en aiguisant sa curiosité par des questions sur la religion. Au contact de Capitaine Sam devenu Abdul Rahaman et de Jeremiah Shabazz, Cassius décide de franchir le seuil des salles de prière de Miami. Si étonnant que cela puisse paraître, il prend ses habitudes et assiste régulièrement aux prêches d'Ishmael Sabakhan. Pendant des jours, des semaines et des mois, Cassius écoute et enregistre les discours d'un groupuscule qui promeut la fierté d'être noir et, à un degré extrême, la non-assimilation à la société américaine. Dans les réunions, il entend parler de la solidarité entre frères de couleur, de l'assistance aux plus démunis, d'un Dieu qui en réalité serait noir, des effets de l'esclavage sur la perte de l'héritage africain, de l'homme blanc comme personnification du Mal, du caractère néfaste de la religion chrétienne sur l'âme noire, de l'abandon du complexe d'infériorité « raciale ». Le jeune Cassius ne peut rester insensible à ces idées qui le bouleversent. Il réagit en participant à davantage de réunions afin de se situer spirituellement, lui dont l'ambition est de devenir le plus grand boxeur de tous les temps. La religion musulmane est une révélation pour le jeune Cassius. Il est tellement épris de cet éveil social et politique qu'il réussit à convaincre son frère Rudolph (devenu Rahaman) de rejoindre les Muslims, ce qu'il fait sans hésitation.

En 1962, c'est la rencontre entre Cassius et Malcolm X. La scène se déroule au cours d'un grand meeting tenu par Elijah Muhammad à Detroit. De près de vingt ans son aîné, Malcolm X décide de prendre Cassius sous sa protection comme un grand frère. Le boxeur impressionné par l'aura du tribun se laisse séduire. Une relation scellée sur la fraternité et la fascination mutuelle se crée entre eux. Cassius voue une grande admiration au brillant orateur sauvé d'un destin de délinquant notoire par « l'Honorable Elijah Muhammad ». Malcolm voit en Cassius un « petit frère » qui a besoin d'un guide. Aux yeux de Malcolm, le talentueux jeune boxeur peut être le fer de lance de la cause noire et des revendications séparatistes des musulmans. Entre les deux hommes, se noue une grande complicité. Une inclination à la fierté d'être noir et le sens de l'humour renforcent leurs liens. Pendant des heures, Cassius s'abreuve des conseils de Malcolm. Sous le charme, le boxeur écoute avec attention. Lui, la « machine à parler », se transforme en boîte d'enregistrement. Que ce soit en privé ou en public, les deux hommes témoignent de leur estime réciproque.

Dans l'entourage de Cassius, les musulmans sont ravis de cette proximité. Angelo Dundee observe de très loin la métamorphose puisque Cassius continue à être aussi consciencieux sur le ring.

Auprès des parents, les rumeurs d'une conversion à l'islam deviennent tangibles quand ils voient leur fils s'afficher avec les membres de la Nation of Islam. Odessa, la mère baptiste, réagit mais sans trop d'illusion, et Cash, le père, y voit une récupération de son fils à des fins politiques.

Dans la famille de Malcolm X, le rapprochement avec Cassius est vécu comme un enchantement. Malcolm l'introduit auprès de ses proches. Sa femme et ses enfants l'accueillent dans leur demeure et partagent des moments de jeux et de plaisanteries. Betty Shabazz, la veuve de Malcolm X, en garde un beau souvenir :

> Mon premier souvenir de Mohamed Ali, c'est lorsque mon mari m'a parlé de ce jeune boxeur qui avait assisté à de nombreuses réunions dans tout le pays. Puis, un jour, il m'annonce qu'il s'était converti et nous en étions ravis. Malcolm avait adopté Cassius et le considérait comme un petit frère. Il sentait que sa mission était d'aider ce jeune à se tenir droit, en équilibre sur ses deux jambes. Il ne voulait pas que d'autres exploitent son talent et il sentait qu'il pourrait faire plus. Mais mon mari était conscient que cette conversion ne devait pas gêner la carrière du boxeur et que Cassius Clay ne devait pas annoncer publiquement qu'il appartenait à la Nation of Islam. Il pensait que la religion de ce jeune homme restait une affaire personnelle, privée, et que sa conversion lui apporterait une force intérieure[10].

En 1964, au moment du combat contre Sonny Liston, le projet de la conversion de Cassius à l'islam est un secret de polichinelle. Pour des raisons stratégiques, Malcolm choisit intelligemment les moments où s'afficher avec Cassius, ce qui entraîne des retombées médiatiques positives pour lui et pour la popularité de la Nation of Islam. Cette situation froisse Elijah Muhammad qui a l'impression que Malcolm X lui vole la vedette. Cassius devient dès lors le sujet de tension extrême entre les deux leaders. Chacun à sa manière essaye de bénéficier de la popularité du champion. Quelques jours avant le combat contre Liston, en dépit de recommandations de retenue et de discrétion données par « l'Honorable Elijah Muhammad » et un frère musulman du cercle de Cassius, Malcolm décide de faire le voyage à Miami pour suivre la préparation du jeune boxeur. Au grand dam des organisateurs qui craignent que la présence d'un personnage aussi controversé que Malcolm X provoque l'annulation de la rencontre. Chris Dundee (le frère d'Angelo) et Bill MacDonald, le principal organisateur, sont anxieux et se demandent comment ils réussiront à s'en sortir face au « problème Malcolm X ». Le promoteur demande à Cassius Clay de déclarer publiquement qu'il n'appartient pas à la Nation of Islam et adhère encore moins aux thèses de Malcolm X. Le boxeur refuse catégoriquement de céder, quitte à voir s'envoler son obsession de devenir champion du monde. Finalement, Malcolm X décide de s'éloigner du camp d'entraînement de Clay et de quitter Miami pour ne pas monopoliser l'attention des médias. Il décide également qu'il reviendra discrètement pour assister à la rencontre. C'est un grand soulagement dans le camp des promoteurs qui se concentrent sur la tenue du « Plus Grand Match de Championnat des Lourds de Toute l'Histoire de la Boxe » comme l'indique l'affiche.

Le 6 mars 1964, sur une radio de Chicago, Elijah Muhammad annonce : « Ce nom de Clay n'a aucune signification divine. J'espère qu'il en acceptera un meilleur. Mohamed Ali est le nom que je lui donnerai aussi longtemps qu'il croira en Dieu et me suivra[11]. » En public, sur le ring et en privé, le boxeur de Louisville exige qu'on l'appelle désormais Mohamed Ali. Le public blanc y voit un acte de rejet de la société américaine. Commencent dès lors des scènes de dénigrement de la nouvelle identité du champion du monde. Le concert de boycott du nouveau nom commence avec les médias qui refusent catégoriquement de l'appeler Mohamed Ali. Une grande partie de la presse sportive et généraliste martèle avec pugnacité le nom de Cassius Clay sur les couvertures de magazines, à l'intérieur des articles et dans les reportages télévisés. L'équipe éditoriale du *New York Times* fait partie des « anti-Mohamed Ali » et exige des journalistes qu'ils continuent à écrire Cassius Clay. *Life* et *Sports Illustrated*, deux des magazines les plus influents de la place publique, tournent le dos à ce nouveau nom musulman. Il faut attendre le 7 juin 1965 pour voir enfin les journalistes de *Sports Illustrated* inscrire « Mohamed Ali » en couverture du magazine. Plusieurs d'entre eux s'acharnent et continuent à bannir de leurs articles le nom de Mohamed Ali : Dan Parker du *Daily Mirror*, Joe Williams du *World Telegram*, Dick Young et Jimmy Powers du *Daily News*, Red Smith du *Herald Tribune*, Gil Koram et Frank Graham du *Journal American* et l'influent Jimmy Cannon, chroniqueur de l'*Herald Reporter* de Miami.

Les spécialistes étrangers participent à l'élan du dénigrement. Le nouveau champion du monde est une énigme dans le milieu de la boxe hexagonale. *Paris Match* propose à ses lecteurs une découverte de ce « champion bizarre[12] ». Le nom de Cassius Clay figure en couverture du magazine, un article de plusieurs pages lui est consacré, mais aucune allusion n'est faite ni à sa conversion à l'islam ni au fait qu'il s'appelle désormais Mohamed Ali. Raymond Meyer, chef de la rubrique boxe à *L'Équipe*, et Claude Girard, statisticien de la boxe dans le même journal, vont même plus loin ; pour eux il ne peut y avoir qu'un seul et vrai boxeur : Cassius Clay[13].

Aussi courageux que sur un ring, Mohamed Ali assume totalement sa nouvelle identité et s'affirme dans l'idée qu'il est libre de décider de son destin, ce qui le conduit à une nouvelle curée de la part du monde de la boxe et d'une grande partie de l'opinion publique.

Le rebelle et le modèle

La version simpliste du combat, propagée par la presse, consistait à dire que le combat engageait un « espoir blanc » et un « espoir noir ». L'espoir blanc d'une victoire de Patterson était, en substance, un désir contre-révolutionnaire de remettre à sa « place » le Noir révolté, personnifié par Ali dans le monde de la boxe. Au contraire, l'espoir noir était de voir écraser Lazare, de voir la défaite de l'oncle Tom, de recueillir une preuve symbolique de la victoire du Noir autonome sur le Noir subalterne. L'ampleur du soutien apporté par les Noirs à Mohamed Ali n'avait aucune relation avec l'idéologie raciste des musulmans noirs. Même les disciples respectueux de la mémoire du bien-aimé Malcolm X (et beaucoup d'entre eux méprisaient Mohamed Ali pour les propos indignes qu'il avait tenus après la mort de Malcolm) préféraient Mohamed Ali et le tenaient pour un moindre mal : car Ali s'accordait mieux à l'attitude de fureur des Noirs d'aujourd'hui, alors que Patterson était un anachronisme situé à des milliers d'années-lumière [...] la révolution noire s'est concentrée dans la haine mortelle, le mépris glacial, envers Floyd Patterson et l'art lèche-bottes des guignols à son image[1].

Ces mots sont d'Eldridge Cleaver, le principal leader des Black Panthers, l'une des organisations les plus virulentes des mouvements révolutionnaires afro-américains des années 1960. Ces paroles permettent de mesurer le degré de tension qui est alors celui de la société américaine et l'opposition féroce pouvant exister entre deux combattants. Le match entre Floyd Patterson et Mohamed Ali croise le moment historique d'une Amérique noire à la recherche d'une direction idéologique, symbolique, politique et culturelle. Après ses deux victoires concluantes sur Sonny Liston (abandon à la septième reprise en février 1965 et K.-O. au premier round en mai 1965), le désormais nommé Mohamed Ali s'attaque donc à Floyd Patterson, l'ancien tenant du titre de champion du monde (premier titre en novembre 1956) et la coqueluche de la presse blanche. Le combat s'annonce âpre et très équilibré. Cependant, un autre enjeu existe autour de la rencontre : celui d'une communauté qui cherche sa place dans une société divisée et révoltée. Clay versus Patterson dépasse le cadre racial pour exposer l'image d'une société qui subit de plein fouet les secousses d'un monde nouveau, ébranlé par l'intrusion de nouveaux codes moraux. Les jeunes sont les acteurs et témoins de cette révolution culturelle, d'où les positions vives autour du match Ali-Patterson. La presse tente tant bien que mal d'en faire une rencontre d'opposition de styles, mais très vite elle se rend compte des similarités entre les combattants (titre olympique, vitesse d'exécution, origine sociale et géographique, charisme). Par ses déclarations, Patterson livre aux médias la voie à suivre pour promouvoir la rencontre : la « guerre sainte ».

Depuis que le boxeur de Louisville a décidé d'officialiser sa conversion à la religion musulmane, il n'est plus le boxeur tant admiré dans les médias. Celui qui tire désormais les faveurs de la presse s'appelle Floyd Patterson. À l'instar d'Ali qui s'est inventé un personnage avec la complicité de la presse, Patterson tente également de véhiculer une image singulière. Avec sa complicité, se crée autour de lui l'image d'une personnalité attachante, cérébrale et consensuelle. Patterson, né en 1935 à Waco en Caroline du Nord, avait rencontré la célébrité après son titre olympique en 1952 et surtout quand il avait décroché la ceinture mondiale dans la catégorie des lourds à l'âge de vingt et un ans. Les journalistes aiment mettre l'accent sur ce qui le différencie de Mohamed Ali. Ils en font un boxeur modèle aussi bien sur le ring qu'en dehors, et le présentent comme l'antithèse d'Ali. Il est peu exubérant, humble, et possède une caractéristique qui l'éloigne radicalement d'Ali : la religion. Patterson avoue ostensiblement son adhésion à la religion catholique. Ses convictions religieuses sont celles de la majorité des Américains. Aux yeux de l'élite blanche, il est le Noir convenable. De plus, il fournit à la population anglo-protestante (W.A.S.P.) d'autres signes d'une intégration totale. Il a choisi comme épouse une Blanche issue de la petite bourgeoisie et habite dans un quartier résidentiel composé majoritairement de familles blanches. Qu'il le veuille ou non, Patterson se trouve dans la mouvance d'un renouveau de l'esprit nationaliste alors que l'époque est au terme des principes du nationalisme yankee construit dès la fin de la guerre de Sécession. L'*establishment* a fait de lui un boxeur politiquement présentable. Lors de son ascension, il reçoit le soutien de plusieurs personnalités politiques dont Robert et J.F. Kennedy, Eleanor Roosevelt, Richard Nixon ou encore le président Eisenhower.

À quelques mois de sa première confrontation avec Sonny Liston pour le titre mondial en septembre 1962, J.F. Kennedy l'avait invité à la Maison-Blanche dans le cadre de la journée de soutien à l'organisation caritative Big Brother Association[2]. Pour la rencontre contre Liston, l'ensemble de la classe politique avait souhaité ardemment la victoire de Patterson. Une défaite de son champion, et la boxe serait sous contrôle de la pègre, soutiennent des proches de Robert Kennedy, ministre de la Justice de l'époque et instigateur d'une enquête sur les liens entre la Mafia et le milieu de la boxe[3]. Patterson est présenté comme le *Mr Nice*, le *role model*. Ces étiquettes plaisent au boxeur et il en est fier. Pour prouver qu'il est différent d'Ali, il développe donc un discours de conciliation et de rupture avec les idées de révolte sociale. Patterson se veut modéré et très éloigné des aspirations révolutionnaires d'une partie de la jeunesse noire et blanche. Dans ses déclarations, il aime se présenter comme celui qui fait le pont entre les communautés plutôt que celui qui attise la séparation et les conflits. Lors du battage médiatique qui précède la rencontre contre Ali, Patterson invite les médias à ne pas donner de l'importance à son adversaire car, prétend-il, son discours est celui de la discorde et de la haine entre les communautés. Patterson trouve ses plus fervents alliés chez les ardents défenseurs de l'apolitisme dans le sport et chez ceux qui soutiennent l'idée d'une absence de lien entre la révolte sociale et les discriminations. À travers les interviews dans la presse ou lors de ses passages sur les chaînes de télévision, Patterson livre le visage d'une communauté noire résolument optimiste quant au changement des conditions sociales dans les années à venir. Par certains points, il se rallie au discours de la non-violence prôné par le révérend Martin Luther King qu'il considère comme un modèle à suivre. Patterson évoque l'obtention du prix Nobel de la paix de Martin Luther King en 1964 pour assurer son point de vue. Contrairement aux Noirs radicaux, il veut imposer un discours d'entente entre les communautés et l'abandon des formes de solidarité reposant uniquement sur des critères raciaux. Il affirme :

> On peut se dire que tout le sport dépend de moi et que si, comme une sorte de Galaad fait maison, je n'arrivais pas à battre ce grand méchant Clay, alors la boxe mourrait. C'est absurde. D'un autre côté, et j'en suis persuadé, la boxe a besoin d'une nouvelle image. Je l'affirme et je suis catégorique : l'image d'un Black Muslim champion du monde des poids lourds est une honte pour ce sport et cette nation. Cassius Clay doit être battu et le fléau Black Muslim extirpé de la boxe. [...] On ne peut admirer un champion dont le credo est « haïssez les Blancs ». Je n'ai que mépris pour les Black Muslims et pour leurs idées... je suis catholique. Je ne crois pas que Dieu nous ait créés pour nous haïr les uns les autres. Je pense que les Black Muslims ont tort de prêcher la ségrégation, la haine, la rébellion et la violence[4].

Pendant ce temps, Cassius Clay opte pour une direction opposée. Il choisit une stratégie qui consiste à prendre les Noirs à témoin pour leur dire que Patterson n'appartient pas à leur communauté.

Il le peint « oncle Tom ». Pour lui, une image péjorative du Noir soumis et docile. Patterson, c'est « le bon négro », s'insurge Ali. Dans les entretiens, il multiplie les attaques incisives sur le « blanchiment » d'esprit de Patterson. Il s'autoproclame le champion du peuple et nomme Patterson le champion de la cause blanche. Avec une verve dont il a le secret, il imite Patterson en le faisant parler comme un Noir soumis à toutes les recommandations du maître blanc. Ali sait très bien que ces allusions choquantes et blessantes réveillent dans l'ensemble de la communauté noire un sentiment de révolte. Le duel qu'il mène avec Patterson devient une véritable bataille de mots, de symboles et de représentations du Noir. Les mots sont les alliés d'Ali. Devant les journalistes, il récite un poème à l'intention de Patterson :

Je vais le ratatiner sur le dos
Pour qu'il se comporte en Négro
Car comme champion, il n'a pas eu le cran
De cesser de cirer les bottes des Blancs[5].

Et rajoute plus tard lors d'un entretien :

Patterson dit qu'il va rendre le titre à l'Amérique. Si vous croyez que le titre a quitté l'Amérique, voyez à qui je paye mes impôts. Je suis américain. Mais lui est un soi-disant Négro sourd qui a besoin d'une bonne fessée. Je vais le punir pour les choses qu'il dit, lui faire mal. Ce type a choisi le mauvais moment pour s'adresser à la mauvaise personne. Quand Floyd s'adresse à moi, il touche à un point universel. Nous n'estimons pas que les Black Muslims aient le titre, pas plus que les baptistes ne pensaient qu'ils l'avaient quand Joe Louis était champion. Me croit-il suffisamment ignorant pour attaquer sa religion ? J'ai plein d'amis catholiques de toutes les races. Et qui suis-je pour faire autorité sur la religion catholique ? Pourquoi ferais-je un truc aussi idiot ? Il veut ramener le titre en Amérique ! je me comporte comme un vrai Américain, bien plus que lui. Pourquoi laisserais-je un vieux Négro me ridiculiser[6] ?

Ali croit au ralliement d'une majorité des Noirs à sa cause depuis que la police a durement réprimé les marches de protestation non violentes et depuis l'embrasement des ghettos urbains durant l'été 1965. Chaque combattant campe sur des positions différentes mais qui se rejoignent dans un questionnement commun : comment sortir d'une Amérique raciste en omettant la question raciale ? Les deux combattants savent qu'à l'issue de cette rencontre sortira sans aucun doute une certaine vision de l'Amérique. De qui les Américains seront-ils le plus fier après l'issue du match ? Le rendez-vous est pris pour le 22 novembre 1965 au Convention Center de Las Vegas. Le combat est prévu au meilleur des quinze rounds. Sur l'affiche est présenté en médaillon le champion en titre avec la bouche ouverte. On y voit écrit Cassius Clay, et en sous-titre et petits caractères : « Muhammad Ali ». Floyd Patterson est également présenté en médaillon, avec pour sous-titre : « le challenger n° 1 ».

Sans en faire le « match du siècle », la presse est toutefois présente — *Sports Illustrated* titre « *The big fight*. Clay versus Patterson » — mais partagée. Les journalistes qui souhaitent une défaite cuisante d'Ali sont en coulisse, moins certains de la victoire de Patterson. Sur le Vieux Continent, les avis de spécialistes donnent Patterson vainqueur avec un très léger avantage. La rencontre est un événement médiatique en Angleterre et en France. Depuis le match contre Liston, la presse étrangère s'intéresse aux prestations d'Ali. La radio française France Inter couvre l'événement à partir de 4 h 30 du matin. Une diffusion télévisée est prévue en fin de soirée. Le quotidien *L'Équipe* décide d'y consacrer de longues pages sous la plume du spécialiste de boxe de l'Hexagone, Georges Peeters. Des centaines de milliers d'Américains et 20 000 Anglais ont le privilège de voir la retransmission en direct dans les salles de cinéma en circuit fermé.

Pour ce match qui oppose deux des meilleurs boxeurs de la décennie, la foule n'est pas au rendez-vous. Seulement 7 402 spectateurs sont présents. À l'intérieur de cette salle immense, il fait une chaleur étouffante. Dans la foule, on croise des têtes connues, comme le couple sacré du cinéma Richard Burton et Liz Taylor. Les Black Muslims sont facilement identifiables avec leurs tenues sombres. Des centaines de policiers en tenue et en civil sont là. Un parterre de quinquagénaires blancs occupent les places luxueuses du « cercle d'or ». Floyd Patterson est le premier à pénétrer sur le ring. De façon surprenante, il est vêtu d'un peignoir sombre sur lequel est inscrit Hotel Thunderbird, la même chose que Sonny Liston lors de son premier combat contre Cassius Clay. Dès que le tenant en titre fait son entrée, il est copieusement hué. Comme dans toutes les grands-messes sportives, l'hymne national américain constitue l'un des moments forts de la soirée. C'est au célèbre chanteur et comédien des années 1950, Eddie Fisher, qu'est réservé l'honneur de le chanter.

Clay avait annoncé qu'il ne se plierait pas au rituel. Finalement, comme toutes les personnes sur le ring, il reste debout, immobile et écoute. Vient la présentation d'anciennes gloires de la catégorie des lourds et un ex-poids moyen, tous anciens champions du monde. Ainsi, défilent par ordre chronologique, Jack Sharkey, Billy Papke, Joe Louis, Rocky Marciano, Sonny Liston. Les hostilités commencent sur le ring. Ali entre en exécutant ses fameux pas de danse — *Ali Shuffle* —, et sautille autour de Patterson qui décide d'avancer. Dans cette reprise, Ali ne lui porte aucun coup.

Au deuxième round, Clay se rapproche de Patterson et l'accable de coups. Patterson glisse et tombe, mais sans conséquence. Le tempo est donné. La tactique d'Ali est de bouger autour de son adversaire et de chercher une ouverture. Patterson suit un plan rigide : avancer et toujours avancer. Les reprises sont à l'avantage d'Ali qui, entre les coups, se permet de faire comprendre à Patterson avec des hochements de la tête qu'il ne peut pas l'atteindre. Sa maîtrise est totale. À l'antenne, le commentateur de la chaîne A.B.C. demande à un journaliste de London News son avis sur Ali. La réponse est dithyrambique, l'Anglais voit dans sa démonstration un mélange des légendes de la catégorie : Jack Johnson, Joe Louis, Rocky Marciano...

Au sixième round, Patterson reçoit une série de coups. L'arbitre arrête momentanément le match. Patterson semble touché aux côtes. À chaque entame de reprises, son entraîneur le tient debout et lui demande de se tenir droit. Ali, visiblement affûté, continue d'attaquer et d'enchaîner les séries de *jabs* au visage et au menton. À la dixième reprise, le docteur pénètre dans le coin de Patterson pour prendre la mesure de la douleur et lui demander s'il veut poursuivre la rencontre. Au douzième round, après une série de coups, l'arbitre décide de stopper le combat, 2 min 18 s après le gong. Ali rejoint son coin. Le journaliste l'approche pour avoir ses commentaires. Le visage immaculé et non essoufflé, il répond qu'il faut rendre hommage à Patterson qui a courageusement résisté aux multiples coups qu'il a donnés. Plus loin dans l'entretien, il ajoute que cette victoire est dédiée à tous les Noirs dans le monde. Quelques minutes plus tard, le journaliste appelle Patterson à la demande insistante d'Ali qui le prend par l'épaule et le congratule pour sa bravoure. Une chaleureuse accolade termine l'entretien. Patterson avoue que son adversaire du jour lui était largement supérieur. La presse dans son ensemble estime que le combat était à sens unique mais déplore que le champion du monde ait volontairement voulu faire durer le massacre pour humilier son adversaire. Ali ne sort pas grandi de cette confrontation durant laquelle il a fait preuve d'un manque de fair-play indéniable. À un journaliste qui lui demande pourquoi il a prolongé le supplice de son adversaire, il coupe court et répond :

> Regardez mes mains, les articulations en sont douloureuses et enflées à force de frapper sur sa tête. À présent donnez-moi qui vous voulez, désignez le challenger que vous estimez le meilleur[7].

Le puncheur à part

À propos d'une des plus belles démonstrations pugilistiques de Mohamed Ali, Howard Cosell affirme :

> Le grand Ali n'a jamais été plus grand boxeur qu'à Houston contre Williams. Ce soir-là, il a été le boxeur le plus ravageur qu'il y ait jamais eu. Il a dominé dès la cloche, a assommé Cleveland quatre fois et l'a roué de coups jusqu'à ce qu'il crache le sang. C'était incroyable comment il pouvait le pilonner sans prendre le moindre coup. Ali avait été plus rapide que ses adversaires, mais là, il était plus mûr et plus costaud aussi. Il était intrépide, jeune, fort et compétent, au mieux de sa forme comme boxeur[1].

Les paroles sont dithyrambiques mais elles transcrivent l'impression donnée par Ali dans la première partie de sa carrière, stoppée par l'affaire du Vietnam en 1967.

De sa victoire par arrêt de l'arbitre, au sixième round lors de son premier combat professionnel contre Tunney Hunsaker, à la victoire en mars 1967 par K.-O. au septième round contre Zora Folley avant la retraite forcée, Ali réalise des performances que peu de boxeurs atteignent. Pourtant peu réputé pour son punch, il remporte 29 rencontres dont 23 par K.-O. technique. Un nombre limité de boxeurs peuvent s'enorgueillir d'avoir des chiffres aussi impressionnants. À titre de comparaison, Joe Louis et Sonny Liston, pour le même nombre de combats, ont gagné par K.-O. à 25 et 14 reprises. Tous les experts, même ceux qui détestent le personnage d'Ali, ont au moins une fois avoué qu'il avait une qualité peu présente dans l'esprit du public, celle d'être un redoutable puncheur. Ali est un boxeur puissant et un « sacré finisseur » comme disent les consultants. L'histoire des poids lourds a toujours élevé au rang de mythe les combattants dont la qualité première était la puissance de frappe. De Jack Johnson à Sonny Liston en passant par Jack Dempsey ou Rocky Marciano, le knock-out (K.-O.) est leur marque distinctive. Concernant Ali, cette étiquette n'est pas la plus mise en avant. Quand elle l'est, la puissance d'Ali est transformée en force maléfique, c'est-à-dire une arme qui n'a pour but que de ridiculiser ses adversaires.

Pour toute une génération de journalistes, il y a un véritable art du K.-O. Son usage est uniquement une arme de destruction. Il ne peut pas être autre chose qu'un outil de sanction suprême. Le K.-O. n'est pas un élément parmi le reste de l'attirail du boxeur. Il est ce par quoi on distingue un vrai champion d'un boxeur quelconque. Le K.-O. est comme la signature d'un vrai poids lourd. Les terribles puncheurs appartiennent en quelque sorte à l'aristocratie du pugilat. Ainsi, s'est créé le mythe des boxeurs de légende depuis les premiers championnats du monde de poids lourds, sous les règles du marquis de Queensberry en 1892. Les boxeurs seront adulés à partir de leur capacité à « finir le boulot » par un K.-O. La dramaturgie des rencontres se constitue autour du moment du K.-O. ou des coups « renversants ». Les artistes peintres fascinés par la violence des coups en font des chefs-d'œuvre, comme George Bellows (*Dempsey contre Firpo* réalisé en 1924), ou Robert Riggs (la *Revanche de Joe Louis* en 1938). Le cinéma, par le biais de l'affiche, s'intéresse également au K.-O. avec James Corbett « Gentleman Jim » (premier champion du monde des lourds) joué par Errol Flynn ou *Un soir de rafle* avec Albert Préjean.

Le K.-O., Ali en a fait une arme de séduction. « Sacrilège ! » crient les journalistes. Durant la première phase de sa carrière, on lui reproche de dévaloriser l'art du K.-O., de l'utiliser pour une fin autre que celle d'en découdre avec un adversaire à l'agonie. Ali fait impression à la fois par sa puissance phénoménale et par sa force « léthargique ». Une espèce de force qui, au lieu de tuer instantanément, détruit ses adversaires à petit feu. La réputation d'Ali le puncheur a vraiment commencé lors de son premier combat contre Sonny Liston. Depuis ses débuts, les journalistes mentionnent les immenses qualités d'Ali : vitesse, jeu de jambes, capacité à éviter les coups, excellente condition physique. Ce jour-là, ils découvrent qu'ils peuvent ajouter les qualités d'excellent puncheur et de puissance. À chaque round, il impose un rythme complètement différent de celui des champions qui l'ont précédé. Jusqu'à Liston, il était communément admis, dans le monde des lourds, que pour user son adversaire, il fallait avancer sur lui et porter des coups violents, particulièrement au visage, au foie, aux tempes... Le boxeur dominant était celui qui laissait peu de place et de temps à son adversaire. Le combat se déroulait dans un périmètre relativement restreint. Le corps à corps était l'instant fatidique de la confrontation. La posture du boxeur (en majorité des droitiers) était courbée, avec un pied gauche en « éclaireur-chasseur », et un pied droit en arrière solidement accroché au ring. La violence des coups était obtenue grâce à l'équilibre des corps. La puissance du boxeur se mesurait à sa façon de bloquer son adversaire pour lui délivrer des *jabs*, uppercuts, crochets, principaux outils du bon puncheur. Un petit nombre de boxeurs poids lourds sortaient des canevas d'un style qui n'accordait guère d'importance aux mouvements, à l'esquive, ou à l'évitement de l'affrontement par corps à corps. De cette orthodoxie pugilistique émergent des boxeurs avec un style différent. Celui qui tente de sortir des principes hautement valorisés par les spécialistes est rattrapé par les discours qui pointent son « illégitimité ».

Avec Mohamed Ali, un certain nombre de principes fondateurs du parfait puncheur poids lourd s'écroulent. Avant lui, personne n'osait boxer avec un port altier aussi haut. Quand il boxe, il porte sur l'adversaire un regard de haut vers le bas. Ali ne boxe jamais avec le dos courbé. Ses deux mains sont toujours au niveau de la moitié supérieure du torse.

La seconde particularité notable dans la façon de boxer d'Ali est sa mobilité. Les observateurs ont très souvent indiqué qu'il n'arrêtait pas de sautiller.

D'autres, plus charmés par Ali, disaient qu'il dansait sur le ring.

À ses débuts, il reçoit des critiques. On lui reproche de courir par crainte de recevoir des coups. Une génération de journalistes (Jimmy Cannon, Red Smith, Dick Young, A.J. Liebling entre autres), anciens qui ont idolâtré Joe Louis ou Jack Dempsey, ont longtemps trouvé dans ce style une des facettes du caractère enfantin et clownesque de Mohamed Ali. Mais le boxeur de Louisville n'a que faire de ces remarques. Il persiste à trouver dans la mobilité un moyen de dominer ses adversaires. Il affirme qu'un boxeur qui essaie de l'atteindre est obligé de suivre ses pas de danse. Les poids lourds puncheurs, peu habitués à faire autant d'efforts pour l'atteindre, s'épuisent. Ils deviennent donc très vulnérables parce qu'ils sont fatigués, et par conséquent perdent une part de leur lucidité. Ali fait du mouvement perpétuel une arme redoutable pour ses adversaires qui y voient une façon de les ridiculiser. Il n'est jamais statique, toujours en mouvement. C'est indéniable, sa mobilité sur le ring révolutionne sa catégorie. Dans ses combats, il s'évertue à occuper tout l'espace. Son credo est de ne jamais rester dans un endroit pour éviter d'être pris au piège.

La troisième singularité d'Ali concerne sa force de frappe. Contrairement aux autres boxeurs, il ne cherche pas le K.-O. systématique et brutal. Il déstabilise ses adversaires par des coups variés. Signe d'un boxeur complet, Ali n'a pas spécialement un coup fatal comme ont pu l'avoir Joe Louis (direct du droit), Henry Cooper (crochet du gauche) ou Sonny Liston (uppercut). Sa mobilité lui permet de toucher ses adversaires à des endroits différents. Ali frappe partout et longtemps, et c'est ce qui lui permet de terminer ses rencontres soit par un K.-O., soit par un arrêt de l'arbitre. La réception de nombreux coups a conduit Sonny Liston ou Floyd Patterson à sortir littéralement épuisés et méconnaissables à la fin de leur rencontre contre lui. Nat Fleischer, l'une des légendes de la littérature de la boxe, est parmi les rares personnes à pointer la qualité de « frappeur tout-terrain » d'Ali.

En mai 1966, Ali est opposé pour la seconde fois à l'Anglais Henry Cooper. Dans l'antre de l'équipe londonienne de football, Arsenal, et devant 42 000 spectateurs, il domine outrageusement son adversaire et le met K.-O. à la sixième reprise. Les Britanniques, qui n'ont pas eu de match comptant pour le titre de champion du monde depuis cinquante-huit ans, s'aperçoivent dès les premiers rounds de la supériorité d'Ali. Nat Fleischer écrit dans *The Ring*, la bible de la boxe :

> Ali n'est pas de la même espèce que ses prédécesseurs. Il frappe souvent. Sans doute pas aussi fort que les précédents détenteurs du titre, mais il marque beaucoup plus de points. Il inflige une punition davantage par la haute fréquence des contacts que par la puissance brute de ses coups. L'effet cumulatif est dévastateur[2].

Les observateurs étrangers prennent grand intérêt à participer au débat sur les qualités intrinsèques de Mohamed Ali. Et le mythe du parfait poids lourd, roi du K.-O., est bien ancré dans l'imaginaire des spécialistes de boxe, notamment en Angleterre et en

France. Dans ce dernier pays, la parole la plus respectée est celle de Georges Peeters, du journal *L'Équipe* :

> Cassius Clay est devenu, après son cinquième championnat du monde victorieux, peut-être le plus étonnant poids lourd de tous les temps. Il n'a sans doute pas le punch de certains de ses plus récents prédécesseurs comme Joe Louis et Rocky Marciano qui, d'un seul coup, étaient capables de foudroyer leurs adversaires. Mais sa morphologie, sa classe et surtout sa prodigieuse mobilité lui ont permis de créer une sorte de style, un jeu sans précédent chez des hommes de son poids et où l'intelligence affleure à chaque geste. Pour celui qui est devenu Mohamed Ali, le tapis du ring, c'est une piste de danse ceinturée de cordes[3].

Pour ce match événement dans la capitale anglaise, plusieurs stars du monde du cinéma et du sport sont présentes. L'ancienne gloire des poids lourds, le Français Georges Carpentier, présent sur les lieux pour le *Sunday Telegraph*, souligne l'impression que beaucoup de spécialistes avaient d'Ali : « Clay n'a déçu personne. Il ne nous a pas montré un véritable punch meurtrier mais c'est néanmoins un grand boxeur, merveilleusement rapide, peut-être le poids lourd le plus rapide que j'aie jamais vu[4]. »

Quelques mois plus tard, toujours à Londres, Ali affronte Brian « London » Harper, le meilleur poids lourd britannique de l'époque. C'est un non-match tant Ali domine son adversaire. Les journalistes parlent d'une rencontre inégale avec un London trop faible pour l'inquiéter. L'Anglais, quant à lui, insiste sur le talent d'Ali. Il soutient devant les journalistes qu'il ne faut pas trouver dans ses faiblesses les causes de la facile victoire d'Ali :

> Il est aussi rapide que l'éclair, le boxeur le plus vif que j'aie jamais rencontré. Il frappe plus vite qu'un poids mouche, il bouge plus qu'un poids léger ; mais quand on encaisse un coup, on est sûr d'avoir été frappé par un poids lourd. Oh oui, c'est le plus grand, c'est vrai[5].

Le 10 septembre 1966, au Waldstadion de Francfort, 35 000 spectateurs découvrent Ali, opposé à Karl Mildenberger. L'Américain a la tâche très rude contre l'Allemand qui a la particularité d'être une fausse garde (un boxeur gaucher), ce qui gêne énormément la boxe d'Ali. Malgré son courage, l'Allemand ne peut résister aux assauts de son adversaire. À la douzième reprise, il s'écroule. Après le match, les coups portés par Ali l'ont rendu méconnaissable. Pour ce qui constitue la première retransmission par satellite et en couleurs d'un combat, l'Allemand se présente face aux caméras du monde entier durement marqué. Il a un visage cabossé et ensanglanté, des yeux boursouflés et clos et les deux arcades sourcilières ouvertes.

Les gants du déshonneur

Depuis son premier match contre Floyd Patterson, la presse, les boxeurs anciens et en activité, les entraîneurs, et les passionnés de boxe sont unanimes pour parler de la supériorité d'Ali sur ses adversaires les plus dangereux concernant le titre mondial des lourds. Mais, parallèlement à ce constat, émerge ainsi un aspect jusqu'ici jamais évoqué chez un champion du monde des lourds : la prétendue cruauté d'Ali, l'impression qu'il humilie ses adversaires avant de porter l'estocade, et que la victoire n'est qu'un second plan. Dès qu'il sent son adversaire en détresse, plutôt que de tenter de terminer le match au plus vite et lui épargner des souffrances, Ali ferait durer le plaisir, d'une façon quasi sadique. Ce qui l'intéresse, ce ne serait donc pas de gagner mais de jouer avec ses opposants.

Impression ou réalité ? Pendant une grande partie de sa carrière — de 1960 à 1973 —, Ali fut la cible de critiques acerbes sur son comportement sur le ring. Il doit répondre à de multiples accusations dont la principale est qu'il trahirait la règle d'or de la boxe qui consiste à ne jamais tenter de tromper un adversaire en difficulté. Tout comme l'usage obligatoire des gants à partir de 1892, cette règle née dans l'Angleterre victorienne, puis consolidée par la suite sur le Vieux Continent, est fondamentale. Elle est un des piliers du *noble art*. Ali, révolté social, est accusé de ne pas suivre les règles de la boxe. Les attaques sont féroces et ne s'estompent qu'au milieu des années 1970, moment où la presse reconnaît son extrême courage sur le ring. Ali est certes un anticonformiste, mais c'est avant tout un immense champion.

Comme chacune des campagnes médiatiques ayant consisté à discréditer la valeur de Mohamed Ali, la charge vient principalement des journalistes de l'*establishment*, âgés et blancs. Ces derniers, habitués aux championnats du monde qui se terminent par de rapides K.-O., s'insurgent contre la manière dont Mohamed « achève ses victimes ». Ils considèrent qu'il perd une grande part de sa crédibilité dans la manière dont il remporte ses rencontres. Ses succès sur le ring seraient pour certains incomplets, mitigés. Il y aurait donc une façon de remporter un match avec des règles non écrites mais convenues et connues des gentlemen du ring. Ali sortirait du cadre d'une violence convenable et maîtrisée, serait par ses attitudes quelqu'un qui brise les règles de courtoisie et de respectabilité. Il se trouve ainsi disqualifié par la communauté des experts. Pour une partie des médias, Ali est en dehors d'une certaine idée de la boxe. À son art de l'invective et à son style dansant s'ajoute sa façon de gagner qui le place aux yeux de certains journalistes comme « étranger » au monde des poids lourds.

L'attaque des journalistes est très sévère et exagérée. Dans sa carrière, Ali reçoit peu d'avertissements pour gestes anti-jeu, hormis celui de prendre la tête de son adversaire et de la bloquer sous le côté, il n'est pas un boxeur à *tricks* (malices, tricheries). Jeune débutant dans la salle de boxe d'Angelo Dundee à Miami, il a été en contact avec des boxeurs qui lui ont appris l'art de la triche (le pouce dans l'œil, le coup dans la nuque), mais il n'en a jamais fait usage sur un ring. C'est un boxeur « propre ». La presse va ternir son image en l'accusant d'avoir un comportement inadapté. À certains moments, Ali lui-même, volontairement ou non, nourrit les attaques des médias.

En 1967, il est opposé à Ernie Terrell. Les spécialistes lui donnent un léger avantage mais soulignent qu'il fait face à un redoutable adversaire, différent des autres. Les journalistes pensent que le miracle peut se produire au vu des dispositions de Terrell. Il est plus grand qu'Ali de 8 cm (il mesure 1,98 m) et possède une plus grande allonge. Tex Maule du *Sports Illustrated* le trouve aussi dangereux que le Liston des meilleurs jours[1]. Le combat des invectives tient ses promesses. Ali le surnomme « la pieuvre ». Terrell répond vigoureusement. Il nargue Ali en disant qu'il est le nouveau champion du monde des poids lourds depuis la création d'une nouvelle fédération (W.B.A., World Boxing Association créée en 1965). Ernie commet l'irréparable, en parlant d'Ali : il s'obstine à l'appeler Cassius Clay. Ali promet qu'il le regrettera. Terrell, qui fut un ami d'enfance et un compagnon d'entraînement, est surpris par la réaction d'Ali :

Et comment ça a commencé ce truc sur son nom ! je ne l'ai pas consciemment appelé « Clay ». En fait, à la signature du combat, le promoteur m'a demandé : « Vous arriverez tous les deux de Houston quinze jours à l'avance pour vous préparer au combat et aider la promo. » Et il ajoute : « Ça te va, Ernie ? » et je réponds : « OK pour moi si ça va à Clay. » Je ne voulais pas l'insulter. Je l'avais toujours connu sous le nom de Cassius Clay. Et là, il m'a dit : « Mon nom est Mohamed Ali. » J'ai dit que je trouvais ça bien, mais il a continué : « Pourquoi refuses-tu de m'appeler Mohamed Ali ? Tu es juste un oncle Tom. » Bon, je n'avais pas voulu le blesser. Mais quand j'ai vu à quel point ça l'énervait quand je l'appelais « Clay », j'ai continué. Pour moi, c'était juste une façon d'assurer la promo[2].

Ali ne l'entend pas ainsi. Il prend cette « plaisanterie » comme un déni de sa personnalité. Le combat est une leçon. Cassius Clay, comme c'est écrit sur l'affiche de la rencontre, domine les quinze reprises et est déclaré vainqueur à l'unanimité des juges au terme des quinze rounds. À la fin du match, le visage tuméfié de Terrel choque. Il est méconnaissable.

Pour les observateurs présents, Ali a usé du ring comme d'un défouloir. Sa prestation est jugée haineuse et chargée de violence gratuite. Au lendemain de la rencontre, la presse s'en prend à cette manière barbare de boxer. Tex Maule du *Sports Illustrated* parle « d'étalage barbare de cruauté ». Le *Dallas Morning News* fait sa Une avec « Cassius Clay est un véritable boucher ». Le *New York Daily News* parle de « révoltante démonstration de cruauté calculée, une offense évidente à la décence et au fair-play sportif, stigmatisant tous les clichés du Bien contre le Mal ». Arthur Daley, Milton Gross et Jimmy Cannon, trois des journalistes qui mènent la vie dure à Ali, enfoncent le clou. Le premier parle de « type méchant et machiavélique, dont la façade continue de s'effriter à mesure qu'il s'investit dans le mouvement des Black Muslims[3] ».

Le deuxième pense que « le championnat du monde des poids lourds devrait être empreint de dignité, mais que Cassius Clay l'a rabaissé plus bas que terre. Il nous a révulsés[4] », affirme-t-il. Enfin, le troisième en colère affirme : « C'était un mauvais combat, méchant et débordant de malveillance fanatique religieuse. Ce n'était pas une rencontre sportive. C'était un lynchage[5]. »

La presse américaine crie sa colère et elle le fait savoir d'une façon extrêmement violente, allant jusqu'à utiliser des mots qui sont habituellement associés aux atrocités de l'Amérique raciste blanche. Le match est un tournant dans la perception que les gens auront d'Ali comme « champion du peuple », comme il aime se faire appeler. Les spécialistes ne restent pas en marge. Ils condamnent massivement Ali.

En Angleterre, l'*Evening Standard* titre à propos de la rencontre : « Effroyable, venimeuse et écœurante ». Dans *L'Équipe*, on parle d'indignation et de trahison. De ce combat sont retenues les célèbres séquences où Ali, chaque fois qu'il porte un coup à son adversaire, demande : « Comment je m'appelle ? » Jerry Izenberg, une des plumes les plus reconnues et l'un des défenseurs de la boxe d'Ali, écrit son étonnement :

Avec « Quel est mon nom ? », Ali ne posait pas de question, il exigeait. Ali était déterminé à le lui faire dire, et ce combat a été absolument horrible. Si Ali avait été malveillant, c'est le genre de type qu'il aurait pu donner à voir tout le temps. Pourtant, ce jour-là, c'était bien lui et son côté obscur [...] il a montré une facette de son caractère que j'ai encore beaucoup de mal à comprendre aujourd'hui. Ce n'était pas réellement lui — je ne devrais pas dire ça, je suppose car ça prouve mon affection pour Ali — mais il l'a fait. Je ne peux pas dire que c'est faux, je l'ai vu. J'y étais et c'était profondément immoral. Il voulait blesser Terrell. Je sais, c'est bizarre de dire d'un boxeur qu'il veut blesser son adversaire, mais quand vous connaissez la boxe, vous comprenez ce que je veux dire. Ali est monté sur le ring pour faire du mal, vexer et humilier Ernie Terrell. C'était un horrible combat, vicieux, et méchant[6].

Terrell accuse Ali de nombreuses irrégularités lors de la rencontre, allant jusqu'à prétendre qu'il a tenté de l'étrangler lors des corps à corps. Ali dément catégoriquement et se défend comme il peut :

Les gens m'ont vu combattre depuis des années et je n'ai jamais été un boxeur vicieux. Coller un pouce dans l'œil de l'adversaire, lui frotter l'œil sur la corde ! C'est faux, jamais je ne ferai volontairement un truc pareil. Je ne nie pas que j'ai voulu lui faire dire mon nom à tout prix. Je l'avais mauvaise, ce soir-là[7].

Quelques jours après la rencontre, Howard Cosell invite Ali sur la chaîne A.B.C. pour commenter la rencontre. La polémique autour du match a pris de telles proportions que la chaîne de télévision trouve une excellente opportunité pour faire de l'audience en rediffusant la rencontre. Sur le plateau, le journaliste et Ali regardent, commentent et dissèquent les séquences à débat. Pour le champion, l'émission constitue une formidable tribune pour s'adresser au public et lui fournir des explications sur son comportement. D'ailleurs, Ali commence à remercier l'animateur de l'inviter afin qu'il puisse livrer au peuple américain une version polémique nuancée. Il précise que les propos véhiculés dans la presse sur cette rencontre sont déformés. D'une façon très calme, sans plaisanter, et en ajustant ses mots de façon à être compris par les téléspectateurs, il insiste sur le fait qu'il n'est pas sur le plateau pour se justifier mais pour offrir aux spectateurs une vision juste. À la question sur la dureté du match, Ali adopte la posture du professionnel en précisant que le ring est un lieu de combat acharné. L'opposition est sans merci jusqu'à ce que l'arbitre, les juges ou les docteurs décident d'arrêter un match. « C'est mon boulot de le battre sinon il me battra. Et si les gens ont trouvé que le combat était cruel, l'ensemble des personnes compétentes pouvaient arrêter le combat s'ils le trouvaient cruel, insupportable[8]. » Ali pointe également les nombreuses phases d'irrégularités d'Ernie (accrochage, coup sur la nuque...). Arrive la question des insultes verbales. Ali répond qu'il a effectivement ordonné qu'il prononce son nom. Il regrette d'avoir utilisé le ring comme un lieu pour parler plutôt que pour combattre. Ses excuses s'adressent à son manager Herbert Muhammad (fils d'Elijah Muhammad) qui l'a dissuadé de proférer des insultes sur le ring, mais Ali est resté sourd à sa demande. S'il y a irrégularité, c'est bien celle-là, puisqu'il est interdit de parler en boxant.

Le combat laisse des traces dans l'opinion publique au moment où Ali doit lutter pour échapper à une condamnation judiciaire : pour la première fois de sa carrière, il est accusé de tricherie...

Le savant

Dans la légende d'un boxeur, l'entraîneur occupe une place déterminante. La relation quasi fusionnelle entre lui et l'athlète repose sur plusieurs données. Elle est paternelle, protectrice, éducatrice. Revenons plus longuement sur le lien qui unit Ali à Dundee.

La relation entre Angelo et Mohamed est une des plus longues dans l'histoire de la boxe : elle dura de 1961 à 1981. La rencontre commence à la fin des années 1950 (en 1957 très exactement) puis se concrétise en une relation maître-élève quatre ans plus tard. Le souvenir du premier contact est rapporté par Angelo Dundee à José Torres. Ce dernier est un ancien champion olympique (en 1956 dans la catégorie des super-welters) et champion du monde des mi-lourds en 1965 (il a alors battu Willie Pastrano, le poulain d'Angelo Dundee). Torres est un témoin de l'intérieur du début de carrière d'Ali. Il publie le récit du rendez-vous entre Clay et Dundee, en 1973, avant le flux d'ouvrages hagiographiques sur Mohamed Ali. Que nous dit l'entraîneur ? Voici :

J'étais à Louisville avec Willie Pastrano qui boxait Johnny Holman au Freedom Hall. Willie et moi, nous étions dans notre chambre d'hôtel en train de nous reposer en regardant la télévision lorsque le téléphone sonna. C'était un appel venant du hall. Un type qui était au bout du fil me dit :

Je m'appelle Cassius Marcellus Clay. J'ai enlevé les « Gants d'or ». Je suis le champion de Louisville, Kentucky. J'ai remporté le tournoi de l'A.A.U. [instance dirigeante de la boxe amateur]. J'ai gagné un tournoi par-ci, un tournoi par-là. Je veux vous parler !

Je dis alors à Pastrano qu'un fou en bas voulait nous parler. Est-ce que je pouvais lui dire de monter ? Willie me répondit : Ouais ! Nous n'avons rien de mieux à faire. Un grand et beau garçon entra alors dans la chambre. Il était accompagné de son frère Rudy. Il parla avec nous pendant trois heures et demie. Il évoqua tous les boxeurs que j'avais dirigés. Ceux avec qui j'étais passé à la télévision. Il me dit que j'avais un surnom, « l'homme-coupure », parce que j'avais Carmen Basilio qui avait toujours les arcades ouvertes. Il me demanda aussi : combien vos boxeurs couvrent-ils de kilomètres au footing ? Pourquoi courent-ils ? Qu'est-ce qu'ils mangent ? Est-ce qu'ils mangent une fois, deux fois, trois fois par jour ? Combien de temps restent-ils éloignés de leur femme avant un combat ? Il voulait tout savoir sur la boxe. Il était affamé de connaissances. C'était un étudiant en boxe[1].

Le 19 décembre 1961, sur les recommandations d'un des membres du Louisville Sponsoring Group, les parrains financiers d'Ali, la relation prend forme. Depuis plusieurs années, la réputation d'Angelo Dundee est connue dans le métier de la boxe. Son expérience est réelle. Son principal fait d'armes est d'avoir entraîné deux boxeurs qui sont devenus champions du monde : Carmen Basilio et Willie Pastrano. L'Italo-Américain appartient à la confrérie d'entraîneurs qui ont connu une courte et anonyme carrière de boxeur et sont devenus par la suite d'excellents entraîneurs. Dundee exerce son métier avec des méthodes des années 1920-1930, qu'il modifie au fil du temps et surtout au contact de ses élèves. Et là, c'est une des singularités des relations entre Dundee et Ali. Tout au long de leur relation, Dundee s'est donné deux principales règles intangibles : ne jamais interférer dans la vie privée d'Ali et laisser s'exprimer un style propre en apportant des touches d'amélioration régulières afin qu'il se les réapproprie et pense qu'elles viennent d'une volonté personnelle.

Au biographe allemand qui lui signale qu'Ali dit souvent : « Angelo ne m'a pas formé », la réponse de Dundee est symptomatique des rapports qu'il a entretenus avec le boxeur de Louisville :

> Je n'ai jamais forcé le gamin. J'ai toujours laissé Cassius être Cassius et Muhammad être Muhammad. Comment un nain comme moi pourrait-il lui dire ce qu'il a à faire ? En outre, il voulait croire qu'il s'était fait tout seul, alors, soit, je lui ai fait sentir que tout venait de lui. Ça a toujours fonctionné de la même manière. Je lui disais quelque chose et il faisait mine de ne pas être intéressé. Puis, plus tard, il se mettait à bouger d'une manière particulière ou à essayer une combinaison dont nous avions parlé plus tôt. Quand il descendait sur le ring, je lui disais alors quelque chose comme : « C'est génial ce que tu viens de faire, Muhammad. Tu envoies ton direct avec souplesse en l'accompagnant avec toute l'épaule, exactement comme je l'avais imaginé. » En fait, je lui ai appris tous les coups possibles, uppercut du gauche, croisé de la droite... tout de A à Z[2].

Le contact entre les deux hommes est immédiat. Un respect mutuel s'installe sans l'ombre d'une tension. Jeune boxeur, Ali a eu des difficultés à suivre à la lettre les recommandations quasi militaires de Joe Martin et de Fred Stoner, ses deux entraîneurs de Louisville. Puis de retour de son titre olympique obtenu à Rome en 1960, le jeune boxeur est confronté à Archie Moore entraîneur en semi-retraite. Archie, répétons-le, impose une vue très stricte de la vie et du métier de boxeur. Concernant le métier, Archie demande qu'il « fasse ses gammes » avant de se confronter aux boxeurs expérimentés. La relation ne dure pas. Les deux personnalités sont radicalement opposées. Ali est trop pressé pour attendre. Malgré la profonde estime qu'ils cultivent l'un pour l'autre, leur différence d'âge et leur manière d'aborder le métier de boxeur les contraignent à une inévitable rupture.

Avec Dundee, l'histoire est différente. La soif d'apprendre d'Ali y est pour quelque chose. En écoutant les boxeurs du club d'entraînement de la Cinquième Rue, à Miami, il entend parler des qualités de Dundee. Ali se dit que le choix de cet entraîneur est la meilleure direction qu'il puisse prendre pour devenir un vainqueur. Durant les premiers mois, leur relation se borne uniquement aux séances d'entraînement. Les deux hommes passent quotidiennement plusieurs heures ensemble. Dundee apprend à Ali toutes les ficelles du métier et son élève studieux en demande toujours davantage. Ali est très souvent l'un des premiers à arriver dans la salle et le dernier à en sortir. Dundee fixe un programme d'entraînement avec des techniques de frappe à faire et à refaire afin qu'elles deviennent des réflexes. Ali s'exécute avec enthousiasme. D'une façon systématique, il choisit des sparring-partners afin de s'assurer qu'Ali ne boxe pas avec un combattant plus âgé ou plus expérimenté.

Généralement, les conseils prodigués sont ceux qui consistent à trouver le meilleur coup et ceux qui portent sur le travail du *punching-ball* et du *shadow-mirror*. Le travail de la condition physique est laissé aux assistants et à Ali. Il est communément rapporté que la marque de Dundee se trouve dans le fameux *jab* d'Ali, coup du gauche, court et vif. Les techniques de jeu de jambes sur le ring, la garde, les mouvements de la tête, tous les principaux mouvements qui ont fait la légende d'Ali ont été améliorés par Dundee mais non créés par lui. Ali est donc une sorte d'élève autodidacte studieux et très audacieux.

En dehors de la science de la boxe, les deux hommes discutent très peu de leur vie privée. Ali sait à peine où Dundee habite. Pour des raisons de proximité et de prix, Dundee a trouvé pour son élève une chambre dans un lieu très animé et peu recommandable, fréquenté par la communauté hispanique venue de Cuba et par des Afro-Américains. Leur relation est globalement professionnelle, même si Dundee sort quelquefois du rôle de l'entraîneur indifférent. Il joue alors le rôle du tuteur, en demandant discrètement à ses assistants et à quelques boxeurs expérimentés qui fréquentent la salle d'avoir un œil sur le « *rookie* » (le « débutant »). Dans la salle d'entraînement, quelques mots affectueux comme « vas-y, fiston ! » ne peuvent masquer une relation professionnelle mais tendre.

Durant les premiers combats sous son autorité, Dundee ne donne pas des recommandations rigides, et c'est certainement la raison pour laquelle la relation a duré si longtemps. Seul et sous l'influence de quelques boxeurs d'antan comme Sugar Ray Robinson, Ali développe un style jusqu'ici jamais vu dans le monde de la boxe des poids lourds. Dundee ne lui a jamais reproché cette approche non conformiste. Au contraire, il a accompagné Ali à pousser ce style jusqu'à l'extrême pour en faire une arme destructrice et déstabilisante pour ses adversaires. Même dans les moments où Ali reçoit de virulentes critiques de la part de la presse sur sa façon peu commune de boxer, Angelo Dundee ne suggère pas à son poulain de changer de style. Quand les critiques affluent sur la prétendue absence de punch d'Ali, Dundee réplique ironiquement en disant que son boxeur n'est pas un poids lourd comme les autres. Il sait qu'un style ne se modifie pas ; il s'améliore. Demander à *Cass* (c'est le surnom qu'il utilisait avant la conversion d'Ali) de transformer sa manière de boxer pouvait conduire à dénaturer ses gestes et ses mouvements. Le mot d'ordre de Dundee est qu'un changement de style peut bouleverser les repères et la perception de la boxe. Pendant toutes ses années avec Ali, il s'est appliqué à respecter le boxeur, l'individu et l'homme public controversé.

Dès leurs premiers moments ensemble, Dundee perçoit chez son poulain une grande timidité. L'exubérance est sa façon de cacher sa timidité, reconnaît-il. L'une des facettes de son respect pour le boxeur apparaît quand il laisse Ali libre de ses démonstrations, en particulier lorsqu'il s'agit de faire de la publicité autour d'une rencontre. Hormis le premier combat contre Sonny Liston pour l'accession au titre suprême, Dundee participe très peu aux clowneries médiatiques du boxeur de Louisville. Il se contente de rester en retrait afin de laisser à Ali toutes les stratégies de déstabilisation de ses adversaires.

Au moment de la conversion du boxeur et des controverses qu'elle provoque, Dundee conserve la même attitude en dépit d'une relation de méfiance qui s'est installée entre lui et les Muslims. En coulisse, la tension est palpable entre Dundee et certains d'entre eux. Les Muslims supposaient un lien (sans fondement d'ailleurs) entre Angelo Dundee et la pègre, notamment avec Frankie Carbo, allant même jusqu'à le surnommer « Dundee l'Italien ». Pour autant, Dundee n'a jamais critiqué Ali sur son rapprochement avec les membres de la Nation of Islam qui pourtant, à partir du milieu des années 1960, sont très présents dans l'équipe du boxeur.

De même, dans les périodes où Ali a eu des mots durs contre la population blanche, Dundee ne s'est jamais senti visé. Leur entente dépassait les convictions « raciales », politiques ou religieuses de chacun. Avec Dundee, Ali conserve le titre de champion du monde à trois reprises malgré une carrière interrompue pendant trois ans et demi. C'est une association assez rare dans l'univers de la boxe professionnelle. Leur dévotion commune pour le ring avait produit une coopération sans limites. Les résultats sportifs étant la preuve d'une histoire parfaite. Dundee dira que « le meilleur Ali est celui qu'on n'a pas vu[3] » : celui des années où il lui fut interdit d'exercer sa passion et son métier. Paroles d'entraîneur !

La garde noire

Durant toute la carrière de Cassius Clay devenu Mohamed Ali, s'est constituée autour de lui une véritable garde qui avait la particularité d'être composée majoritairement de Noirs. Auprès des Blancs, Angelo Dundee et Ferdie Pacheco (le médecin), l'équipe proche du boxeur est composée d'Afro-Américains et d'un Cubain (Luis Sarria).

Une observation pointilleuse de ce groupe permet de dégager trois principaux acteurs et témoins du cercle d'Ali : Drew Brown (alias Bundini), les musulmans et l'ami photographe, Howard Bingham.

Sur les conseils de Ray Sugar Robinson, Bundini entre dans l'équipe des hommes de coin d'Ali en mars 1963. L'épisode est raconté par l'ancienne gloire ainsi :

Il [Cassius Clay] s'était baptisé lui-même : « le plus Grand ». Mais toutes ses fantaisies n'étaient pas conseillées pour un boxeur et je lui en fis la remarque, un jour, au gymnase de Wiley. Ce dont tu as besoin, lui dis-je, c'est de quelqu'un qui te surveille, qui te maintienne en bonne condition physique et morale. J'ai l'homme qu'il te faut. Drew Brown, qui se fait appeler Bundini. Il était avec moi, à mon camp, il y a quelques années. Je vais te l'envoyer. Il te plaira. Il t'aidera. Sugar Ray, dit-il, si cet homme vous a aidé, il m'aidera. Bundini lui plut tout de suite. Il aimait rire et Bundini faisait tout pour le faire rire. Mais Bundini savait aussi être sérieux et il le faisait travailler dur[1].

Bundini est de ceux qui entourent les champions de boxe sans que l'on sache exactement la fonction pour laquelle ils ont été recrutés. Ce brillant orateur à l'humour recherché est né en 1929 dans une famille pauvre de Sanford en Floride. Élève doué mais trop récalcitrant, il ne réussit pas à s'intégrer dans le système scolaire et l'abandonne. À treize ans, il décide de s'engager dans la marine comme mousse, c'est-à-dire chargé des sales corvées. Deux années passent, et il est démis de ses fonctions pour avoir menacé de mort un officier avec une feuille (outil tranchant utilisé par les bouchers pour couper la viande). Passionné de littérature de voyages et esprit aventureux, il n'hésite pas à rejoindre la marine marchande quand l'opportunité se présente. Pendant douze ans, il parcourt le monde en mer. Il se passionne pour les langues et les cultures étrangères. Au contact de gens d'horizons divers, il se façonne un personnage à la mesure de ses rêves. Au passage d'une côte indienne[2], il s'imagine gourou et invente de toutes pièces un personnage fictif à qui il trouve un nom aux résonances mystérieuses et intrigantes : *Bundini !*

Dans les années 1950, las des voyages en mer, il retrouve la terre ferme. New York est la ville où il se cherche un nouveau destin. Il passe de métiers précaires à des emplois durables, avant de trouver dans la boxe un endroit d'expression libre. L'univers pugilistique est ouvert à toutes ses fantaisies verbales. Il prend goût à la boxe quand il est introduit dans le cercle des vedettes locales et en découvre les coulisses aux côtés de Sugar Ray Robinson.

Avec Ali, sa brillante culture et sa spiritualité supplantent sa simple fonction d'« homme de coin ». Au zénith de sa carrière, Mohamed Ali trouve en Bundini un véritable gourou. Ce dernier lui permet de cultiver son sens de la repartie et d'inventer des formules qui répondent parfaitement à la mégalomanie poétique du boxeur. À l'instar de Clay, Bundini est anticonformiste dans sa façon de faire. Habituellement, les hommes de coin assistent l'entraîneur pour des tâches subalternes. Bundini lui, au bord du ring, conduit la marche du rythme des mouvements d'Ali, en hurlant des mots inédits pour un *cornerman* :

> Danse, champion ! Danse ! Ne cède pas à la tentation ! Brille de tous tes feux ! Fais-nous rêver ! Ce soir c'est le spectacle garanti ! Montre-lui que tu es une créature de rêve ! L'heure est venue d'embrasser la mort ! Cuisine-le, champion, cuisine-le[3] !...

Bundini a transformé le ring. Il en a fait une tribune où la science de la boxe se confond avec l'art des mots et des sons. Bundini fut pour Ali ce que Thomas Hauser, son biographe, a appelé « une espèce de bouffon du roi ». Il est apprécié de certains (Dundee, Pacheco, Wally « *blood* » Muhammad) et mal compris par d'autres, en particularité par une frange de la garde musulmane. Cette dernière lui reproche un goût immodéré pour l'alcool, une vie frivole et un mariage avec une Blanche au moment où Ali radicalise ses opinions sur la mixité et la séparation des communautés. À partir de 1965, les relations entre Ali et Bundini se distendent. Ali peut difficilement défendre Bundini quand son comportement est jugé intolérable par les Muslims. Ce dernier s'auto-excommunie du groupe en commettant un acte irréparable : il a mis en gage pour 500 dollars la ceinture de champion du monde du boxeur chez un barbier de Harlem ! La sanction est terrible. Il est écarté du groupe pendant presque cinq ans. Le coup est terrible pour lui. Il sombre dans l'alcool puis est rappelé par Ali pour poursuivre à ses côtés la route qui mène à la gloire. À sa mort en 1987, Ali envoie des fleurs avec une carte : « Avec ma profonde sympathie. Tu as fait de moi le plus grand[4]. »

À partir de 1961, l'entourage de Cassius Clay, on le sait, se constitue progressivement de gens de confession musulmane. Sam Saxon devenu Abdul Rahaman est le premier à intégrer le clan Ali. Il est né en 1931 à Atlanta, en Géorgie, dans le sud des États-Unis où la séparation raciale était des plus rudes. La ville fut très marquée par la présence d'une population afro-américaine. C'est en 1955 qu'Abdul Rahaman découvre les préceptes musulmans. Attiré et fasciné par le discours d'Elijah Muhammad, il décide de participer au mouvement de diffusion de la foi musulmane à travers le pays. Fort apprécié dans le cercle des Muslims, il devient un des animateurs du lieu de culte de Chicago. Il reste trois années auprès du « guide spirituel » puis, sous l'autorité d'Elijah Muhammad, est envoyé à Miami. Là, il partage sa vie entre la mosquée qui accueille une trentaine de fidèles et ses sociétés de services haut de gamme (entretiens de toilettes, cirage de chaussures...).

La rencontre avec Ali se déroule ainsi :

J'ai rencontré Ali — je crois que c'était en mars 1961 — quand je vendais le journal *Muhammad Speaks* dans la rue. Il m'a abordé en disant : « Salut, Frère ! » et a commencé à me parler. Et j'ai dit : « Eh, tu as commencé l'enseignement ! » Il a répondu : « Ben, je ne suis pas allé à la mosquée, mais je sais de quoi tu parles. » Là, il s'est présenté : « Je suis Cassius Clay. Je vais être champion du monde de boxe des poids lourds. » J'ai dit : « Je sais, mec. Je t'ai suivi pendant les J.O. » Alors il m'a demandé : « Tu veux voir mon album ? » Je l'ai suivi à l'hôtel, il partageait sa chambre avec un autre boxeur. Son album était plein d'articles sur lui et je l'ai bien étudié. Il s'intéressait à lui-même et à l'islam. On a parlé des deux, en même temps. Il semblait familier avec certains points de notre enseignement, alors qu'il ne l'avait jamais appris. Je le trouvais un peu trop sûr de lui. Je savais que si je pouvais lui enseigner la vérité, il serait grand. Aussi, l'ai-je invité à la mosquée[5].

Vers 1962, Rahaman devient un proche d'Ali qui l'invite à assister à ses entraînements et à l'accompagner lors de ses déplacements. Dans les faits, il s'affirme au fil des années comme la conscience spirituelle et celui qui fait le lien entre Elijah Muhammad et Ali. C'est d'ailleurs lui qui scelle le mariage musulman entre le boxeur et Sonji Roi. L'équipe s'étoffe. En voici les principaux membres.

Jeremiah Shabazz est un autre membre de la mosquée de Miami qui intègre l'équipe d'Ali à partir de 1962. Il est originaire de Philadelphie où il est né en

1927. Élevé dans une famille catholique très pratiquante, il a néanmoins décidé à seize ans de suivre les enseignements islamiques. Celui qui l'a initié est un barbier qui apprend les doctrines de l'islam avec les Muslims lors d'un séjour en prison. Il participe à la Seconde Guerre mondiale. De retour de la guerre, il trouve un emploi dans les services postaux. Au milieu des années 1960, il dirige la mosquée 12 de Philadelphie où il fait la connaissance de Malcolm X qui devient un de ses proches. Figure très controversée, on le soupçonne d'entretenir des liens avec le crime organisé. Quand il est présenté à Ali, il dirige les mosquées des régions du Sud profond : la Géorgie, la Caroline du Sud, l'Alabama, le Mississippi, la Louisiane et la Floride. Au sein du groupe d'Ali, il a divers titres : premier conseiller, assistant administratif, conseiller juridique (alors qu'il ne possède aucune compétence juridique[6]). Au sein de la garde noire d'Ali, il est celui qui encourage le boxeur à tenir les propos les plus extrémistes. La diabolisation de la communauté blanche est l'un de ses credo majeurs.

Wally « *blood* » Muhammad, qu'on dit capable de sentir l'état de forme d'Ali juste à l'odeur de sa sueur, est également l'un des premiers musulmans de l'équipe. Il se distingue des autres pour avoir eu une carrière de boxeur qu'il abandonna à la suite d'une grave blessure à l'œil. Originaire de Louisiane, il a grandi à Harlem. Adulte, il est parti s'installer en Californie où il a exercé plusieurs petits boulots, principalement comme préparateur physique dans les salles de gym. En 1947, il est repéré par Sugar Ray Robinson qui lui offre un emploi dans son équipe comme assistant. C'est à Harlem, en 1953, qu'il se convertit à la religion musulmane. Il rejoint l'équipe d'Ali au moment du premier titre de champion du monde en 1964. Tout d'abord engagé comme agent de sécurité, il assiste par la suite Angelo Dundee. Homme de confiance, il accompagne la vie du boxeur jusqu'à la fin de sa carrière. Il est le plus modéré et le plus nuancé des Muslims.

Lana Shabazz est l'unique femme du groupe des Muslims. Contrairement à d'autres, la rencontre avec Ali ne s'est pas déroulée dans une mosquée. Elle a rencontré Ali en 1962, à Manhattan, dans un restaurant qui préparait la nourriture selon les préceptes islamiques. Réputée pour sa cuisine, elle a rejoint l'équipe d'Ali en 1964. Âgée seulement de huit ans de plus qu'Ali, elle n'en assumera pas moins le rôle de mère et de protectrice. Elle restera à ses côtés jusqu'à la fin de sa carrière.

Herbert Muhammad, fils du guide spirituel de la Nation of Islam, fait aussi partie du voyage. C'est en 1963 qu'il arrive dans le cercle d'Ali. D'abord conseiller spirituel, il devient manager général en 1966. Herbert Muhammad prend à partir de cette date le contrôle de toutes les transactions financières d'Ali quand le boxeur rompt avec le Louisville Sponsoring Group. À la fin des années 1970, des conflits d'intérêts économiques entraînent une rupture brutale. Herbert décide de s'éloigner du groupe et de lancer une série d'attaques judiciaires pour obtenir des réparations.

Howard Bingham est le dernier membre de cette garde rapprochée. Journaliste-photographe et non musulman, il complète le cercle des intimes. Né en 1939 à Jackson, dans le Mississippi, il a passé son enfance à Los Angeles où il a suivi une scolarité dans les écoles publiques. Il a appris la photographie à Compton College. Sa rencontre avec le boxeur en 1962, à Los Angeles, a lieu lors de la conférence de presse du combat qui oppose Cassius Clay à George Logan. Howard Bingham couvre l'événement pour le quotidien destiné à la population noire, *The Sentinel*. L'amitié entre le journaliste et le boxeur ne s'est jamais éteinte. À partir de 1963, il devient son photographe officiel, et capture tous les moments historiques de sa carrière : les combats, la relation entre Cassius Clay et Malcolm X, les clowneries face à Sonny Liston, le jour du verdict de la suspension du boxeur, le comité de soutien d'athlètes noirs, la popularité du boxeur sur un navire de la marine, etc. Outre son rôle de photographe, il s'intéresse aux mouvements sociaux des années 1960 et devient un photo-reporter reconnu. Il photographie les émeutes urbaines des ghettos noirs, notamment celui de Watts à Los Angeles en août 1965, et collabore à plusieurs magazines prestigieux comme *Life*, *Sports Illustrated*, *Ebony*, *Time*, *Newsweek*. Les photos d'Howard Bingham font de lui l'un des témoins privilégiés de la carrière mouvementée de Mohamed Ali.

Les « Nègres blancs »

Si la carrière de Mohamed Ali est parsemée de critiques sévères de la part des journalistes, il n'en demeure pas moins qu'au sein de ce même groupe, certains ont contribué à la fabrication de la légende. Au milieu des années 1960, une nouvelle génération de journalistes, avec une réputation grandissante, majoritairement blancs et quelquefois issus des milieux juifs, s'intéressent à la condition noire. Ils sont profondément marqués par le mouvement *beatnik* des années 1950 et par le nouvel élan artistique des musiciens et des écrivains noirs (Miles Davis, John Coltrane, Max Roach, Ornette Coleman, LeRoi Jones, James Baldwin) des années 1960. Ces journalistes prennent fait et cause pour les discours et les comportements des figures de la communauté noire (Martin Luther King, Malcolm X). Par l'écriture, ils veulent vivre une « expérience noire », livrer à la population blanche les raisons du mal-être de la minorité noire. Ils entreprennent donc de rassembler toutes les preuves, Mohamed Ali étant pris comme l'expression même de ce malaise. Pour exprimer leur solidarité avec ces mouvements de révolte, ils adoptent une posture provocante et « noircissent » leur point de vue. Certains sont des jeunes loups qui disent vouloir enquêter sur la réalité sociale. Ils sont qualifiés de plumes du « nouveau journalisme ». Sans avoir créé un club spécifique, ils se reconnaissent par leur forte implication dans la cause noire. Voici le portrait de quelques-uns.

Parmi eux, Norman Mailer, le chef de file de ces « Nègres blancs[1] », qui se dressent pour alimenter la légende d'Ali. Personnage incontournable du milieu littéraire, journalistique et médiatique, l'auteur des *Nus et les Morts* observe avec attention les mutations de la société américaine du XXe siècle selon de multiples approches : roman, essai, publicité, cinéma. Très éloigné de l'écriture et des propos des journalistes sportifs, il entreprend au milieu des années 1960 de s'intéresser à Mohamed Ali. Le regard qu'il porte sur ce dernier s'inscrit dans une volonté de participer par la littérature à la révolte des Noirs. Ali va devenir un élément symbolique de sa littérature engagée.

De quatre ans l'aîné de Norman Mailer, George Ames Plimpton, auteur et rédacteur en chef de *The Paris Review*, a construit sa conception de la littérature sur un principe triangulaire : expérience, action et engagement. Très intéressé par la rumeur attestant que le célèbre boxeur s'est converti à l'islam, il décide de faire un reportage sur lui. C'est à cette occasion qu'il rencontre Malcolm X venu encourager le boxeur.

Autre « Nègre blanc », le journaliste-photographe Flip Schulke a rencontré Cassius Clay dans la ville de Miami, en 1961. Son témoignage sur le racisme sévissant à cette époque est poignant :

> Dans la chambre de Clay, je remarquai que ses vêtements étaient accrochés sur un portant. Il n'avait pas de placard et très peu d'habits. Je lui proposai : « Puisque j'ai droit à des frais de représentation, pourquoi n'irait-on pas faire un peu de shopping ? Acheter des chemises, par exemple ? On pourrait aller chez Burdines ? » Dans le grand magasin, il y avait des chemises en solde. C'est ce qu'on a regardé en premier. Leur prix était de 2,99 dollars. Clay n'était pas sûr de sa taille. Le vendeur s'est approché et a dit : « Vous ne pouvez pas les essayer. » Le chef de rayon est arrivé à son tour et a expliqué que c'était un règlement de la maison, les Noirs n'avaient pas le droit d'essayer les vêtements. Il a probablement dit « Nègre », personne ne disait « Noir » à cette époque. J'ai dit : « C'est invraisemblable, on est dans un grand magasin ! Je veux parler au directeur. » Quand le directeur est apparu, je lui ai expliqué que je travaillais pour *Sports Illustrated* et que nous devions faire des photos. J'ai souligné : « Cet homme a remporté une médaille d'or olympique. » Il a rétorqué : « Ça ne change rien. » Puis il m'a pris à part et a ajouté : « Écoutez, c'est le règlement. Nous ne faisons qu'appliquer la politique du magasin. Les Nègres n'ont pas le droit d'essayer les articles[2]. »

Pendant une grande partie de sa vie professionnelle, Flip Schulke est au cœur du mouvement pour les droits civiques. Onze mille de ses clichés l'attestent[3]... De Martin Luther à Cassius Clay en passant par les étudiantes blanches bloquant l'accès aux salles à des étudiantes noires, il s'est acharné à photographier la « révolution en train de se faire ». Cet originaire du Minnesota, qui a étudié le journalisme à l'université de sa ville, puis combattu pendant la guerre de Corée, a pris dès son retour de l'armée activement part à la révolte noire en suivant notamment le révérend Martin Luther King à travers les États du Sud raciste. Il a travaillé avec différents magazines tels que *Life* ou *Ebony*, l'une des voix de la communauté noire[4]. Par ailleurs, il a lancé la mode de la photo aquatique. L'une des prises de Cassius Clay au fond d'une piscine en train de simuler un combat reste l'une de ses plus marquantes.

La liste n'est pas close de ces adeptes du « nouveau journalisme » : Tom Wolfe en est avec Norman Mailer l'une des figures majeures. Journaliste au *Washington Post* et au *New York Herald Tribune*, grand lecteur de Dickens, Balzac ou Zola, c'est durant les années où la renommée de Cassius Clay s'accroît qu'il rencontre le boxeur. En 1963, il relate un voyage de Cassius à New York, venu dans la capitale pour la séance d'enregistrement du disque intitulé *I am the greatest !*, produit par la maison Columbia.

Enfin, dans ce groupe de « Nègres blancs », une personne se distingue des autres, il s'agit d'Howard Cosell, l'animateur-vedette de l'émission *Wide World of Sports* de la chaîne télévisée A.B.C. C'est le seul homme de télévision du groupe qui ait participé à la mythification d'Ali. Une scène nous éclaire sur le type de relations qu'il entretient avec le boxeur :

> Quand je pense aux « fans », je ne peux m'empêcher de repenser à trois ans et demi de ma vie et de celle de Muhammad Ali, aux dizaines de milliers de lettres qu'on m'a envoyées, la plupart commençant avec le sempiternel refrain : « Sale juif, copain des Nègres... » et aux coups de téléphone, dont certains

commençaient par : « On t'aura. On sait où te trouver et on t'aura. » Encore une fois, on peut en rire en se disant que ces « fans » sont en minorité, mais il y en a trop et ils font partie d'un groupe appelé « les fans », dont nombre de gens semblent vouloir défendre leurs intérêts. En m'identifiant à Ali, je m'exposais à l'éventail complet de la mentalité des fans[5].

Pendant plusieurs années, la relation entre Cosell et Ali fut soudée par un fort respect mutuel et beaucoup de connivence. Rappelons que lors des olympiades de 1968, on reprocha à Cosell d'avoir défendu Tommie Smith et John Carlos, les deux athlètes qui avaient levé le poing sur le podium, en guise de protestation contre les politiques de discrimination raciale qui perduraient aux États-Unis ; qu'il commenta avec passion, à la radio pour A.B.C., la victoire d'Ali contre Liston ; que, face à des millions d'auditeurs, il fit les louanges du « nouveau grand de la boxe mondiale » ; qu'enfin, en 1967, il fut l'un des rares journalistes à avoir critiqué le gouvernement et les commissions sportives quand Ali fut dépouillé de son titre après son refus de participer à la guerre du Vietnam. Il fut également l'une des rares personnalités à critiquer le lynchage médiatique auquel Ali dut faire face. Voilà ce que furent les « Nègres blancs »...

Les États-Unis d'Amérique versus Cassius Clay

Depuis 1964, l'armée américaine est engagée à 8 000 km de là, en Indochine, aux côtés du Vietnam du Sud contre les forces communistes du Vietnam du Nord. Le gouvernement est porté par la « théorie des dominos » : que s'instaure au Vietnam une politique hostile aux idéaux américains, et tous les voisins tomberont sous le joug du communisme comme des dominos. Après un engagement militaire, tout d'abord limité, le nombre des jeunes soldats américains augmente au fur et à mesure du conflit. Parallèlement, le nombre de morts du côté américain s'accroît et laisse déjà entrevoir une véritable catastrophe humaine.

1967 est marquée d'une pierre noire. La guerre du Vietnam connaît un degré de mortalité au combat jamais atteint[1]. Cette année-là, 9 400 Américains sont tués, soit près de dix fois plus qu'en 1965, où débute l'envoi supplémentaire des renforts militaires.

C'est aussi en 1967 que l'Amérique se trouve de plus en plus divisée sur la question vietnamienne. La population s'interroge sur les fondements de sa politique, sa morale et sa société. Le mouvement contre la guerre, jusque-là marginalisé par le lobby militaire et les anciens G.I., interpelle l'opinion publique. Les reportages sur les atrocités des combats et des témoignages sur l'enfer que vivent les soldats sensibilisent toute l'Amérique. Le 4 avril 1967, le révérend Martin Luther King jusqu'ici plutôt discret dénonce les États-Unis comme « occupant le Vietnam à l'instar d'une colonie » et comme le « plus grand agent de violence dans le monde[2] ». En outre, on assiste à une conjonction entre l'opposition à la guerre et les émeutes urbaines. Des heurts importants surviennent dans les principaux ghettos noirs (Detroit, Newark) pendant le « long été chaud », conséquence de la révolte des jeunes, premières victimes de la discrimination systématique, d'un taux de chômage élevé, d'un habitat précaire abandonné par les services sociaux et d'une police qui fait état d'une force disproportionnée. Les leaders noirs, parmi lesquels on trouve Martin Luther King, Eldridge Cleaver des Black Panthers et Stokely Carmichael, instigateur du mouvement Black Power, s'opposent avec virulence à l'envoi des soldats noirs durement marqués par les pertes humaines (13,7 % du total des morts).

C'est dans ce contexte très tendu que Mohamed Ali est appelé à rejoindre l'armée. Trois ans auparavant, le centre de recrutement de Coral Gables en Floride l'avait reconnu inapte au service. Motif : « faiblesse intellectuelle ». Trois jours plus tard, volte-face des services d'incorporation, il est requalifié et donc jugé bon pour le service ! S'ensuit une pluie de questions des journalistes sur sa position face au conflit vietnamien. Robert Lipsyte, journaliste au *New York Times*, est parmi les personnes présentes aux côtés de Mohamed Ali :

> Au fil de l'après-midi, Ali devient de plus en plus agité, et les questions des journalistes continuent à affluer :
> — Que pensez-vous de la guerre du Vietnam ?
> — Je ne sais rien sur le Vietnam.
> — Savez-vous où c'est ?
> — C'est quelque part, par là.
> — Êtes-vous un faucon [partisan de l'intervention] ou une colombe [pacifiste et résolument contre l'engagement militaire] ? Cette guerre est-elle juste ?
> — Que pensez-vous de la résolution du golfe du Tonkin ? Que pensez-vous de Lyndon Johnson ? Pourriez-vous tuer un Vietcong ? Et si ce Vietcong essaye de vous tuer ?
> Ali devenait dingue et ça a continué comme ça je ne sais même pas pendant combien d'heures. Finalement, au dixième coup de fil : « Que pensez-vous des Vietcongs ? » Ali explose : « Eh mec, je n'ai rien contre les Vietcongs. » Et boom, c'était là, énorme. C'est ce que les médias attendaient[3].

De cette phrase anodine transformée dans la presse en « je n'ai pas de problème avec les Vietcongs[4] », surgit une foule de personnes qui injurient Ali de tous les côtés. Les jours qui suivent la déclaration ressemblent à une mise à mort. Tandis qu'Ali y voyait naïvement une façon de dire qu'il réprouve toute forme de violence, d'autres interprètent la parole du boxeur comme la preuve d'un non-patriotisme avoué.

Les médias s'empressent de le diaboliser. Pour la plupart, la lâcheté d'Ali ne fait aucun doute. Une campagne médiatique se met en branle pour le destituer de son titre de champion du monde. Voici le discours que tient Murray Robinson dans le *New York Journal American* :

> Pour cette prestation à vomir, la boxe devrait le renvoyer au tapis sur sa grosse tête. Un adulte morveux, qui s'est vanté jusqu'à la nausée de ses compétences au combat et se cache dans un trou de souris quand l'Armée l'appelle, devrait être destitué de son titre. Et au diable, le cliché du titre gagné sur le ring qui ne peut se perdre que sur le ring[5].

Une génération de journalistes nés dans les années 1910 voit dans les propos d'Ali les effets dégradants d'une jeunesse gâtée par le boom économique de l'après-guerre. Les principaux coupables sont ceux qui à leurs yeux prennent à contre-pied l'*American way of life*, les figures du mouvement beatnik et hippie, immortalisées dans la littérature par Allen Ginsberg, Jack Kerouac, Ken Kesey et au cinéma par James Dean ou Marlon Brando. Le doyen de l'association des écrivains sportifs, Red Smith, est hors de lui :

> À pousser des cris d'orfraie de peur que l'armée ne l'appelle sous les drapeaux, Cassius offre un spectacle désolant, tout comme ces sales voyous qui manifestent avec des pancartes contre la guerre[6].

Jimmy Cannon, une autre grande figure du journalisme sportif, croit voir dans les propos d'Ali l'attitude caractéristique d'une époque en pleine mutation où les valeurs américaines sont défiées par de nouveaux codes culturels imposés par les jeunes. Il écrit dans le *New York American Journal* :

Clay fait partie des beatniks. Il va bien avec ces fameux chanteurs que personne ne supporte et ces voyous à moto portant une croix de fer sur leurs blousons de cuir et ces garçons aux longs cheveux sales et ces filles au look négligé et ces gamins de l'université dansant nus en cachette dans des boums et ces étudiants rebelles qui touchent le chèque de papa chaque mois et ces peintres qui copient les logos de boîtes de soupe et ces glandeurs qui préfèrent le surf au travail et tout ce culte de la jeunesse dorlotée qui s'ennuie[7].

Les gloires sportives ne sont pas en reste. Les anciens champions du monde de la catégorie des lourds prennent violemment position contre les propos d'Ali. Après une séance de footing, Ali reçoit dans sa résidence de Miami un télégramme de Gene Tunney, un enfant de bonne famille devenu champion du monde en 1926 contre le grand favori d'alors Jack Dempsey. Il est écrit :

Vous avez déshonoré non seulement votre titre mais aussi le drapeau américain et les principes dont il est le symbole. [...] Excusez-vous publiquement pour vos propos antipatriotiques sinon vous serez chassé du ring[8].

La première star de la boxe, Jack Dempsey poursuit :

Comme boxeur, Muhammad Ali est fini. Quel que ce soit le résultat de son prochain combat, il est fini. Il devrait prendre garde. Il n'est plus en sécurité dans la rue[9].

Joe Louis, l'idole de Mohamed Ali, le modèle consensuel d'une Amérique noire et blanche, se mêle aux critiques acerbes. Le *New York Post* lui demande de faire pression sur Ali afin qu'il accepte l'incorporation comme Joe Louis l'avait fait durant la Seconde Guerre mondiale.

Des anonymes font également part de leur mécontentement. Ali reçoit plusieurs appels téléphoniques de gens qui profitent de l'occasion pour proférer des paroles racistes, tenir des propos islamophobes. Le déni de son nom et les comportements racistes du Sud profond resurgissent :

> Muhammad, Cassius. Je m'en fous de ton nom, je t'ai entendu à la télé ! [...] Espèce de lâche, sale renégat de Noir ! Dommage que j'aie pas une bombe, je t'enverrais en enfer[10] !

Une autre personne hystérique appelle. Il s'agit d'une femme, précise Ali :

> Cassius Clay ? C'est vous ? Vous croyez que vous valez mieux que mon fils ? Espèce de salaud de Nègre ! Je prie le Bon Dieu pour qu'on vous incorpore dès demain. Pour qu'on vous incorpore et qu'on vous fusille sur-le-champ[11] !

Dans cette marée de haine, Ali reçoit une marque de soutien déconcertante d'un intellectuel de renommée internationale, le Britannique Bertrand Russell. Le philosophe et Prix Nobel de littérature 1950 et Ali ont le dialogue suivant :

> « Pourquoi tout le monde tient-il tant à savoir ce que je pense du Vietnam ? Je ne suis ni politicien ni chef de parti. Je ne suis qu'un boxeur. » Russell rétorque : « Eh bien, il s'agit d'une guerre plus barbare que les autres, et dans la mesure où un champion de boxe finit toujours par être l'objet d'une mystique, je suppose que les opinions du champion du monde suscitent davantage qu'une banale curiosité. En règle générale, il ne nage pas à contre-courant. Vous les avez surpris[12].

Le gouvernement n'a guère de scrupules à demander l'annulation des combats de Mohamed Ali à travers le pays. Le 29 mars 1966, un combat est prévu à Chicago. Mais la tension du moment augure un mauvais présage. Effectivement, Chicago semble une ville très hostile à Ali. Le maire de la ville, Richard Daley, assène des paroles très dures à son encontre, allant jusqu'à en faire un traître à la Nation. Lors d'une réunion extraordinaire du conseil municipal, il est décidé que le combat sera annulé et que le boxeur devra rejoindre immédiatement les forces militaires. Pour se prémunir d'une décision juridique favorable à Ali, toutes sortes de démarches administratives sont rapidement mises en place afin d'empêcher le combat dans la ville où Mohamed Ali s'était fait connaître du grand public, en remportant à plusieurs reprises les Golden Gloves. Orlando Wilson, le patron de la police de Chicago, renforce les mesures pour annuler la réunion de boxe en évoquant « le défaut de patriotisme de Clay[13] ». Le procureur de l'Illinois dont le siège se trouve à Chicago, haut lieu historique et symbolique de la Nation of Islam, demande l'annulation des rencontres d'Ali dans son État. Les organisateurs songent à d'autres villes des alentours. Mais en vain. Louisville, comme on sait, la ville d'enfance du boxeur, interdit la rencontre au motif que « son attitude porte le discrédit sur les habitants loyaux et patriotiques du Kentucky et sur le nom des milliers de soldats qui ont donné leur vie pour le pays, depuis que Clay est né[14] ».

Sans doute par solidarité idéologique, les appels au boycott ne cessent d'augmenter. Deux issues se présentent à l'entourage du boxeur. Premièrement, faire des excuses publiques en invoquant que ses propos ont été mal interprétés et qu'il est un patriote à part entière. L'avocat d'Ali, Edward Jacko, tente de convaincre le champion du monde d'opter pour cette honorable sortie. Ali refuse.

La deuxième issue est de quitter le territoire. L'étranger, et en particulier le Canada, est choisi. Les anti-Ali ne s'essoufflent pas. Les politiciens mènent la croisade. Ali doit être montré du doigt comme un « ennemi de l'intérieur ». Un parfum du souvenir de la chasse aux « communistes » des années 1950 réapparaît dans les propos de certains hommes politiques, des deux principaux partis, démocrate et républicain. Frank Clark, sénateur démocrate (parti qui a favorisé les mesures de déségrégation) de Pennsylvanie, lance aux médias :

> Le champion du monde des poids lourds me fait vomir. Je ne suis pas un super patriote. Mais je pense que tout homme, s'il est vraiment un homme, a le devoir de protéger et de servir son pays en cas de besoin. De ce point de vue, ce champion est une honte. J'incite mes concitoyens à boycotter massivement tous ses combats. Ces théâtres vides seraient le meilleur hommage possible à ces garçons dont le corbillard passe si souvent ces temps-ci devant le théâtre de Main Street, USA[15].

Ali est comparé à Jack Johnson, le premier Noir champion du monde dans la catégorie des lourds — en 1908 — et qui fut très controversé parce qu'il fut l'un des premiers sportifs à avoir parlé de la fierté d'être noir et à avoir épousé une Blanche. Ali y voit comme un compliment et souligne qu'il s'est en effet inspiré de Johnson.

Ali est désormais surveillé par les services secrets du gouvernement. Le F.B.I. interroge des proches du boxeur, scrute attentivement ses infractions, la promotion de ses rencontres. Les services dirigés par J. Edgar Hoover vont même jusqu'à enregistrer *Tonight Show*, l'émission de grande audience animée par Johnny Carson dans laquelle Ali fait une apparition. L'État cherche à le faire plier.

Ali se trouve de plus en plus isolé, et doit faire profil bas afin de continuer à exercer son métier. Le constat est à la prudence du côté des organisateurs. Malgré d'énormes pressions politiques, les combats d'Ali ont lieu jusqu'en 1967, année où l'affaire de l'incorporation ressurgit. Le dossier intitulé par les autorités militaires « The United States of America vs. Cassius Marcellus Clay Jr. » bat son plein dans les journaux. Les défenseurs d'Ali sont rares. Aux yeux de certains, il a la malchance de trouver des alliés dans les voix des opinions marginalisées (intellectuels de gauche, pacifistes, étudiants, intellectuels étrangers, nationalistes noirs, vedettes sportives). Une issue favorable semble devoir être écartée.

À la fin du mois d'avril 1967, appelé par le service de l'armée pour remplir ses obligations militaires, Ali refuse, prétextant que son acte est le fruit d'une conviction qui a essaimé sur le lit de la croyance religieuse et de la liberté individuelle. Le boxeur demande à ne pas être incorporé. Sa requête est rejetée. La pression de l'opinion et surtout la volonté d'en faire un exemple poussent le gouvernement à ne pas céder. L'une des craintes de ce dernier est de voir une démobilisation des jeunes Noirs pour des raisons religieuses alors qu'ils constituent l'une des communautés les plus représentées sur le front vietnamien. Le gouvernement reste ferme. Les sanctions tombent. Ali sent la menace d'une stigmatisation généralisée orchestrée par la puissance publique et la presse. Il voit également que le monde de la boxe ne viendra pas à son secours, bien au contraire.

Le 8 mai 1967, Ali est inculpé par un jury fédéral. Tel un repris de justice, on le photographie, de face et de profil, on lui attribue un numéro, et on relève ses empreintes digitales. Finalement libéré sous caution, pour un montant de 5 000 dollars, il lui est interdit de quitter le territoire.

Le 20 juin, un jury de Houston composé entièrement de Blancs prononce la sentence finale : Ali est coupable de refus d'incorporation. Il est condamné à cinq ans de prison et à une amende de 10 000 dollars, la somme maximale. Son passeport lui est confisqué afin qu'il ne puisse pas quitter le pays. En moins de quarante-huit heures, la World Boxing Association lui enlève son titre de champion du monde. La plus puissante instance dirigeante de l'époque, la commission athlétique de New York, lui retire sa licence de boxeur professionnel. La carrière de boxeur d'Ali est suspendue pour un long moment. Mais personne ne peut l'empêcher de parler.

La tournée du banni

Le 20 juin 1967, Mohamed Ali disparaît du paysage de la boxe internationale. La juridiction américaine et le pouvoir pugilistique de New York en ont décidé ainsi. Pour Mohamed Ali, c'est l'arrêt brutal. À l'issue du verdict, il ne montre aucun trait d'effondrement ou de haine. Il sort de la salle accompagné de proches. Dehors, il aperçoit une foule de partisans, parmi lesquels se trouvent des Noirs liés aux mouvances nationalistes et des jeunes Blancs qui ont pris fait et cause pour celui qu'ils considèrent comme un héros de l'Amérique pacifiste. Sans le savoir, Ali trouvera dans une population jeune et hétérogène un nouveau terrain pour délivrer sa vision sociale. Mohamed Ali continue d'alimenter l'actualité grâce à des conférences effectuées dans les établissements éducatifs. Ses productions sont organisées comme de véritables tournées. Les cibles sont les jeunes Blancs des universités d'élite et les jeunes Noirs lettrés. Ils sont tous unis autour des avancées du mouvement des droits civiques, de l'arrêt de l'engagement militaire au Vietnam — c'est l'emprise de la jeunesse sur une société jugée sclérosée. Jeremiah Shabazz (un des musulmans de la garde rapprochée) prend en charge les premières apparitions d'Ali dans les universités, puis une véritable entreprise est contactée. C'est Richard Fulton Inc., une société spécialiste des conférences, qui coordonne les tournées. De 1 500 dollars la prestation avec Shabazz, le montant explose ensuite grâce à l'usage de la publicité (50 000 prospectus sont distribués à travers le pays). Le succès fait augmenter ses honoraires. Ali, déjà à l'aise devant les médias, apparaît plus sûr de lui devant un nouveau public de Blancs majoritairement issus des catégories aisées. Il trouve dans cette nouvelle activité une façon de ne pas s'éloigner de la scène publique et également d'entretenir sa popularité auprès de la population jeune. Un peu anxieux en coulisse, il livre devant son auditoire des prestations remarquables. Du haut de son 1,90 m et avec une fluidité de langage certaine, il impressionne autant qu'il charme des centaines d'étudiants et d'étudiantes. Sans forcément préparer ses propos en fonction du public et du lieu, comme un homme politique, il essaie de ne rien laisser au hasard en travaillant consciencieusement ses prestations. En fait, le Mohamed Ali que l'on voit dans les campus universitaires ressemble profondément à celui qui préparait avec sérieux son corps de sportif. Un observateur averti de la grande capacité de travail d'Ali ne semblera pas surpris par ces propos :

Rédiger le contenu de mes discours me demandait beaucoup de travail. J'avais développé six thèmes et au début, je jetais toutes mes idées sur le papier. Ensuite, je les réécrivais sur des fiches, les étudiais chaque jour et je répétais mes discours devant un miroir, pendant que Belinda m'écoutait [l'épouse d'Ali]. Parfois, je m'enregistrais pour pouvoir m'écouter et apporter des améliorations. J'ai procédé ainsi pendant environ un mois, jusqu'à ce que je sois prêt, et les premiers discours se sont bien passés. C'est sacrément plus facile de parler que de combattre. J'ai dû me rendre dans deux cents universités et j'aimais donner des conférences. Cela me rendait heureux[1].

La communication est efficace. Le style se situe entre l'homélie des paroisses évangélistes et une critique sociale volontairement naïve. Ali réussit à captiver le public sur des thèmes attendus et d'autres qui sont moins polémiques. Les questions brûlantes d'actualité sont forcément retenues afin d'engager un débat. Mais à la différence d'un cours à l'université, le conférencier use d'un ton moins solennel et pompeux que celui d'un enseignant. Mohamed Ali fait également usage d'éléments propres à sa personnalité, particulièrement appréciée par les étudiants : l'humour satirique et l'autodérision. Même s'il est censé aborder des sujets de société, le cas personnel d'Ali est souvent évoqué par le biais de la boxe. De toutes les façons, Mohamed sait parfaitement qu'il n'échappera jamais aux questions relatives à l'actualité pugilistique. D'ailleurs, il répond avec malice et humour que la boxe (surtout la catégorie des poids lourds) ne peut pas rester sans champion du monde, qu'il a perdu son titre sur le papier, ce qui ne veut rien dire et que de toute façon il reste « le Plus Grand des Plus Grands ! ». Et il n'hésite jamais à demander au public de scander son nom haut et fort, et de répéter avec lui qu'il est le champion du monde des poids lourds !

Les thèmes régulièrement évoqués dans ces conférences sont : la guerre du Vietnam, le retrait de son titre et son interdiction de combattre, les difficultés financières qu'il rencontre, l'intégration et la ségrégation, la fierté noire, le mariage « interracial », le besoin d'un territoire noir distinct, la haine, l'argent. Rares sont les questions qui sortent de son champ de compétence ou encore les sujets où une partie du public pourrait porter un avis défavorable sur sa personnalité : drogue, homosexualité, place des femmes au sein de la Nation of Islam…

H. N., étudiante noire à l'université de Nashville, se rappelle un échange dur entre un étudiant et Ali concernant le niveau ultime de la violence que peuvent utiliser les groupes nationalistes noirs face au gouvernement :

> Pour un certain nombre, cette question était la raison de notre présence à sa conférence. En fait, tous nous étions très impatients d'entendre la réponse et les arguments de Mohamed. Je crois aussi qu'il y avait parmi nous quelques étudiants tentés par des positions radicales. Ali savait que cette question était extrêmement sensible et il ne voulait pas donner l'impression de nous influencer. Avec malice, il trouvait une façon drôle d'atténuer le sérieux de la question en disant que si l'étudiant avait en tête une prise d'otage ou un braquage de banque, ce serait intéressant parce qu'il touchait les allocations d'aide aux plus démunis. L'assistance se mit à rire et Ali continua à parler d'un de ses amis qui avait prévu de braquer une banque mais oublia de faire sonner son réveil[2].

Un témoin de Harvard, l'université huppée de la côte Est, se souvient d'avoir été très impressionné par la personnalité de Mohamed Ali :

Nous autres étudiants blancs, nous étions curieux de le voir et de l'entendre. On nous avait prévenus de son aisance verbale. Mais c'était peu dire quand on l'a rencontré réellement. Il était fascinant et tout en lui donnait l'impression qu'il maîtrisait tout et qu'il avait réponse à tout. Un de mes amis avait prédit des vues acerbes d'Ali sur le racisme institutionnel du pouvoir blanc. Il a fourni des arguments suffisamment clairs et précis pour que nous nous sentions mal à l'aise et résolument favorables aux droits acquis par les Noirs[3].

Dans cette nouvelle vie, Mohamed parvient à se faire adopter par un public bien plus réceptif que les gens de la boxe. Il sait que ces moments d'intimité publique lui permettent de goûter à une célébrité autre que celle acquise sur le ring. Et dans ces années qui ont vu l'assassinat de personnes charismatiques telles que J. F. Kennedy, Malcolm X, Martin Luther King, Mohamed Ali est aux yeux de la génération de jeunes des années 1960 un rebelle d'opinion. En dépit de ses prises de position tranchées sur une société séparée, il garde auprès des étudiants blancs, depuis son refus d'incorporation, un fort taux de sympathie.

En janvier 1968, l'escalade de violences et d'atrocités au Vietnam donne raison aux campagnes favorables au retrait des troupes américaines. Les partisans de la fin de la guerre se multiplient. Un sondage montre que plus de la moitié des Américains considèrent cette guerre comme une erreur. Au même moment, Ali effectue une conférence fort appréciée à New Haven. Les étudiants saluent son courage et sa détermination face au gouvernement. L'été 1968 voit aussi la montée de la cause noire hors des États-Unis. Tommie Smith dira plus tard que le courage d'Ali l'a marqué[4]. Pour de nombreux sportifs, il est un modèle à suivre. Pour les étudiants, il dépasse le cadre purement sportif et devient une véritable icône. Sans peut-être qu'il le veuille vraiment, ses conférences lui permettent de devenir une célébrité plus appréciée et désormais consensuelle auprès des différentes communautés. Ali transcende le sectarisme communautaire. Sa force réside dans le fait que, hormis son lien avec la Nation of Islam, il n'appartient à aucune organisation politique. C'est en quelque sorte un libre penseur, et cette qualité plaît aux auditeurs qui viennent l'écouter.

Tout au long de ses centaines de conférence à travers les États-Unis, Ali garde sa verve de sportif, de danseur du ring. Désormais, il danse uniquement avec les mots, sans intention de ridiculiser un adversaire, ni de blesser quelqu'un. Les conférences lui fournissent un autre sens du combat, et d'autres joies de victoire. À un étudiant qui l'interpelle sur les principales motivations de sa conversion à la religion musulmane, il sort des sentiers battus en livrant une ballade poétique aux trois religions monothéistes et invite son interlocuteur à choisir en tenant compte de ses aspirations individuelles et non des influences extérieures. Auprès des étudiants noirs, il porte les arguments d'une bataille intellectuelle qu'il mène farouchement : faire entrer les *black studies* dans le champ universitaire. Pour ces étudiants, l'histoire d'Ali se confond avec celle de l'esclavage, de la migration massive des sudistes vers le nord, de l'histoire des ménestrels, des droits civiques, de la conquête sociale par le sport, des Black Muslims, des leaders noirs… Assister à une conférence devient une occasion unique d'entendre et de questionner un acteur qui est en soi un morceau de l'histoire des États-Unis. C'est le constat de J. G., étudiant à U.C.L.A. :

> Nous étions impressionnés de l'entendre, de le voir. On voulait faire partie de l'histoire des États-Unis en le questionnant sur les sujets les plus brûlants de ces années 1960. Le grand Ali était là face à nous, il suffisait de tendre l'oreille et d'écouter ce qu'il pensait de nos revendications, de notre avenir et quelquefois de ce que nous aimions ou détestions[5].

En dehors des étudiants, ceux qui ont pu assister aux conférences de Mohamed Ali sont unanimes : il est excellent dans ce nouveau rôle. Robert Lipsyte, l'un des rares journalistes qui ont suivi ses conférences, se rappelle :

> Les discours étaient importants, pas seulement pour Ali mais aussi pour tous ceux qui les écoutaient. Il obligeait les gens à réfléchir et leur délivrait des informations auxquelles ils n'auraient jamais eu accès. Partout où il allait, il exaltait les foules. Il lisait ses poèmes et parlait de Nation of Islam. Les jeunes étaient en désaccord avec certains de ses propos. Je me souviens, nous étions dans une université de San Francisco, et il a commencé à se plaindre des odeurs de marijuana. Sur un autre campus où il y avait des couples interraciaux, il a critiqué le mélange des races. Et bien entendu, c'était le style d'Ali[6].

Le 4 avril 1969, un fait rend la parole d'Ali encore plus libre. Dans une interview accordée à une chaîne télévisée quelques mois plus tôt, il parle d'un retour possible sur le ring en ajoutant sur un ton humoristique que « gagner un paquet d'argent » ne serait pas une raison négligeable. Cette déclaration en forme de boutade résonne dans l'oreille d'Elijah Muhammad comme un rejet des valeurs de la religion musulmane. Ali est exclu ! La voix des Black Muslims, *Muhammad Speaks*, publie ce communiqué signé d'Elijah Muhammad :

> Nous tenons à dire au monde que nous sommes en désaccord avec Mohamed Ali. La fraternité des disciples de l'Islam, sous l'égide d'Elijah Muhammad, a décidé de suspendre Mohamed Ali. Il n'a plus le droit de parler ou de rendre visite à aucun Muslim, ni de participer à aucune activité religieuse des Muslims. M. Mohamed Ali a manifestement fait l'idiot. Quiconque, homme ou femme, vient à Allah pour ensuite s'en remettre à l'ennemi d'Allah dans l'espoir d'assurer sa survie, sous-estime le pouvoir qu'a Allah de lui venir en aide. M. Mohamed Ali a le sport dans le sang. M. Mohamed Ali fait le contraire de ce que nous enseigne le Coran. M. Mohamed veut une place dans le monde du sport. Il l'adore. M. Mohamed Ali ne portera plus le nom sacré de Mohamed Ali. Nous l'appellerons Cassius Clay. Nous lui retirons le nom d'Allah jusqu'à ce qu'il mérite à nouveau de le porter. Cette déclaration a pour objectif de dire au monde que nous, les Muslims, ne validons pas le désir qu'exprime M. Mohamed Ali de faire partie du monde du sport pour de l'argent.
>
> Allah est tout-puissant sur terre comme au ciel. Allah suffit[7].

Voici Ali dégagé d'une pression énorme sur ses activités, ses déclarations, son mode de pensée. Les « fans » d'Ali sont ravis. Ils considèrent que cette excommunication est la preuve d'une parole de plus en plus libérée. Pour certains, la virulence des propos de « l'Honorable Elijah Muhammad » montre enfin qu'il déteste le sport et qu'il a vu dans la célébrité du boxeur un moyen de populariser l'organisation religieuse. Écarté du monde sportif, il se voit aussi rejeté par ses « frères musulmans ». Le coup est dur. Cependant, Ali continue d'intervenir dans les universités avec enthousiasme, tout en ne perdant pas de vue le retour possible sur un ring... Ses avocats continuent de harceler la justice afin qu'elle revienne sur sa décision et qu'il puisse enfin reprendre les gants. Ali reçoit plusieurs refus de différentes cours de justice mais il persévère car il sent que l'Amérique de cette fin des années 1960 est en train de changer. L'opposition à la guerre du Vietnam est de plus en plus vive. Quant au cas Mohamed Ali, certains commencent à penser que l'Amérique s'est trompée…

Le mouvement civique sort des États-Unis et fait tâche d'huile à l'étranger, notamment en France. Au cœur des tourments de l'été 1968, la revue *Les Temps modernes* dirigée par Jean-Paul Sartre consacre plusieurs articles au pouvoir noir propulsé dans le slogan Black Power[8].

À la fin des années 1960, l'Amérique fait sa mue et Mohamed Ali contribue incontestablement à cette mutation. Le banni du ring et des Muslims séduit à nouveau.

Le retour du roi

En avril 1968, George Lois, directeur artistique de la revue *Esquire*, réalise une couverture du magazine avec Ali, en s'inspirant du célèbre tableau de la Renaissance d'Andrea Mantegna, *Le Martyre de saint Sébastien*. Une année plus tard, sur les planches de Broadway, Ali tient le rôle principal dans *Big Time Buck White*, une comédie musicale qui a pour thème le Black Power. Le ring semble bien loin... Ali mène une vie de famille rangée. Et pourtant, l'évocation de son retour prend forme dans ses déclarations à double sens. Ali donne l'impression qu'il a définitivement raccroché les gants et dans le même temps que la porte d'un retour éventuel n'est pas totalement fermée. Quel paradoxe ! C'est ce que laisse entendre un article paru en mai 1970 dans *Esquire* :

On continue de me demander pourquoi ça ne me fait pas de peine, pourquoi je ne souffre pas d'être l'ancien champion du monde des lourds, à la retraite, fini, hors jeu. Je sais que je ne remonterai pas sur le ring. Ils peuvent venir me voir demain et me dire : « On veut que tu affrontes Joe Frazier au Madison Square Garden pour des millions de dollars, nets d'impôt. Voilà ta licence. Tout est prêt. » Je leur répondrai simplement : « Désolé, mais la boxe c'est fini pour moi[1]. »

Plus loin, il distille quelques phrases qui en disent long sur une envie profonde de se mesurer au nouveau champion de la catégorie des lourds. Comme pour la promotion de ses précédents combats, il se lance dans un de ses exercices favoris, prédire l'issue de la rencontre en livrant la scène du combat :

C'est un petit poème que j'ai écrit sur Smokin' Joe Frazier. Ah... Je serais sorti du bois, en dansant — pop, pop — je prends mon temps — pip — je m'arrête, je regarde mon adversaire — whomp — je lui parle, « Tu t'appelles comment ? » — paf — j'expédie un *jab* — whap — je m'éloigne de lui, je reprends mon souffle — pop, pop, pop — très vite — je le laisse approcher, je l'accroche, vas-y, défoule-toi — thunk. Sept ou huit reprises plus tard, il est mort. Pop, pop, pop, whaaap. C'est fini. Frazier ne m'a jamais rencontré sur le ring. Et si un jour, il me croise, on verra que c'est un champion de pacotille. Je suis le champion du monde des poids lourds. À la retraite. Pour rien au monde je ne remonterai sur le ring parce qu'ils m'en ont chassé. Si je revenais, je renierais ma parole, tout ce que j'ai dit depuis trois ans. Il faut que je reste à l'écart. Vous ne pouvez qu'imaginer mon combat contre Frazier. Car je ne boxe plus[2].

Le discours d'un non-retour définitif est un leurre. En coulisse, il laisse à son entourage le libre soin de préparer son « come-back ». Mais la tâche s'avère difficile. Aucun État ne souhaite se mettre le public — constitué d'électeurs... — à dos, ni l'axe gouvernemental Washington-New York ni la puissante commission de boxe de New York. Chaque État trouve un argument pour refuser d'organiser un match avec Ali. Le gouverneur de Californie,

Ronald Reagan, avertit que le déserteur Ali ne boxera jamais dans son État, pendant son mandat. Mais tandis que l'opinion publique est en train de modifier son avis sur la guerre du Vietnam, une succession d'événements poussent à la réhabilitation d'Ali. Plusieurs manifestations contre la guerre du Vietnam ont lieu ici et là, et un sondage révèle qu'une large partie de la population est favorable à un retrait total des troupes américaines. Le magazine *Esquire* organise une pétition de soutien à Ali. Son titre : *Nous pensons que Muhammad Ali, champion du monde des poids lourds, devrait être autorisé à défendre son titre*[3]. Plusieurs personnalités d'horizons très différents la signent. Parmi elles : Norman Mailer, George Plimpton, Elizabeth Taylor, Richard Burton, Sammy Davis Jr., Truman Capote, Jim Morrison, Henry Fonda, Harry Belafonte, Isaac Asimov, Marshall McLuhan. Trois noms pour le moins inattendus sont aussi présents : ceux des sportifs noirs Joe Louis et Jackie Robinson qui avaient durement critiqué le refus d'incorporation d'Ali, ainsi que le réalisateur Elia Kazan qui avait participé à la politique de « chasse aux sorcières » menée par le sénateur McCarthy durant les années 1950.

Pendant plusieurs mois, les approches pour qu'un État accepte d'accueillir une rencontre avec Ali échouent jusqu'au moment où le sénateur noir de Géorgie (Leroy R. Johnson) et le maire juif de la principale ville de cet État, Atlanta, se manifestent. Une chance pour le camp d'Ali. Cet État n'est pas soumis à la juridiction de la commission de la boxe puisqu'il n'a pas de commission des sports. Mais la ville est partagée. Par ailleurs, le combat s'inscrit dans le cadre de la campagne électorale qui va opposer le gouverneur Lester Maddox, un ségrégationniste notoire, et Sam Massell, le maire en exercice, adversaire de la ségrégation. Chacun choisit son camp. Sam Massell souligne les bienfaits de l'organisation d'une telle manifestation dans le processus d'unité entre les communautés et précise qu'un pourcentage de la recette servira aux familles les plus démunies et à la lutte contre la drogue. De son côté, Lester Maddox, le gouverneur, invite « les anciens combattants, les patriotes et tous les "bons Américains" à manifester leur désapprobation le soir du "combat de la honte" et décrète le lundi [jour du match] journée de deuil dans tout l'État qui permet [malgré lui] à un insoumis d'empocher une petite fortune[4] ».

Le 26 octobre 1970, Mohamed Ali fait son retour sur le ring. Ses intentions ne font aucun doute. Il veut reconquérir sa ceinture et Joe Frazier est dans son viseur. Deux combats sont organisés avant le duel fratricide contre Frazier. Pour le premier combat, il est opposé à Jerry Quarry. « L'Irlandais », comme on le surnomme, est un des nombreux boxeurs à avoir été considéré par les journalistes comme « l'espoir blanc » face aux champions du monde noirs. Dès ses premiers combats, l'originaire de Bakersfield est comparé à Rocky Marciano, le dernier champion du monde américain blanc depuis 1956. Cette étiquette est trop lourde à porter pour Quarry qui ne confirme pas les espoirs mis sur son nom. À ses yeux, le match contre Ali constitue une chance pour briller et surtout la possibilité d'échapper à une vie précaire. En cas de défaite, le combat lui rapportera 300 000 dollars. Ali, lui, gagnera bien plus qu'un match. Son retour en vainqueur serait un triomphe et le public renouerait avec son idole.

Sur le plan national, près de deux cents cinémas, tous complets, retransmettent en circuit fermé le combat. À Atlanta, la rencontre est un événement historique. La ville devient le théâtre d'une profonde mutation sociale, économique et politique. Ali est au centre du changement. Ce jour-là, le gotha de l'Amérique noire investit le Municipal Auditorium. La ville d'Atlanta, qui peut s'enorgueillir d'être le lieu de naissance de Martin Luther King, de la création du Comité de coordination des étudiants non violents, et de Leroy R. Johnson, le premier sénateur noir élu au Sénat depuis 1874, est en une soirée au cœur de la démonstration du pouvoir noir.

Dans une salle qui présente des réminiscences des vieilles bâtisses du temps de l'esclavage, affluent des milliers de personnes dont le point commun est la couleur de leur peau. Au-delà du combat de boxe, surgit un autre combat, celui de l'émergence d'une nouvelle élite noire constituée de musiciens (Wilson du groupe The Supremes), d'acteurs (Bill Cosby, Sidney Poitier, premier Noir à recevoir l'Oscar du meilleur acteur), d'écrivains (Ralph Ellison), d'activistes du mouvement des droits civiques (Julian Bond, Jesse Jackson, Ralph Abernathy, Andrew Yong, Coretta Scott King, la veuve de Martin Luther King). Comme le note le journaliste Bert Sugar, « c'est le plus grand rassemblement du pouvoir noir et d'argent noir jamais réuni[5] ». Cinq mille cent personnes entendent le speaker annoncer « le retour du champion Mohamed Ali », voient enfin le « Roi » et espèrent qu'il va gagner son combat.

Dès l'entame du match, les trois ans et demi sans combattre ne semblent affecter ni sa rapidité, ni ses mouvements, ni la fluidité de ses *jabs*. On retrouve le boxeur, différent par sa nouvelle coupe de cheveux afro, différent par son poids, différent par son âge mais aux pas de danse toujours identiques. Quarry, âgé de vingt-cinq ans alors qu'Ali en a vingt-huit, semble plus fatigué et est moins mobile. Le public, ravi du retour d'Ali, accompagne chacun de ses coups par des cris de joie. Au deuxième round, Quarry est malmené. L'œil gauche est entaillé. Le sang gicle à chaque coup d'Ali. Finalement, le combat se termine par un K.-O. technique au troisième round. Quarry, furieux, proteste puis se ravise et accepte calmement le verdict. À la conférence de presse d'après-match, Mme Coretta King et le révérend Ralph Abernathy remettent à Ali le prix Martin Luther King pour « ses contributions à la cause de la dignité humaine ». Devant une foule émue, la veuve de Martin Luther King le qualifie de « champion de la justice, de la paix et de l'unité ». Abernathy, le compagnon des marches pour les droits civiques, ajoute que « les deux poings d'Ali incarnaient à eux seuls la marche sur Washington[6] ».

Moins de deux mois après son retour convaincant, Ali retrouve le ring. Comme à Atlanta, le monde noir est au rendez-vous :

L'armée d'Ali, qui a fait sa première apparition à Atlanta [...], lors de son combat contre Jerry Quarry, s'est lancée dans un véritable défilé de mode en exhibant longs manteaux de fourrure, vestes marron et chapeaux Borsalino à larges bords. Un homme, vêtu d'un pardessus d'hermine blanche, a garé sa Rolls-Royce de la même couleur devant l'hôtel Statler Hilton et a tendu un billet de cinquante dollars au portier. « Tiens, mon garçon, surveille ma voiture... Je reviens dans trois reprises, à peu près[7]. »

Pour la première fois, Ali porte un short rouge. Ses chaussures blanches sont fournies par son nouvel équipementier, la firme allemande Adidas. Cette fois, il est opposé à l'Argentin Oscar « Ringo » Bonavena au Madison Square Garden, l'antre mythique de la boxe. Le combat est plus difficile que prévu pour Ali. Bien que dominé, Bonavena résiste aux coups. Sa boxe rudimentaire (tête baissée, dos courbé, recherche systématique du corps à corps, peu de mobilité latérale) gêne considérablement Ali. Bonavena l'atteint quelquefois, mais il commet des irrégularités qui irritent son adversaire, lequel en fait part à l'arbitre. À certaines reprises, Ali semble accablé, sa boxe est nettement moins rapide. Au sixième round, une terrible gauche de Bonavena ébranle Ali qui réagit immédiatement. Le public du Madison scande : « Ringo ! Ringo ! » Le camp d'Ali est inquiet. Angelo demande à Ali de ne pas être statique et d'éviter les corps à corps. Le conseil est compris. Au neuvième round, celui de la prédiction de fin de match pour Ali, le boxeur de Louisville retrouve ses coups plus précis et touche son adversaire au visage. On entend Bundini crier : « Sugar

Ray ! Sugar Ray ! », une allusion au style aérien de l'ancienne légende. Au quinzième round, Ali surprend son adversaire par un violent et soudain coup du gauche. Bonavena touche une, deux, trois fois le sol. L'arbitre arrête le combat. Ali est déclaré vainqueur par K.-O.

La défaite victorieuse

Dans l'histoire de la boxe du XXe siècle, aucun duel n'a autant marqué les esprits que la trilogie de combats entre Mohamed Ali et Joe Frazier. L'Amérique, l'Europe, l'Afrique et certainement le reste du monde ont été pris d'assaut par les images et la dramaturgie de ces rencontres. Les journalistes sportifs de tous les pays ont rêvé d'être au cœur de ces événements pugilistiques majeurs. Boxeurs professionnels ou amateurs ont vu et revu les séquences de confrontation de deux styles radicalement opposés. Les deux boxeurs contribueront plus tard à élever ces combats à la hauteur du mythe.

Du côté d'Ali, nombreux sont les ouvrages qui tentent de restituer une espèce d'âge d'or des « vrais combats ». Du côté de Frazier, même si la littérature est moins volumineuse, les souvenirs de leurs duels occupent une place importante. Ali-Frazier, c'est le sommet de la boxe, des années 1970 jusqu'au début des années 1980. La trilogie concentre tous les ingrédients de la médiatisation à outrance : diffusion mondiale de l'événement, énorme couverture médiatique, inflation des gains des boxeurs et des organisateurs, début de la délocalisation mondiale des lieux de combat, fin progressive de la « racialisation » des rencontres. L'opposition Ali-Frazier dépasse le cadre strict de la boxe pour pénétrer dans la conscience collective américaine.

La première confrontation a lieu le 8 mars 1971, au Madison Square Garden de New York. Comme dans les rencontres précédentes, le spectacle est autant sur le ring qu'à l'extérieur. Si, pour le combat à Atlanta, il y avait un bel échantillon du pouvoir noir, à New York, cette fois c'est tout ce que l'Amérique a de plus riche, de plus célèbre, de plus influent, de plus brillant artistiquement parlant qui est réuni pour un match de boxe. La salle est un tableau de ceux qui veulent être vus pour ce qu'ils ont et ce qu'ils sont. On note parmi les présents : John Lindsay, le maire républicain de New York et ancien fervent défenseur des droits civiques ; Frank Sinatra, l'acteur et chanteur envoyé comme photographe spécial par le magazine *Life* ; le couple d'acteurs new-yorkais Woody Allen et Diane Keaton ; Hugh Hefner, fondateur du magazine de charme *Playboy*, très actif dans le mouvement des droits civiques avec notamment des entretiens de leaders politiques tels que Martin Luther King ; Diana Ross, la chanteuse vedette de la Motown, la puissante maison de disque fondée et gérée par le Noir Berry Gordy, Burt Bacharach, le pianiste-compositeur oscarisé à multiples reprises ; Bernadette Devlin, l'une des figures politiques de l'époque, fondatrice du parti socialiste républicain irlandais ; Ted Kennedy, le frère de J.F.K., le sénateur démocrate du Massachusetts ; Alan Shepard, le premier astronaute américain et la cinquième personne à avoir posé le pied sur la Lune en 1971 ; Miles Davis, le trompettiste et auteur d'un album dédié au boxeur controversé Jack Johnson. À côté de ces célébrités, d'autres personnalités se distinguent par un style vestimentaire où dominent la fourrure, comme le vison, ou le velours. Les artères menant au Madison Square Garden sont bloquées par la marée humaine qui s'approche du lieu de la rencontre. Les taxis sont affolés. Le quartier est en ébullition. Les passants sont sans cesse interceptés pour la revente d'un billet ou l'échange d'une place. Cela faisait longtemps que le Madison n'avait pas connu une atmosphère aussi bouillonnante pour un combat de boxe. En termes de popularité, le *noble art* est revenu à son niveau des années 1930-1950.

Dans l'histoire de la boxe mondiale, aucune rencontre n'a suscité un tel engouement. La presse utilise tous les superlatifs dont elle dispose. Ce match, écrit-on en France, en Angleterre, en Côte d'Ivoire, au Ghana, est « le match du siècle ». Le prix des places du « cercle d'or » ne refroidit pas les ardeurs. De 150 dollars, il explose à 750 dollars au marché noir[1]. La couverture médiatique est exceptionnelle. Des chaînes de télévision en circuit fermé retransmettent le combat dans trois cent cinquante villes des États-Unis et trente-trois du Royaume-Uni. Grâce au satellite, plus de trente-cinq pays peuvent voir la rencontre en direct. Sept cent soixante accréditations de presse sont délivrées et cinq cents ont été refusées. Le combat est un événement planétaire.

Comme lors des combats historiques, Ali assure une incroyable promotion. C'est le premier à se lancer dans les joutes verbales. Recourant à son schéma manichéen, il retrouve son discours, désormais très au point, du vrai Noir et du faux Noir, du beau et du laid, du vrai champion et du faux champion, du boxeur sans « classe », du champion universel contre le pseudo-champion :

> Quinze arbitres. Je veux quinze arbitres pour ce combat car il n'existe aucun homme à part moi capable de suivre le rythme que je vais imposer. Aucun homme aujourd'hui ne peut me battre. Je suis trop rapide. Trop malin. Trop beau[2].

Frazier n'est pas en reste, répondant du tac au tac à chaque attaque avec une verve particulière. Frazier choisit le chemin du *rough* (« le dur ») pour répondre aux provocations de Mohamed Ali :

> Il peut garder sa belle gueule, je n'en veux pas. Moi, je vais juste essayer de lui arracher les tripes. Je vais le travailler au corps. Pas de discours, là, je serai dans l'action. Regardez-le bien. Il protégera sa jolie tête et je la lui laisserai jusqu'au troisième ou quatrième round. Et c'est là que vous verrez la différence : son corps n'en pourra plus. Là, il tentera de protéger son corps meurtri et sa tête s'inclinera. C'est là que je viserai la tête : elle ne sera plus aussi jolie et ce sera le cadet de ses soucis[3].

Le match médiatique est engagé. Hormis Liston, peu de boxeurs ont une réputation de cogneur aussi établie que celle de Frazier. Son parcours en dit d'ailleurs long sur son envie de « massacrer » Ali. Né en 1944 à Beaufort, en Caroline du Sud, au sein d'une famille de treize enfants, Frazier abandonne l'école très tôt, et décide de se lancer dans la boxe, qui constitue à ses yeux un moyen d'échapper à la pauvreté et de regagner un peu de fierté. En 1964, représentant les États-Unis aux J. O. de Tokyo dans la catégorie des lourds, il est, à l'issue de la compétition, le seul boxeur américain à remporter une médaille d'or. Ses premiers combats chez les professionnels sont impressionnants. Joe Frazier est invaincu pendant six ans. Sa réputation de puncheur est confirmée par ses statistiques : 26 combats dont 23 K.-O. Quand Ali est banni du monde de la boxe, *Smokin'* Joe (surnom donné par un entraîneur qui lui demandait d'être « fumant » !) devient officieusement et sans affronter le tenant du titre le champion du monde de la catégorie. Cela n'échappera pas à Ali, qui n'aura de cesse de discréditer son adversaire. À l'approche de la rencontre, la tension est palpable dans les deux camps.

Pour Ali, une défaite serait perçue comme une victoire : celle du retour du banni qui a eu le courage d'affronter ce terrible Joe Frazier. Une victoire en revanche signerait définitivement le retour de « la grande gueule de Louisville ». Pour Frazier, l'optimisme est de rigueur. Le style d'Ali est soigneusement disséqué par ses entraîneurs Yank et Eddie Futch qui pointent ce qui constitue à leurs yeux une faiblesse majeure : l'attaque au corps dans les cordes.

Le corps arbitral est également sous tension. Qui aura la responsabilité d'arbitrer une rencontre qui sans nul doute sera scrutée dans les moindres détails dans le monde entier ? C'est l'expérimenté Arthur

Mercante, ancien marin engagé dans la Navy, qui est choisi. Il rappelle les faits :

> Personne ne savait qui arbitrerait le match ce jour-là. Le matin, la presse locale avait publié les photos de sept différents arbitres possibles et j'étais l'un d'eux. On aurait tous tué pour avoir le job. À 16 heures, je reçois un coup de fil de Frank Morris, de la Commission des sports de l'État de New York, me demandant d'aller au Garden. Il ne me dit pas que j'ai la place, juste que je suis assigné au Garden. C'est là que l'intensité sur et hors du ring était extraordinaire. [...] En arbitrant Mohamed Ali, on ne pouvait ignorer qui il était[4].

La soirée s'annonce historique. L'affiche en est le premier morceau. Pour la première fois de sa carrière, le nom de Cassius Clay n'apparaît pas : c'est Mohamed Ali qui combat. Les pronostics sont partagés, tout simplement parce que les « anti-Mohamed » ne semblent pas voir forcément d'un mauvais œil une défaite du puissant Frazier.

Le premier round est acharné. Frazier envoie un violent crochet du gauche qui touche Ali en plein visage. Celui-ci se tourne vers le public, secoue la tête avec l'air de dire que son adversaire ne l'a pas touché. Les reprises se suivent et se ressemblent par leur intensité. À chaque coup des deux combattants, on entend les clameurs du public. Au fil des rounds, Ali semble prendre un léger ascendant. Ses coups sont plus précis et le visage de Frazier commence à être marqué. Le commentateur Don Dunphy lance aux millions de téléspectateurs : « Combien de coups Frazier pourra-t-il encaisser ? » Les coups n'empêchent pas les boxeurs de se parler, de s'insulter, à tel point que l'arbitre avertit les deux belligérants et les prévient en lançant plusieurs fois : « *Gentlemen ! stop talking* ! » Au cinquième round, Ali commence à danser. Frazier l'exhorte à revenir se battre plutôt que de sautiller comme une danseuse. Sur une série d'enchaînements, Frazier esquive à merveille les coups de son adversaire. Au milieu du combat (en sept rounds), le public scande : « Ali ! Ali ! » Frazier n'est pas pour autant déstabilisé. Au contraire, il redouble d'efforts pour frapper Ali au corps. Au huitième round, il prend Ali par les deux mains et le tire vers lui pour l'empêcher de se réfugier dans les cordes ! Afin de ridiculiser Frazier, Ali lui assène des petites tapes sur la tête. Cependant, les reprises deviennent de plus en plus violentes. Des deux côtés, la fatigue se fait sentir. À la suite d'une série de coups portés par Frazier, on entend le public scander : « Joe ! Joe ! » À la onzième reprise, Frazier assène un direct du gauche à Ali qui est touché. Le coup violent lui fait plier le genou. Le public retient son souffle. L'acteur Burt Lancaster et l'ancien champion des lourds Archie Moore sont unanimes pour dire que le combat tient ses promesses. Arrive le round final. Sur un puissant crochet du gauche en pleine mâchoire, Frazier envoie Ali à terre. Le pied droit relevé dans sa botte blanche Adidas à pompons rouges, il atteint presque le troisième niveau des cordes du ring. Grand cri dans la salle. Ali se relève aussitôt. Il est secoué. Frazier attaque mais ne réussit pas à le mettre définitivement K.-O. Les minutes passent, les deux boxeurs continuent à se rendre coup pour coup jusqu'à la fin. Le match se termine dans un chaos total, le service de sécurité composé de policiers doit bloquer les personnes qui veulent approcher au plus près les deux champions épuisés, à bout de souffle. Soudain, Frazier lève le bras. Il conserve, ou plutôt a gagné officiellement, le titre de n° 1 mondial dans la catégorie des poids lourds... Ali vient de connaître sa première défaite en trente-deux combats.

Les médias sont dithyrambiques. Burt Lancaster, dans les discussions d'après-match en direct de la télévision, affirme que sans être un expert en la matière, il peut dire que ce combat fut le meilleur auquel il ait jamais assisté. La presse écrite nourrit l'histoire du match de légende par son intensité physique, son suspense haletant et le courage des deux combattants. La brutalité du combat (les deux boxeurs ont été hospitalisés après la rencontre) est soulignée partout. Mark Kram du *Sports Illustrated* parle de l'un des combats de poids lourds les plus destructeurs depuis des décennies, tandis que d'autres se penchent sur le rythme fou de la rencontre. Arthur Daley du *New York Times* écrit dans les dernières lignes de son éditorial :

> Le combat était palpitant, bourré de suspense. Du début à la fin, il a vibré de cette forme particulière d'excitation inhérente aux championnats du monde des poids lourds. Il a fallu attendre le dernier tiers de la rencontre — si tant est qu'une telle partition soit pertinente — pour que les crochets ravageurs de Frazier lui permettent de prendre réellement l'avantage. Le rythme, tellement soutenu, stupéfiait les spectateurs qui se demandaient, vers la fin du match, où les boxeurs allaient puiser l'énergie nécessaire pour maintenir cette tension électrique. Grâce au knock-down de la dernière reprise, l'intérêt sera maintenu jusqu'à la fin. Frazier descendit du ring, propriétaire indiscutable de la ceinture de champion du

monde, une revendication sur laquelle planait jusque-là l'ombre de son prédécesseur défroqué, Muhammad Ali[5].

Sports Illustrated titre quant à lui, au lendemain de la rencontre, « La fin de la légende Ali[6] ». Joe Frazier est félicité pour avoir battu « l'imbattable ».

Dans une partie non négligeable de l'opinion publique, la défaite d'Ali est cependant perçue différemment. L'intelligentsia y voit une leçon de courage. Pour certains, il a, certes, perdu le match, mais gagné aussi le cœur de millions de gens. À l'étranger, la place du vaincu est autant honorée que celle du vainqueur. La presse anglaise met en exergue une défaite avec une grande dignité. Hugh McIlvanney, le spécialiste de la boxe du *Guardian*, souligne dans son article d'après-match qu'Ali « a gagné du respect et de l'affection » et précise plus loin qu'il a fait preuve d'un « magnifique courage[7] ». En France, *L'Équipe* accorde une place importante au vainqueur mais acclame également la bravoure du vaincu. L'esprit « Poulidor », celui du populaire second, n'est pas très loin dans les propos des commentaires des experts de la boxe. Au lendemain de sa défaite, Ali dit avec une façon bien à lui qu'il est toujours *The Greatest* :

> Les Blancs disent que j'ai perdu. Enfin, certains Blancs. Mais tous les Noirs savent que j'ai gagné. Je suis musulman. Je suis objecteur de conscience. Je n'ai pas pu perdre[8].

Le vrai ou le faux Noir ?

Les trois combats que se sont livrés Mohamed Ali et Joe Frazier ont mis en évidence une interrogation qui émerge dans les années 1970 au sein de la communauté afro-américaine : qui de ces deux champions est le plus représentatif de l'Amérique noire ? Chacun des boxeurs va tenter de livrer les meilleures garanties pour obtenir un soutien inconditionnel de la communauté noire. Mohamed Ali est le premier à lancer le pari que les Afro-Américains devront faire un choix à chacune de ses prestations contre Frazier. Dès leur première rencontre, les moqueries d'Ali touchent de plein fouet l'origine sociale de son adversaire. Durant toute sa campagne médiatique d'avant-match, Ali s'est borné à traiter Frazier d'« oncle Tom », de campagnard et surtout d'être « intellectuellement limité ».

Ce dernier reproche n'est pas anodin, il révèle consciemment ou non une confrontation entre deux Amériques noires : l'une qui s'est constituée en un groupe relativement discernable par une volonté de visibilité où le paraître est primordial, et l'autre au contraire, qui est restée attachée à des valeurs où l'invisibilité prédomine et est perçue comme un acte résilient. Mohamed Ali et Joe Frazier cristallisent ces deux schémas d'une communauté en quête de pouvoir et de reconnaissance sociale. Dans leurs combats, Ali l'exubérant, le tape-à-l'œil, l'artiste du ring, veut réduire Joe Frazier à l'image d'une Amérique noire taciturne (car marquée par un complexe d'infériorité « raciale »), besogneuse, et socialement marginalisée par un déficit intellectuel.

C'est un fait essentiel que, dans les années 1970, les duels entre les deux meilleurs boxeurs divisent toutes les catégories de l'Amérique noire. Le match Ali-Frazier n'est pas qu'un simple combat de boxe. Pour une partie de la population américaine, l'affrontement est matière à se représenter et à se positionner socialement. Le combat est également l'expression de deux Amériques qui commencent à se distancier et à ne plus se reconnaître dans une expérience commune, celle de la condition noire. Tandis que Mohamed Ali se rapproche des idéaux des classes dominantes, Joe Frazier se fait le représentant des catégories dominées. Frazier saisit l'occasion des confrontations avec Mohamed Ali pour prouver qu'il incarne les valeurs de la majorité des Noirs. Avec une vie inchangée malgré l'argent de la boxe, il montre qu'il est le meilleur représentant de la communauté « en boxant comme un forcené pour gagner sa vie, plutôt que de faire des shows télévisés[1] » comme il le souligne dans une interview. En fait, Frazier exprime les vues d'une frange de la population noire délaissée par les actions de promotion d'une petite et grande bourgeoisie noire. Frazier a trouvé dans la boxe une raison d'être, en ne rejetant pas ses origines sociales.

Dans un film qui retrace sa rivalité avec Ali, Frazier livre quelques pièces qui permettent de comprendre le puzzle. On le voit diriger son club de boxe (là où il a débuté sa carrière), situé dans la zone des *bad lands* (les « bas-fonds »), près d'une vieille voie ferrée dans le nord de Philadelphie. Dans ce quartier d'une Amérique où tous les marqueurs sont ceux de la pauvreté (chômage élevé, fort taux de criminalité, habitat délabré), Frazier affirme qu'il est à la maison et qu'il est fier de cette appartenance. Cet endroit qu'on « appelle ghetto, c'est chez lui[2] ».

Mohamed Ali appartient à la population qui a bénéficié des victoires du mouvement des droits civiques. Elle s'est constituée et construite autour des valeurs bourgeoises et des aspirations d'une classe émergente avec pour credo l'éducation des enfants, la participation active aux mondes économique et politique, la visibilité médiatique dans les puissants relais d'opinion. La fin des années 1960 a vu l'éclosion d'une classe moyenne supérieure noire décomplexée, ayant pris ses distances avec les valeurs défendues par ses aînés, très au fait des codes culturels de la culture dominante, et très attentive aux nouveaux moyens d'information comme la télévision. Mohamed Ali, quoiqu'il s'en défende, appartient à cette nouvelle catégorie sociale, cette nouvelle élite noire. En dehors du ring, il expose les signes d'une vie qui est loin de celle que vivent les autres boxeurs noirs, excepté peut-être Floyd Patterson. L'arrêt provisoire de sa carrière a été le début d'un embourgeoisement qui peut être observé à travers ses lieux de résidence dans les banlieues chics de grandes villes (Chicago, Miami, Philadelphie). George Plimpton évoque cette vie de luxe lors d'une visite qu'il effectue dans la résidence d'Ali, en 1971 :

> Au volant du camping-car bleu qu'il avait acheté sur un coup de tête en Floride un mois auparavant, Ali se dirige vers sa nouvelle propriété de Cherry Hill dans le New Jersey [en banlieue de Philadelphie]. La maison en retrait de cinquante mètres par rapport à la route est construite dans un style ibérique avec une cour intérieure et un toit en tuiles. De nombreuses lanternes espagnoles montées sur des pieds en fer forgé parsèment le jardin. Elles s'allument automatiquement au crépuscule, en même temps que des grappes de projecteurs placés dans les arbres : une fois la nuit tombée, les murs ocre de la maison brillent comme à la fête foraine. [...] Voici la chambre principale [...]. Il allume le lustre. La chambre est entièrement tapissée de moquette rouge clair, presque rose bonbon. Le lit rond est recouvert d'un édredon rouge. Ali escorte alors ses « invités » vers la salle de bains, frappe à la porte et s'annonce pour s'assurer qu'il n'y a personne, avant de laisser les visiteurs se presser à l'intérieur afin d'admirer les murs vermillon, les lavabos en marbre noir, la baignoire encastrée, très « Rome antique », avec des robinets en or et des fleurs posées sur une étagère[3].

Le passage de Cassius Clay à Mohamed Ali, s'il s'accompagne d'une transformation identitaire, bouleverse également le destin du gamin de Louisville, dont la notoriété est désormais internationale. Au début des années 1970, Ali sait qu'il n'appartient plus à bien des égards au monde des boxeurs professionnels noirs qui sont majoritairement issus des couches populaires les plus pauvres, fils de parents ayant quitté le Sud profond pour rejoindre les mégalopoles du Nord-Est (Detroit,

Philadelphie) afin de trouver un emploi et échapper à une discrimination raciale même relative. Ali choisit une façon astucieuse de disqualifier Frazier en l'associant à l'image du Noir dépassé, démodé, passif. En fait, c'est celui qui n'a pas eu le courage de prendre le train de l'Histoire en menant des combats pour la fierté noire comme Ali l'a fait. C'est une astuce imparable venant d'une personnalité qui a effectivement marqué les esprits d'une grande partie de la population noire et blanche puisqu'elle a été au cœur de la révolution sociale des sixties. Partant de son statut d'acteur de la révolte noire, Ali traite Frazier de « faux Noir ». Lors de leur première confrontation, Ali avait précisé ses pensées :

> Frazier n'est pas un vrai champion. Personne ne veut lui parler. Ah si, peut-être Nixon si jamais il devient président. Je ne pense pas qu'il m'appellera. Mais 98% des Noirs sont pour moi. Ils s'identifient à mon combat. Le même qu'ils mènent chaque jour dans la rue. Si je gagne, ils gagnent. Si je perds, ils perdent. Chaque Noir qui croit que Frazier va me battre est un oncle Tom. Tous les Noirs veulent me voir gagner[4].

En plus de cette disqualification « communautaire », Mohamed Ali ajoute un autre « défaut » : sa laideur. Lors de leur troisième et dernière confrontation, Ali insiste sur l'aspect physique de Frazier. Face aux rires moqueurs des journalistes (majoritairement blancs) et à l'entourage d'Ali (majoritairement noir), il cherche à ridiculiser Joe Frazier en s'exhibant avec un gorille en peluche. Le choix du gorille, cet animal puissant qui vit dans les zones forestières africaines, a-t-il pour but de renvoyer Frazier à la bestialité de son jeu, que lui-même prétend combattre ? Ou s'agit-il d'un choix innocent destiné à ridiculiser son adversaire ? Mohamed Ali n'en reste pas là, il va trouver, dans le physique de Frazier, une autre façon de convoquer les esprits de l'époque, au moment où apparaît le slogan *Black is beautiful*. À plusieurs reprises, il parle de son « beau physique » pour l'opposer à la laideur de son adversaire. Forcément, ce critère parle à une communauté qui fait de l'éloge de la beauté noire un aspect déterminant du combat identitaire. Une nouvelle fois, Ali va surfer sur une vague riche de significations pour une communauté qui aspire à recevoir le soutien d'une grande partie de la population afro-américaine. Il utilise la mode de la fierté et de la beauté noires promue par les artistes, comme le chanteur James Brown, ou les jeunes des grandes villes, afin de se positionner comme l'un de ceux qui ont participé à son éclosion :

> Joe est trop moche pour être champion. Joe Frazier est trop bête pour être champion. Le champion du monde doit être beau et malin comme moi. Demandez à Frazier : « Comment tu te sens, champion ? » et il répondra : « Bof ! bof[5] ! »

Longtemps après sa carrière, Joe Frazier gardera une haine tenace pour Mohamed Ali qui non seulement l'a battu à deux reprises sur un ring mais reste surtout celui qui a terni son image, en le caricaturant et en le traitant de « faux Noir ». Joe Frazier ne le lui pardonnera jamais.

*Africa Oyé** : Kinshasa, capitale du monde noir !

En août 1963, pour la première fois de son histoire, l'Afrique accueille un championnat du monde. À Lagos, la capitale nigériane, Dick Tiger bat, devant ses compatriotes, Gene Fullmer par K.-O., pour le titre des moyens. En mai 1964, c'est Accra, la capitale du Ghana, qui reçoit le championnat du monde. Le Cubain Ultiminio « Sugar » Ramos remporte le combat contre le Ghanéen dans la catégorie des poids plumes. Et puis plus rien !

Le continent africain est resté en marge des manifestations sportives d'envergure internationale. Jusqu'au 30 octobre 1974, l'Afrique est absente dans l'organisation de compétitions sportives d'importance. Quand le président Mobutu accepte d'accueillir le 29e championnat du monde dans la catégorie suprême, celle des poids lourds, qui doit opposer George Foreman à Mohamed Ali, l'Afrique réapparaît sur la carte de la boxe mondiale. Détaché du joug du colonisateur belge, le Zaïre (Congo actuel) devient indépendant en 1960. Cinq ans plus

* L'expression signifie « Vive l'Afrique ! » en lingala (langue parlée au Congo).

tard, l'ex-chef de l'armée, Joseph Désiré Mobutu, accède au pouvoir et impose un régime despotique. Au début des années 1970, le président Mobutu lance une série de réformes qu'il place dans une idéologie politique dite mobutisme. Il s'en explique dans le magazine du continent *Jeune Afrique* :

> Le mobutisme est la traduction zaïroise de la philosophie de « l'authenticité » [...] Le Zaïrois s'est réconcilié avec lui-même, depuis qu'il est seul maître de son développement, depuis qu'il ne copie et n'imite personne[1].

Dirigeant d'un pays listé comme sous-développé, Mobutu a consenti à en faire une nation en voie de développement. Les indices de ce développement doivent se remarquer dans la construction de nouvelles routes goudronnées, l'augmentation d'hôtels de luxe, la modernisation des bâtiments publics, l'accès généralisé à l'eau potable et à l'électricité, voire la construction d'un grand stade. Plusieurs actions sont menées à la gloire du président, à la « zaïrisation » des modes culturelles venues d'Europe et à l'organisation d'événements à vocation internationale. Le port du costume européen avec cravate est rejeté au profit d'une tenue appelée *abacost* (abréviation de : « à bas le costume »). Le mobutisme s'étend à toutes les sphères de la société. Quatre années après son accession au pouvoir, Mobutu favorise la première foire internationale de Kinshasa destinée à la promotion des investissements et du commerce zaïrois. Il finance également la création d'une maison d'édition, Presses Universitaires du Zaïre, pour promouvoir les aspects historiques, culturels, économiques et politiques de son pays. 1974 est décrétée « année du Zaïre ».

Le sport constitue l'un des domaines instrumentalisés par le président. Quand l'idée d'une rencontre sur le sol africain est proposée par les promoteurs de l'événement, notamment le Noir Don King, Mobutu profite d'une occasion unique pour montrer au reste du monde, et en particulier aux Américains, un aspect positif de sa politique. Aux yeux de l'opinion publique américaine, notamment des Noirs, l'image de Mobutu est liée à des scènes dégradantes d'une Afrique sauvage, sanguinaire, non démocratique. Le président veut essayer d'effacer les perceptions souillées de son pays après les sanglants affrontements ethniques qui ont marqué la guerre civile entre 1961 et 1963, et surtout l'assassinat de Patrice Lumumba, l'un des leaders politiques africains les plus connus et les plus appréciés par la communauté noire des États-Unis. Dans la capitale zaïroise, plusieurs affiches en français traduites en anglais sont placardées à la gloire du président. Sur l'un des murs, on peut lire : *Merci Citoyen Président Mobutu, parce que grâce à ce combat de boxe, Kinshasa deviendra pour un moment la capitale du monde entier*[2].

Les médias africains sont très impliqués et participent activement à l'événement. *Jeune Afrique* livre à ses lecteurs toutes les péripéties de l'événement. *Fraternité Matin*, le quotidien de Côte d'Ivoire, couvre pendant plusieurs jours le duel Ali-Foreman. La presse a bien compris la teneur historique et le bénéfice que va tirer Mobutu de cette exposition médiatique à l'échelle planétaire. C'est ce qui transparaît dans les propos du journaliste de *Jeune Afrique* :

> Le match Foreman-Ali entre en effet dans le contexte de la politique de développement économique et international menée par le président Mobutu. Autrement dit, le match de Kinshasa n'est ni plus ni moins qu'une opération publicitaire, qu'une opération de prestige à l'échelle nationale. [...] De ce fait, tous les États-Unis vivent actuellement à l'heure de la cuisine, de la musique, et de l'art africains en général, et zaïrois en particulier[3].

Pendant près de deux mois, Kinshasa qui avait vu partir en larmes une partie de la colonie belge, durant les soubresauts de l'Indépendance, voit arriver une dizaine d'années plus tard une pléthore de Blancs venus du monde entier, en particulier des États-Unis. Kinshasa n'a jamais reçu autant d'attention depuis l'Indépendance. Une cohorte de journalistes des principaux quotidiens (*The New York Time*) et magazines américains (*Life*, *Sports Illustrated*) et européens (*The Guardian, The Times, L'Équipe, Corriere dello sport*) sont là pour vivre l'événement qui a été appelé par Don King : « la bagarre dans la jungle ». Les plus grands journalistes et experts de la boxe se sont donné rendez-vous dans la plus grosse agglomération d'Afrique centrale. Kinshasa est en ébullition à l'approche du match. Les services de l'ambassade des États-Unis sont submergés de demandes d'informations les plus incongrues : Y a-t-il des lions en ville ? Les Zaïrois sont-ils nus dans les rues ? Y a-t-il des hôtels ? Peut-on trouver des gens qui s'expriment en anglais ? Y a-t-il des Blancs qui y vivent ? Quel est le moyen de transport pour y parvenir ?... Toute la ville attend le flot de Blancs venus d'Amérique et d'ailleurs. Trente mille touristes américains sont espérés, et parmi eux de nombreux membres de la communauté afro-américaine. Plusieurs artistes africains et noirs américains sont contactés pour participer aux manifestations autour du match.

L'activité économique s'en trouve modifiée. Les interprètes et traducteurs croulent sous les sollicitations. Les chauffeurs de taxi se mettent à apprendre la conversion du dollar en monnaie locale. Sous l'ordre du président, les façades de bâtiments d'État sont ravalées et décorées. Les petits cireurs de chaussures se postent près des hôtels de luxe pour accueillir les visiteurs américains. Toujours autour des hôtels, des artistes (sculpteurs, peintres) cherchent les moyens les plus extravagants pour obtenir l'attention des journalistes-touristes. *Kin* (nom courant donné à la ville de Kinshasa) vit à l'heure américaine. Avec malice, Don King veut faire de l'événement une tribune du monde noir, celle d'une Afrique fantasmée par la communauté noire d'Amérique. Kinshasa est promue capitale mondiale des Noirs le temps d'un combat...

Aux États-Unis, King a trouvé des arguments pour convaincre Ali d'accepter d'aller boxer dans « la mère patrie », « la terre de leurs ancêtres ». L'argumentaire de King est purement intéressé, mais il sait que s'il veut toucher le cœur de Mohamed Ali, il doit le persuader que ce combat est la bataille de tous les Noirs du monde. Kinshasa constitue une des victoires de cette pensée et de ce pouvoir noirs.

À Kinshasa, si en privé Ali trouve le temps africain long et inconfortable, en public il se dit particulièrement heureux et fier de se retrouver au milieu des siens. La fibre communautaire conduit Ali à tenir des propos laudateurs :

> C'est une sensation extraordinaire de travailler dans un pays régi par des Noirs. J'aimerais que tous les Noirs d'Amérique voient ça. En Amérique, on nous fait croire que nous ne pouvons rien faire sans l'homme blanc et surtout, tout ce que nous connaissons de l'Afrique, c'est la jungle. Tout ce que nous voyons de l'Afrique, ce sont des autochtones qui accompagnent des Blancs en safari. Parfois, on verra un Blanc se faire capturer par un gorille et être sauvé par des Noirs. On ne nous montre jamais les voitures africaines, les bateaux africains et les avions africains. On ne parle jamais des chaînes de télévision africaines. Ici, tout est noir : les soldats, le président, les visages sur les billets. Cela paraît impossible et pourtant vingt-huit millions de personnes gèrent ce pays sans qu'aucun Blanc ne soit impliqué. Je croyais que les Africains étaient des sauvages mais depuis que je suis ici, j'ai compris que bon nombre d'entre eux sont plus sages que nous ne le sommes. Ils parlent anglais et deux ou trois autres langues. Impressionnant, non ? C'est nous, en Amérique, qui sommes des sauvages[4].

Le combat fait surgir les aspirations séparatistes d'Ali et surtout le rêve d'un État noir. Kinshasa devient aux yeux d'Ali la cité noire fantasmée. Pour King, le combat doit être le prolongement du Festival des Arts nègres lancé en 1966 par le poète président Senghor dans la capitale sénégalaise, Dakar. Bien au fait de l'histoire du mouvement panafricaniste, King aime faire référence aux leaders noirs (africains et américains) qui ont œuvré pour la reconnaissance d'une culture noire et pour la valorisation d'une identité africaine. King se donne comme ambition d'être celui qui va faire le pont entre l'Afrique et l'Amérique noire. Il veut s'inscrire dans la continuité des leaders afro-américains qui ont combattu pour l'existence d'une culture africaine : Marcus Garvey, W. E. B. Du Bois, Malcolm X, Eldridge Cleaver, John Coltrane, Miles Davis, Maya Angelou...

Le 10 décembre 1974, jour du départ d'Ali pour Kinshasa, Don King lui annonce qu'il prévoit d'organiser, dans le cadre du combat, un festival de musique noire. Pari tenu. Don King invite les meilleurs artistes de la musique noire du moment. Les États-Unis sont représentés par James Brown, qui signe en 1968 un morceau qui marque toute une génération : *Say it loud. I am Black and I'm proud.* La chanteuse de blues, Etta James, le célèbre guitariste de blues, B.B. King, les Pointer Sisters, le groupe de jazz-funk The Crusaders, le très populaire chanteur de rhythm and blues, Lloyd Price. L'Amérique latine est représentée par l'une des voix les plus appréciées en Afrique, celle de la chanteuse Celia Cruz dite « la diva de la salsa ». À ses côtés, on retrouve Johnny Pacheco, Ray Barretto, Willie Colón, et l'Orquesta Aragón. Tous revendiquent un lien étroit avec l'Afrique. Sont également là, Miriam Makeba et Hugh Masekela, tous deux exilés d'Afrique du Sud, tous deux protestant contre le régime d'apartheid.

Les soirées connaissent un succès phénoménal. « L'Afrique a retrouvé ses rythmes à travers les musiciens de sa diaspora[5] », clame la presse zaïroise à l'unisson. Aux yeux des autres capitales, *Kin* est prise comme modèle : n'a-t-elle pas permis d'accueillir la manifestation de promotion et de visibilité du tiers-monde la plus importante depuis des décennies ? Mohamed Ali se sent d'autant plus à l'aise avec cette pensée d'un match en « hommage à l'Afrique », qu'il connaît déjà le continent depuis le voyage triomphal qu'il avait effectué en Afrique après son premier sacre mondial contre Sonny Liston, en 1964.

La brute repentie

Quel est l'homme que doit rencontrer Ali ? Voici son histoire...

Le 22 janvier 1973, le monde de la boxe redécouvre l'ancien champion olympique des poids lourds 1968, George Foreman. À Kingston, en Jamaïque, Foreman remporte le titre mondial, en malmenant Joe Frazier, mis K.-O. au deuxième round après qu'il a touché le tapis à six reprises. Dans les jours qui suivent le match, l'écho du souvenir de Sonny Liston resurgit. Foreman est-il la nouvelle terreur des poids lourds ? A-t-on trouvé le boxeur aux coups les plus terribles de l'histoire des puncheurs ? Foreman est-il la nouvelle brute du ring ? Ali aurait-il le courage de l'affronter ?

Interrogations, attentes et fascination se mêlent quand il s'agit de parler de George Foreman. Au moment de l'ascension médiatique de George Foreman, Mohamed Ali a connu deux cuisantes défaites, l'une contre Joe Frazier, l'autre contre un boxeur de petite renommée, Ken Norton. C'est le scénario idéal pour provoquer le duel entre la nouvelle étoile montante et la légende vacillante.

George Foreman a suivi le parcours de la majorité des champions dans la catégorie des lourds. Excepté Gene Tunney, l'Amérique a produit des boxeurs lourds d'extraction populaire avec des parents occupant des métiers peu valorisés. Ils ont connu l'extrême pauvreté. Plusieurs ont un passé de détenu. Tous ont trouvé dans la boxe une échappatoire à un destin qui semblait se diriger tout droit vers les délits criminels. Tous ont eu un entraîneur qui a transformé leur vie. Tous ont rêvé de devenir champion du monde.

George Foreman est né en 1949, à Marshall, une petite bourgade du nord-est de l'État du Texas. Issu d'une famille pauvre et livré à lui-même dès l'adolescence, il cède aux sirènes de l'argent facile et tombe dans la délinquance. À quinze ans, il fait partie de ces jeunes qui vivent de la petite criminalité dans les rues de Houston. Au même moment, le projet politique d'une « Grande Société » mise en place dès 1964 par le parti démocrate transforme son destin. Comme il le dit lui-même, il est sauvé par le programme d'apprentissage d'un métier manuel (Job Corps) lancé sous la présidence de Lyndon B. Johnson, pour lutter contre la pauvreté. C'est dans un des centres d'apprentissage qu'il rencontre Doc Broaddus, enseignant mais aussi entraîneur. Foreman décide d'apprendre la boxe. Au vu de résultats plus que probants, il envisage sérieusement d'en faire son métier.

En 1968, il devient champion olympique des lourds. Au cours de cette olympiade, il se désolidarise de nombreux athlètes noirs américains qui veulent profiter de l'impact médiatique des jeux pour manifester contre le sort réservé aux Afro-Américains. Tandis que Tommie Smith et John Carlos lèvent leur poing ganté de noir sur le podium à l'écoute de l'hymne américain, Foreman brandit la bannière étoilée après sa victoire finale. Cette distance avec les « Blacks révoltés » se poursuit quand on le voit s'afficher avec Lyndon B. Johnson, et surtout le gouverneur de Californie, Ronald Reagan, qui a tenu des propos très durs à l'encontre d'Ali lorsque celui-ci a refusé d'aller au Vietnam. Au contraire de Mohamed Ali, George Foreman se fait plutôt discret sur la scène médiatique et dans le mouvement des droits civiques. Les politiciens ont fait de lui un « Noir respectable » pour ne pas dire « sans histoires ».

En 1972, trois années après son passage professionnel, Foreman impressionne par ses performances. En 37 combats, il ne connaît aucune défaite et a mis ses adversaires K.-O. à 35 reprises !

En 1973, à Kingston, il décroche le titre mondial et devient célèbre. Devant des millions de téléspectateurs de la chaîne privée H.B.O., qui pour la première fois retransmet un combat de boxe, Foreman réalise un match époustouflant contre le meilleur boxeur du moment : Joe Smokin' Frazier. La presse est impressionnée. Tous les commentateurs parlent du retour d'un puncheur de talent. Les adversaires d'Ali sonnent le gong pour parler de la fin de règne de son style. Les performances de Frazier et de Foreman donnent des raisons de croire à une transition de la boxe poids lourds. Les années « sans Ali » sont perçues comme celles de l'éclosion d'une nouvelle génération de boxeurs. Une certaine nostalgie des boxeurs puissants nourrit les papiers de journalistes de boxe. En l'absence d'Ali, Frazier est nommé à deux reprises boxeur de l'année par le magazine de référence *The Ring*.

En 1974, une année après sa victoire contre Frazier, Foreman conserve son titre mondial, à Caracas, au Venezuela. Comme dans le combat contre Frazier, son adversaire Ken Norton touche le tapis à plusieurs reprises avant que l'arbitre n'arrête le massacre. Cette fois, la presse trouve dans la démonstration de Foreman contre un « boxeur cérébral », tel que Norton, des motifs pour dire qu'Ali a peu de chance de battre Foreman. Les victoires faciles d'Ali contre des adversaires jugés « insignifiants » depuis son retour en 1971 conduisent une certaine presse à se poser des questions sur le niveau réel d'Ali. Beaucoup de journalistes doutent d'un retour flamboyant. Pour eux, les atouts de Foreman (âge, puissance, palmarès) sont plus nombreux que ceux d'Ali qui ne peut se prévaloir de son expérience après ses trois années et demie passées éloigné des rings. Un vent de frayeur souffle sur les fans d'Ali.

Après le match contre Norton, l'image terrifiante d'un Foreman invincible s'était propagée dans toute la presse. À l'aube de la rencontre contre Ali, cette impression s'amplifie. Ali joue de sa prose pour déstabiliser Foreman. Il commence par nier ses qualités de style et pointe les ressemblances entre Foreman et les boxeurs du début du XXe siècle. En somme, il en fait un boxeur du passé... Pour bien accentuer le trait, Ali dépeint Foreman comme une sorte de momie incapable de se déplacer :

George Foreman n'est qu'une grosse momie. D'ailleurs, je l'ai officiellement surnommé « la Momie ». Il se déplace avec lenteur, comme une momie, et aucune momie ne peut battre le grand Mohamed Ali. En fait, vous croyez tous à ces trucs qu'on voit dans les films : par exemple ce type qui détale dans la jungle aussi vite que s'il concourait pour le record des 100 mètres. Une momie le pourchasse : boum, boum, boum. « Au secours je n'arrive pas à me débarrasser de la momie ! au secours ! À l'aide ! La momie me rattrape. À l'aide ! La momie est toute proche ! » Et la momie le chope, évidemment. Eh bien, cessez de croire à ces âneries. Aucune momie ne m'attrapera[1].

La presse a écrit de Foreman qu'il était une véritable machine à frapper et à détruire ses adversaires. Cela explique pourquoi Ali utilise cet aspect pour signifier la brutalité. Pour accorder plus de réalité à ses propos, et plus de consistance, il va même jusqu'à rappeler le passé de « brute » de Foreman dans les quartiers de Houston. Avec astuce, il sait qu'aller sur ce terrain ne lui sera pas reproché, pas même par Foreman qui l'évoque lui-même sans tabou. Ce dernier parle librement de sa brutalité juvénile pour en faire l'un des points importants de son histoire personnelle, avant l'aide de l'État providence. En effet, après son titre olympique obtenu en 1968, Foreman s'est fait le représentant d'un message d'espoir pour la jeunesse des quartiers défavorisés, déclarant alors volontiers à la presse que ce sont les mesures prises par le président Johnson en faveur des délinquants qui l'ont sorti de la déchéance. À des centaines de jeunes marginalisés, Foreman dit qu'il était un bagarreur, un voyou, avant de trouver dans la boxe le sens du respect envers autrui, et du travail honnête. Ali n'éprouve donc aucun scrupule à déclarer que Foreman « est une vieille brute originaire du Texas qui avait l'habitude de cogner des gens dans les rues ; un voyou qui a fréquenté les Job Corps et qui a eu de la chance de s'en sortir[2] ».

Malgré toutes ces déclarations tonitruantes, la presse ne croit pas à un miracle ; pour elle, Ali, âgé de trente-deux ans, n'a aucune chance de reconquérir un titre mondial gagné il y a plus de sept ans. Howard Cosell, l'un de ses plus fidèles alliés, craint même pour la vie d'Ali. Norman Mailer, dans un entretien avec Foreman, est marqué par l'effrayante assurance que ce dernier dégage, par ses silences aussi — l'homme parle peu. Archie Moore, l'ancien boxeur devenu coach de Foreman, prévient Ali qu'il est trop vieux pour pouvoir recevoir les coups d'un boxeur de vingt-cinq ans. Foreman lui-même contribue à donner, durant le match de Kinshasa, l'image d'une brute peu sympathique. Arrivé au Zaïre, il décide d'être distant avec « le peuple zaïrois ». Contrairement à Ali, il est très peu bavard dans les conférences qu'il donne d'ailleurs avec parcimonie. Ali a les faveurs des journalistes en ce qui concerne les « relations publiques ». Les médias africains soulignent l'attitude « hautaine » de George Foreman, loin de l'amabilité dont fait preuve Ali. Un autre élément est pris en compte par la presse zaïroise : Foreman est venu à Kinshasa accompagné d'un chien. Ce qui constitue à ses yeux comme une sorte de provocation : l'animal fut longtemps l'arme de prédilection utilisée par les policiers de l'administration coloniale belge !

Ali bombayé ! Ali bombayé !

En cette soirée du 28 janvier 1974, l'Afrique choisit son camp. Entre Mohamed Ali et George Foreman, le continent a plébiscité l'« Africain » de Louisville :

> Dans la capitale zaïroise, le plus beau plateau du « boxing business ». À droite, Mohamed Ali, l'enfant chéri des sportifs africains. À gauche, George Foreman, le bûcheron du ring[1].

Un mois durant, plusieurs articles sont consacrés à Mohamed Ali dans le magazine *Jeune Afrique*. Le boxeur américain s'installe dans les colonnes de l'hebdomadaire de la voix de l'Afrique en même temps que le continent noir fête ses Indépendances. Cassius Clay est né aux jeux Olympiques de Rome en même temps que l'Afrique noire connaissait son premier champion olympique. Ce combat est un formidable prétexte pour parler du réveil de l'Afrique et de l'Amérique noire. Dès le mois de juin 1973, les journalistes entraînent leurs lecteurs dans une série d'articles de fond sur les retombées de cette rencontre sur le peuple zaïrois et l'Afrique tout entière. C'est une chance à ne pas manquer, une visibilité qu'aucun autre pays africain n'aura peut-être plus l'occasion d'avoir. Dans le sillage de la rencontre, l'hebdomadaire rappelle les grands moments de la boxe africaine et les acteurs qui ont contribué à sa constitution et à son développement. Le match n'est pas laissé de côté. La popularité d'Ali est exposée quand l'hebdomadaire annonce le programme des tournées qu'Ali prévoit à Abidjan, Libreville, Bangui, Yaoundé... À l'opposé, Foreman, le « mal-aimé », est traité d'une façon banale. On n'évoque que sa force, son berger allemand Dago, et sa photo aux J.O. de Mexico 1968 brandissant le drapeau américain. On lui reproche de ne pas jouer le jeu et de ne pas dire qu'il aime l'Afrique, les Zaïrois et Kinshasa. Et puis, se demande la presse, quel est ce boxeur qui n'essaie même pas de dire quelques mots en lingala, la langue nationale ! L'hebdomadaire *Jeune Afrique* publie un sondage qui montre que Foreman est distancé dans le cœur des Africains :

> Mohamed Ali est nettement le favori des Zaïrois, du moins si l'on en croit le sondage réalisé par le *Journal de Zaïre* : 75 % des lecteurs pensent que la victoire lui reviendra [...] Mohamed Ali est peut-être, avec James Brown et Aretha Franklin, la plus connue des célébrités afro-américaines[2].

Hormis la participation du Zaïre à la Coupe du monde de football en 1974, aucun événement sportif n'a été aussi suivi ni commenté, et les journalistes souhaitent tous une victoire de Mohamed Ali.

L'hebdomadaire panafricaniste créé en 1960, au moment du vent d'émancipation des nations africaines et de la montée des mouvements civiques aux États-Unis, attend de l'organisation du match qu'elle soit une caisse de résonance de la réussite africaine observée à l'échelle mondiale. D'ailleurs, au lendemain de la rencontre, transparaît dans ses pages le sentiment d'un devoir accompli, au nom du Zaïre et de l'Afrique :

> La joie qu'a apportée aux Zaïrois la victoire de Mohamed Ali sur George Foreman a été plus intense que celle qu'ils avaient ressentie il y a quelques mois lorsque leurs Léopards [surnom de l'équipe nationale de football] enlevèrent la C.A.N. [Coupe d'Afrique des Nations de football]. L'enjeu était autrement plus important et le Zaïre a démontré à cette occasion sa capacité d'organiser à la perfection une compétition sportive du plus haut niveau. [...] Près de 60 000 personnes étaient venues assister à la mise à mort du « méchant » George [...] Groupes d'animation et orchestres en vogue se relayaient sur la pelouse autour du ring, et la foule déchaînée scandait presque sans interruption son cri de guerre, « Ali Buma ye ! » Après l'entrée en matière représentée par le combat entre le Zaïrois Tshinza et le Dahoméen Oke [...], Mohamed Ali a démontré qu'il était bel et bien le plus fort, le plus grand[3].

D'Abidjan, la capitale ivoirienne, à Ziguinchor au sud du Sénégal en passant par Johannesburg, la grande cité sud-africaine, l'Afrique a pris à bras-le-corps la cause de Mohamed Ali, le challenger, le « fils de l'Afrique ». George Foreman, le favori, l'« Américain », est laissé aux mains des étrangers insensibles aux appels d'une Afrique libre, indépendante et fière. Ce combat, c'est l'espoir d'une réconciliation entre l'Afrique et une partie de l'Amérique qui entend exprimer haut et fort son africanité ; et Mohamed Ali incarne cet espoir furtif.

En 1974, plusieurs pays d'Afrique occidentale sont à une année de célébrer le quinzième anniversaire de leur indépendance et de leur rupture avec l'autorité coloniale. Les référents historiques sont imprégnés de cette histoire qui n'est pas la leur. Il faut donc importer des héros qui transcendent les imaginations et qui brisent les frontières. Ali est un de ceux-là. Il sera adopté et idolâtré dans toute l'Afrique noire, en particulier dans les zones urbaines. Dans la capitale zaïroise, Ali est adulé, dans les rues, à Nsele (le lieu de sa retraite à l'est de Kinshasa), dans les villages. Quand les enfants le voient, ils scandent « Ali bombayé ! Ali bombayé ! » qui signifie en lingala : « Ali, tue-le ! Ali, tue-le ! » Ali sait exactement ce qu'il faut dire et quelle attitude adopter pour laisser entendre que tous les Zaïrois sont ses frères, mieux : qu'il est presque l'un d'entre eux...

Le vêtement constitue l'un des signes majeurs de son africanité. Tandis que la presse diffuse de nombreuses photographies de Foreman habillé à « l'américaine » en jeans, salopette et casquette, Ali fait le choix d'une tenue « locale ». Il est souvent vu avec une chemise de confection locale, en tissu pagne commémorant l'événement. Bien que fabriqué dans les usines de Manchester (Angleterre) et d'Helmond (Hollande), le pagne imprimé, et surtout le wax, est adopté dans toute l'Afrique de l'Ouest et du Centre comme un élément distinctif de l'identité africaine. En conférence de presse, dans son camp d'entraînement, il n'hésite pas à montrer avec fierté qu'il est désormais un Africain. Le clin d'œil vestimentaire comme l'écho de l'identité africaine d'Ali sera visible également le jour de la rencontre. Il apparaît vêtu d'un peignoir blanc en basin damassé décoré de bandes tissées de fil indigo et blanc provenant d'Afrique de l'Ouest. Les extrémités de sa ceinture sont embellies d'un travail de perles caractéristique du peuple Kuba du Zaïre. À titre de comparaison, Foreman pénètre sur le ring avec son peignoir aux trois couleurs du drapeau américain. Par ailleurs, Ali va exprimer sa volonté de se rapprocher des Zaïrois en apprenant quelques mots courants en lingala. Devant les caméras du monde entier, il demande à des Zaïrois de lui apprendre quelques expressions courantes et de l'aider à bien les prononcer. Kinshasa a adopté Ali, et Ali aime *Kin*. Ali le démontre en ouvrant les portes de son lieu d'entraînement à toute personne désirant le voir, le saluer, le remercier d'être venu en Afrique. Kinshasa va l'adorer pour sa disponibilité. Dans les footings réguliers qu'il s'impose, il est pris d'assaut par les villageois sans jamais manifester le moindre signe d'énervement ou d'agacement. « Toute l'Afrique derrière Ali », titre le quotidien français *L'Équipe*.

À Abobo, au nord d'Abidjan, la capitale économique de la Côte d'Ivoire, le combat entre Ali et Foreman fournit des éléments significatifs d'un moment historique à tous les points de vue. Pour une génération d'Ivoiriens qui ont vécu l'expérience du match Ali-Foreman, c'est un pan de l'histoire de ce pays qui s'est révélé ce jour-là.

En 1974, l'avancée économique permet à la Côte

d'Ivoire — premier producteur de cacao et de café — de disposer d'indicateurs de pays en voie de développement. Une quantité non négligeable de la population dispose d'un poste de télévision en noir et blanc. La radio et la télévision sont parmi les premières en Afrique à disposer de moyens suffisamment importants pour assurer la retransmission d'un événement international en direct. Pendant un mois, les nouvelles des deux combattants sont livrées à la télévision. La veille de la rencontre, une émission est consacrée à la vie tumultueuse de Mohamed Ali. Sur les plateaux de la chaîne ivoirienne sont invitées de grandes figures de la boxe africaine : Raoul Rabé, Jules Touan, etc. Leur expertise est requise pour donner leur avis sur Ali : son style, sa façon de bouger, ses points faibles, ses points forts, ses pas de danse, ses entraînements, son entraîneur, ses déboires avec les instances de la boxe, ses principaux combats… La Côte d'Ivoire s'est littéralement mise à l'heure d'Ali. De nombreuses pages de *Fraternité Matin*, l'unique organe de presse du pays, lui sont alors consacrées.

Dans les rues, Ali est partout présent. Sur les murs des quartiers populaires, des fresques du combat sont réalisées dans un style naïf, et la langue utilisée est celle du « français d'Afrique » : « Ali va le frapper ! », « S'il plaît à Dieu Ali va gagner… ». Les coiffeurs, venus généralement du Nigeria, lui dédient une coupe de cheveux spéciale. Pour 75 francs C.F.A., l'enfant ou le papa peut avoir la coupe « Mohamed Ali ». La phrase mythique : « Flotte comme un papillon, pique comme une abeille » apparaît au fronton des transports en commun utilisés par les personnes à revenus modestes. Toujours dans les rues, les « librairies par terre » vendent pour quelques pièces les photos des exploits, de Cassius Clay à Mohamed Ali, extraites de différents magazines venus d'Europe et des États-Unis. Les marabouts se proposent de donner le résultat de la rencontre moyennant quelques billets. Les jeunes garçons adoptent les sobriquets de Mohamed Ali quand ils s'affrontent dans les cours de l'école. Parmi eux, le jeune Basile Boli, futur footballeur qui permettra près de vingt ans plus tard à une équipe française de remporter le premier trophée européen de football, porte alors le surnom de Mohamed Ali pour ses talents pugilistiques. Dans l'esprit de milliers de petits Ivoiriens, l'histoire de Cassius Clay puis de Mohamed Ali est autant connue que celles des héros des bandes dessinées *Zembla*, *Akim*, *Blek*, *Captain Swing* ou *Superman*. Ali figure en pole position dans la liste des héros de l'ailleurs qui ont pénétré l'imaginaire de milliers de jeunes Ivoiriens.

Le jour du match, les gens s'agglutinent très tard dans la soirée autour du poste, pour écouter. À 4 heures du matin, les couche-tard d'Abobo décident de regarder la retransmission de la rencontre. Vers 5 heures, quand les « pousse-pousse » se dirigent vers les marchés pour livrer leurs marchandises, la population connaît déjà le résultat de la rencontre. À l'heure du « tech » (un petit déjeuner constitué de café au lait et de pain à la margarine servi par les Nigériens sur de longs bancs, en pleine rue), les travailleurs du matin commentent le match. Le succès de la rencontre est tel que la R.T.I. (Radio-

Télévision ivoirienne) projette une rediffusion complète de la manifestation, avec entre autres l'apparition de James Brown, chanteur adulé en Côte d'Ivoire.

À plus de 7 000 km de Kinshasa, la France se passionne, elle aussi, pour le match Ali-Foreman. Malgré la grève des agents de l'O.R.T.F., qui devait transmettre la rencontre, la couverture médiatique de l'événement demeure exceptionnelle. Durant plus d'un mois, le quotidien *L'Équipe* a couvert toutes les pérégrinations des combattants. Toutes les radios (Europe 1, France Inter, RMC, RTL, Sud Radio) disposent d'un envoyé spécial à Kinshasa pour commenter le match en différé. La presse est partagée quant à l'issue de la rencontre mais un léger avantage est toutefois donné à George Foreman. Depuis le report d'un mois de la rencontre, dû à une sérieuse blessure de Foreman à l'entraînement, les journalistes de *L'Équipe* laissent une petite chance, certes, mais réelle à Ali de réaliser un exploit. Le quotidien français ne s'est jamais pris de passion pour le gamin de Louisville. Les journalistes français en général, et Georges Peeters en particulier, reprochent à Ali son exubérance, son impétuosité et sa transformation depuis sa conversion religieuse. À la veille du match, la une de *L'Équipe* donne le ton des médias français :

> La nuit prochaine, à Kinshasa (Zaïre), Mohamed Ali (trente-deux ans et neuf mois) tentera un fantastique pari : redevenir champion du monde des poids lourds sept ans après avoir été déchu de son titre. Ce « come-back » paraît d'autant plus impossible que George Foreman, son cadet de six ans, est doué

d'une puissance de frappe exceptionnelle. Malgré ses jambes agiles et sa vitesse, il est en effet peu probable que l'ex-Cassius Clay puisse éviter le punch de son rival pendant les quinze reprises. Si Mohamed Ali est en effet l'idole de toute l'Afrique, conquise par sa forte personnalité, Foreman est le favori logique pour tous les techniciens[4].

Ali s'accorde à Clay

Le 28 octobre 1974, à 4 heures du matin (heure locale), au stade du 20 Mai* de Kinshasa, devant plus de 60 000 spectateurs, Mohamed Ali entre définitivement dans le panthéon du sport. La démonstration pugilistique qu'il offre aux Kinois, et surtout aux millions de téléspectateurs à travers le monde, va rester à jamais gravée dans la mémoire collective.

Un mois et demi après la date prévue de la rencontre, les combattants sont là pour ce qui représente une première pour le Zaïre, pour l'Afrique et pour les deux boxeurs. Le « stade du 20 Mai » est en transe. L'heure de la rencontre imposée par les chaînes américaines place ce match d'entrée de jeu dans une dimension peu ordinaire.

Dans l'attente, les spectateurs voient défiler ce qui se fait de mieux en matière de Black Music et de salsa. Pendant les chansons de James Brown, des spectateurs se perdent dans les pirouettes inspirées de celui qui incarne la *Black Pride*. Chaque morceau

* En référence à la date de promulgation du nouvel État congolais.

du roi de la soul est connu du public qui scande les refrains. Chaque fin de pas de danse de J&B est acclamée par des « yé ! yé ! ». Les groupes de soul se suivent et l'enthousiasme bat son plein. Apparaît Celia Cruz, la reine de la salsa. Les Zaïrois sont ravis. Depuis dix ans, la rumba zaïroise, qui s'est nourrie de salsa et de cha-cha-cha, anime toutes les soirées. Joseph Kabasele Tshamala alias « Grand Kallé » s'est inspiré du son cubain pour sortir en 1960 *Indépendance Cha Cha*, le premier tube musical des Indépendances africaines. Manu Dibango fait danser la foule avec *Soul Makossa*, le premier tube international d'un musicien africain. Le souffle de la trompette d'Hugh Masekela rappelle les souffrances du peuple noir d'Afrique du Sud, et l'Amérique d'avant la victoire des mouvements civiques. La voix ensorcelante de la chanteuse sud-africaine Miriam Makeba prolonge cette soirée consacrée à tous les rythmes, où l'Afrique a joué une part importante. Le spectacle est complet. Le festival de la musique noire que souhaitait Don King est une réussite. Le combat peut maintenant avoir lieu.

La tribune marathon et les deux virages sont bondés. Cinquante mille spectateurs ont pris d'assaut les places à cinq zaïres (dix dollars). Les places de 100 à 250 (les plus chères) n'ont guère trouvé preneurs. Sur une des tribunes, un immense portrait du président Mobutu. Dans les travées du stade, de nombreuses hôtesses, toutes habillées de tissu pagne imprimé spécialement pour l'événement. Deux combats en lever de rideau sont prévus. Les Américains Henry Clark (de l'équipe de Foreman, huitième mondial) et Roy Williams (du côté d'Ali) se désistent. Finalement, il n'y a qu'un match. Il oppose le Zaïrois Clément Tshinza au Dahoméen (actuel Bénin) Antoine Oke, résidant à Marseille. Comme pour les grands galas de boxe, aux États-Unis, arrive le moment de présentation des célébrités de la boxe. L'Afrique est à l'honneur. Le Tunisien Gammoudi et Robert Cohen, le champion du monde français né en Algérie et installé à Kinshasa, sont présents. Joe Frazier salue le public, qui semble ravi de le voir. Manque à l'appel un invité de marque : le président Mobutu. Celui-ci a préféré rester dans son luxueux palais présidentiel, où il suivra le match sur une chaîne en circuit fermé. La rumeur dit qu'il craignait un attentat.

Place aux boxeurs. Ali est le premier à entrer en scène. Il est vêtu d'une fastueuse tenue de basin bordée de motifs africains, soutenue par une ceinture décorée de perles. Foreman déboule en trottinant sur le ring, vêtu d'un grand peignoir rouge à revers blanc, et arbore une ceinture bleue. Il a noué une serviette autour de son cou. C'est un stratagème utilisé par Sonny Liston pour paraître plus grand et plus impressionnant. Au centre du ring, les deux boxeurs se jettent des regards assassins. La foule lance le cri de ralliement des fans d'Ali : « Ali Bomayé ! Ali Bomayé ! Ali Bomayé ! » Puis c'est au tour des arbitres. Zach Clayton, l'arbitre noir américain, est assisté par deux juges africains, Nourredine de Tunisie et Amartefio du Ghana. C'est le premier championnat du monde des lourds où les trois juges sont noirs. Une centaine de journalistes quadrillent les premières places autour du ring. Le combat peut commencer.

Dès la première reprise, Ali surprend tout le monde en attaquant le tenant du titre, en dansant ! Foreman, comme à son habitude, avance d'un pas ferme du pied gauche avec le poing gauche qui suit le mouvement. Il décroche quelques coups qui s'avèrent sans conséquence. Ali décroche une puissante droite en avançant l'épaule droite, face à Foreman. Geste insensé. Sacrilège. À ce niveau, aucun boxeur ne tente un tel geste. S'il le tente, c'est qu'il veut ridiculiser son adversaire. La reprise est remportée par Ali.

La seconde reprise est différente. Foreman attaque. Foreman touche violemment Ali. Foreman travaille Ali au corps. Ali se bloque dans les cordes. Foreman le poursuit et continue de porter des coups au visage et dans le foie. Dundee et Pacheco hurlent : *Get off the rope ! get off the rope !* (« Barre-toi des cordes ! barre-toi des cordes ! »). Ali n'écoute ni les conseils de son entraîneur ni ceux de son docteur ! Il donne l'impression qu'il a une stratégie en tête. Les journalistes autour du ring n'en reviennent pas de cette façon de boxer. Tous hurlent leur surprise ! Ali laisse venir Foreman. À un moment, Ali tient Foreman entre ses bras et lui parle. Zach Clayton dira plus tard que les paroles étaient grossières et insultantes. Puis, il quitte les cordes et enchaîne une série de coups qui atteignent Foreman au visage. Le public exulte. Foreman est surpris par la rapidité d'exécution d'Ali qui se réinstalle immédiatement dans les cordes. Foreman le suit. Ali l'attend. Foreman le frappe au visage, au corps, l'accule dans les cordes. Ali ne semble pas touché et surtout continue de lui parler entre chaque contact. Les deux reprises sont à l'avantage d'Ali. Ses frappes sont plus précises. Foreman semble « lessivé » de balancer autant de coups qui n'atteignent toujours pas son adversaire. Visiblement, la stratégie de Foreman, suivre Ali dans les cordes, n'est pas la bonne. Ali parvient à esquiver les coups les plus dangereux.

Au sixième et septième round, la rencontre prend une physionomie complètement différente. Ali reste dans les cordes mais il est plus mobile, plus dangereux. Tout en lui portant des coups appuyés, il continue d'insulter Foreman qui ne bronche pas. Dans les dernières secondes du sixième round, Ali jaillit des cordes, enchaînant une série de frappes puissantes, ajustées. Foreman ne change pas pour autant sa stratégie : avancer et frapper de toutes ses forces.

Au huitième round, Foreman, de plus en plus exténué par ses coups portés dans le vide, manque de sortir du ring. Ali, lui, semble au contraire plus frais, plus percutant. Il attend Foreman dans les cordes. Et il devient de plus en plus précis dans ses coups. Soudain, il enchaîne une nouvelle série — droite, droite, gauche... Foreman s'écroule. Foreman est K.-O.

Le stade est en délire. « Ali bombayé ! Ali bombayé ! » reprend la foule. Tout le monde veut envahir le ring. On essaye de toucher, de congratuler le nouveau champion. Les flashs jaillissent. Ali a gagné son pari. Il avait prédit une victoire facile. Finalement, la victoire fut trop facile. Ali a dansé, mais pas autant qu'il l'avait annoncé. Il a dupé tout le monde, son camp et le camp de Foreman. À Kinshasa, il a inventé une technique de victoire, le *rope a dope !* : se servir des cordes pour épuiser son adversaire et ensuite le laminer de coups. Son camp criait au suicide quand il s'installait dans les cordes. Ali savait ce qu'il fallait faire, ou plutôt il s'est rapidement adapté à une situation inédite. Le camp de Foreman est abasourdi. Le boxeur est assis dans son coin, fatigué et incrédule. Il doit penser à tout ce qu'Ali avait dit de faux dans les multiples conférences de presse. Dix ans après Sonny Liston, Ali réussit à battre par K.-O. un autre boxeur réputé pour sa puissance.

La presse mondiale est dithyrambique. *Ali bombayé, Ali bombayé.* « Le fils de l'Afrique a gagné » sont les mots d'introduction choisis par le présentateur du journal de la télévision ivoirienne. Le journal *Fraternité Matin* écrit : « C'est un mythe. » *Jeune Afrique*, analysant la victoire, proclame : « C'est la tête qui l'emporte sur les poings. » La presse européenne souligne l'incroyable victoire du challenger. Mais les à-côtés de la rencontre retiennent l'attention autant que le match. Les quotidiens français insistent davantage sur le contexte du match et les dérives du « boxing business ». La performance d'Ali est presque mise au même niveau que l'inflation des gains des combattants, le poids de plus en plus croissant des chaînes de télévision, l'arrivée de nouveaux promoteurs peu scrupuleux. Le quotidien *L'Équipe* titre : « Ali, sept ans après Clay ! » et consacre trois pages à l'événement :

Mohamed Ali est champion du monde à trente-deux ans. Il a réussi l'incroyable pari de ressusciter Cassius Clay. Ce Championnat du monde africain, qui opposait deux Noirs américains, a pris une dimension exceptionnelle dans le cadre inhabituel du Zaïre. Il n'a pas seulement tenu éveillée toute une nation, et plus spécialement sa capitale Kinshasa, mais il a d'abord amusé, intrigué le monde entier. Si Mohamed Ali est un clown, il est un clown de génie, et certainement le plus grand champion de sa génération. À l'intelligence et à l'expérience de l'ex-Cassius Clay, George Foreman, le tenant du titre, pourtant solide athlète, a opposé une force brutale, mais souvent aveugle[1].

Mais au bout du compte, le journal est sceptique. Un débat est engagé sur l'authenticité de la victoire d'Ali ! Pour *Le Figaro*, la véritable victoire est celle du régime politique zaïrois :

À Kinshasa, on pratique l'affichage politique à la chinoise, sur d'immenses panneaux verts est imprimé en lettres jaunes le message que l'État s'efforce de communiquer. À l'entrée du stade du 20 Mai on lisait : « Un combat entre deux Noirs dans un pays de Nègres et vu par le monde entier », voilà une grande victoire du mobutisme[2].

Les journalistes de *L'Aurore*, qui donnaient Foreman largement favori, décident de faire un « mea culpa collectif ». *Le Monde*, peu disert sur l'événement, perçoit toute l'ampleur de la performance : « Sa victoire vient de le mettre au rang des dieux. » Les Anglais ne veulent retenir que la performance, dans un État qui les sensibilise peut-être moins qu'un pays d'Afrique anglophone. Les journalistes du *Times*, du *Telegraph* et du *Guardian* se rejoignent en évoquant cette victoire comme l'une des plus belles histoires d'un champion exceptionnel. Les Américains, eux, sont médusés par la stratégie adoptée par Ali. Toute la presse félicite Ali pour sa malice. *Sports Illustrated* se propose de débattre sur la façon dont il a réussi à duper tout le monde. La presse la plus critique commence à modifier son point de vue. L'extraordinaire prestation d'Ali à Kinshasa semble avoir vaincu les cœurs les plus réfractaires. Un extrait du *New York Times* invite désormais à porter un regard différent sur Ali : « Il a prouvé qu'il était un gladiateur. Après tout, peut-être est-il le plus grand, comme il l'a toujours proclamé[3] ? »

Ali n'a pas seulement gagné une des rencontres les plus improbables du championnat du monde de boxe des poids lourds, il a déjoué les pronostics les plus fous. Tandis que les experts ne lui donnaient presque aucune chance de contenir la puissance de George Foreman, Ali a prouvé au monde entier que la boxe, comme la voile, est régie par des lois physiques extrêmement simples. Si le marin use de la puissance des éléments naturels, notamment le vent pour avancer plus vite, un mauvais usage de celui-ci peut le faire chavirer. Contre toute attente, Mohamed Ali a utilisé la force de George Foreman et ce dernier est battu parce qu'il s'est épuisé. Dans l'histoire d'un championnat du monde de poids lourds, c'est la première fois qu'un boxeur perd parce qu'il a donné trop de coups. Ali remporte le titre de champion du monde, pour la seconde fois, en utilisant la force de son adversaire. La première, on s'en souvient, c'était en 1964 contre Sonny Liston. Dix ans après, il renouvelle la performance en recourant cette fois à une stratégie différente.

À Kinshasa, Ali a gagné le cœur de millions de passionnés de boxe. Le *noble art* s'est trouvé grandi par la performance d'un esthète, d'un combattant et d'un boxeur à l'ego démesuré. Le titre remporté sur Foreman signe le retour à une boxe non conformiste, méticuleusement inattendue. Dans plusieurs entretiens que Dundee donne aux journalistes, il revient très souvent sur la capacité d'Ali à recevoir des coups, à s'entraîner pour recevoir des coups. Peu de journalistes retiennent cette facette du travailleur, préférant mettre en avant, d'ailleurs avec la complicité d'Ali, ses qualités de boxeur aérien, de voltigeur, de funambule. Kinshasa marque un moment clef dans l'histoire de la catégorie des poids lourds. La force, l'intelligence ne suffisent pas. L'endurance a des limites. Depuis la performance du 30 octobre 1974, on sait qu'un boxeur de génie doit réunir ces trois qualités pour atteindre le sommet.

À bout de souffle

Le dernier épisode de la trilogie des rencontres entre Ali et Frazier est connu comme le plus épique et le plus symbolique d'une rivalité unique. La rencontre qui s'est déroulée dans la capitale philippine de Manille constitue l'une des pages les plus remarquables de l'âge d'or de la boxe des années 1970. Le combat est unique pour plusieurs raisons. Après le Zaïre, les Philippines deviennent le deuxième pays du tiers-monde à accueillir une rencontre de championnat du monde avec Mohamed Ali. Pour la deuxième fois, le sport sert de vitrine pour effacer l'image effrayante d'un régime dictatorial conduit par Ferdinand Marcos. Le gain des deux combattants atteint des sommes record, 6 et 3 millions de dollars, respectivement pour Ali et Frazier. Pour la première fois, les infidélités d'un champion sont révélées et Ali fait malgré lui la une des journaux à quelques jours d'une compétition majeure. L'événement est le second « gros coup » médiatique du promoteur de boxe Don King, après celui de Kinshasa.

Mais au-delà de ces aspects, le souvenir de Manille reste celui du combat le plus intense que se soient livré deux boxeurs sur un ring. Jamais cela n'avait atteint un tel sommet de brutalité, de courage, de haine, ou même de respect entre deux boxeurs après la fin de la rencontre. Manille, c'est un combat qui reste dans les mémoires collectives parce que le vainqueur pouvait dire qu'il était à la fin celui qui avait remporté la belle, la troisième manche d'un duel homérique. À trente-trois ans pour Ali et trente et un ans pour Frazier, les deux boxeurs savent que ce combat est certainement l'un de leurs derniers sur le circuit. L'idée de finir en apothéose pour chacun d'eux est le mobile principal. « Ali-Frazier, *la saga de nos vies* » est le titre de l'affiche de la rencontre. C'est le formidable résumé d'un duel qui passionne la terre entière.

Ce 30 septembre 1975, le monde de la boxe est en quête d'un champion incontestable depuis les défaites d'Ali contre Norton et de Frazier contre Foreman. Mais le sentiment qui prédomine, ce n'est point le titre de champion du monde mais la volonté de savoir qui d'Ali ou de Frazier sera considéré comme le meilleur des deux. Les invectives de chacun des camps font de cette rencontre le théâtre d'un défouloir de haine entre les deux boxeurs. Les journalistes sont unanimes sur l'animosité entre les deux combattants. Dans l'histoire de la boxe, jamais deux boxeurs n'ont nourri autant de haine l'un envers l'autre. La faute en revient à Mohamed Ali, qui tout au long de la campagne de promotion du match, n'a cessé de ridiculiser Frazier. Ce battage médiatique du « gorille de Manille » orchestré par Ali soulève chez Frazier un profond ressentiment, qu'il exprime à la presse en des mots extrêmement violents. « Je vais le massacrer », « je vais le broyer », « je vais lui arracher le cœur », pouvait-on entendre dans la bouche de Frazier à de nombreuses conférences de presse. Comme à son habitude, Mohamed Ali a nourri les journalistes de fanfaronnades désobligeantes. Mais cette fois, nombreuses sont les personnes qui pensent qu'il a passé les bornes. A-t-il besoin d'être aussi hargneux avec Frazier ?

Toutes ces moqueries nourrissent les rancœurs de Frazier qui a décidé de pénétrer sur le ring en ayant à l'esprit de « mourir plutôt que de perdre face à Ali ». Mais l'ego surdimensionné d'Ali peut-il laisser une brèche pour une seconde défaite face à son ennemi juré ? Peut-il se permettre de perdre deux fois devant le même adversaire dans cette troisième manche dont la presse a déjà annoncé le caractère historique ? Peut-il perdre son pari d'en découdre définitivement avec le premier adversaire qui l'a sèchement mis K.-O. et finalement battu ?

Par presse interposée, les équipes des boxeurs se couvrent d'injures. Cela ne fait qu'accentuer la tension. Quant aux journalistes, une grande partie d'entre eux semblent vouloir la victoire d'Ali non pour une question sportive, mais simplement pour se dire qu'ils ont assisté à la victoire d'un boxeur de légende. Depuis la victoire d'Ali à Kinshasa, les journalistes ont radicalement changé leur point de vue sur lui. Il est désormais vu non comme un grand boxeur, mais comme une sorte de pièce du patrimoine à préserver. Ainsi, les conférences de presse avec Ali deviennent de véritables *shows*, et des moments de connivence non dissimulée entre le roi et sa cour. La troisième et dernière manche du combat Ali-Frazier résonne comme le duel ultime d'une génération de boxeurs et le début d'un intérêt littéraire pour l'œuvre pugilistique d'Ali. Pour les journalistes, ce combat se révèle donc très important dans l'écriture du mythe Ali. Frazier a également son importance car il va tenir le rôle du « méchant ».

Le début de la rencontre est un indicateur du tournant que la boxe prend à l'orée des années 1970. Don King est le nouvel homme fort de la boxe mondiale. L'ancien détenu a trouvé dans le rapprochement avec Ali un soutien pour damer le pion aux restes des organisateurs de matchs de boxe. Depuis la réussite économique et sportive du match Ali-Foreman en 1974, Don King Productions est l'incontournable société qui fait l'événement. Avant l'entrée des boxeurs sur le ring, Don King annonce, sur la chaîne de télévision qui retransmet le combat dans une centaine de pays, les motivations qui l'ont poussé à organiser cette rencontre : le vivre-ensemble, la reconnaissance du tiers-monde, la fraternité entre les peuples, la réconciliation pour ce pays durement marqué par la Seconde Guerre mondiale, une nouvelle façon de concevoir la boxe.... À la fin de l'entretien, qui en dit long sur le personnage, les deux boxeurs pénètrent dans le chaudron de l'Araneta Coliseum de la ville de Quezon. Vingt-sept mille spectateurs s'impatientent depuis plusieurs heures pour vivre « le suspens à Manille » comme l'a sans relâche nommé Don King durant les mois de promotion qui ont précédé la rencontre. Mohamed Ali en peignoir blanc à lisière bleu ciel est escorté par Bundini qui, pour la circonstance, porte une veste en satin blanc à rayures bleu ciel. Au dos est inscrite la devise du champion : « Flotte comme un papillon, pique comme une abeille. » Quand il escalade le ring, il retrouve une partie de sa garde noire avec comme invité spécial son père qui est habillé en costume blanc et chemise rose bonbon égayée d'une cravate à figures géométriques très colorée. L'entraîneur Angelo Dundee et le docteur Ferdie Pacheco complètent le camp d'Ali.

Du côté de Joe Frazier, déjà sur le ring, on remarque que son équipe n'est composée que de Noirs. Après quelques minutes, l'animateur annonce que la République des Philippines et Don King Productions ont la fierté de présenter le « Thrilla in Manila ». Il poursuit son discours puis montre le trophée, un cadeau du président, qui sera offert au vainqueur. Ali saisit l'occasion pour se faire remarquer en allant chercher le trophée d'environ 1,50 m et en le mettant dans son coin. Cela provoque l'hilarité du public et de quelques dizaines de policiers qui sont à proximité du ring. Dans la salle écrasée de chaleur, les pugilistes attendent patiemment l'arrivée de leurs gants. Comme le veut un nouveau règlement, un membre de chaque camp est autorisé à vérifier si les gants de l'adversaire sont bien réglementaires ; poids, entaille, desserrement facile des lacets, etc.

Quatre ans après la première confrontation, les deux boxeurs les plus haïs et adorés des États-Unis se retrouvent. Physiquement, ils ont changé. Ali dépasse désormais les 100 kg et Frazier approche les 90 kg. L'ère de la bataille des équipementiers pour accrocher leur image à un champion est en évolution. Ali est entièrement habillé (protège-dents, gants, short, bottes) par le leader mondial d'équipements de boxe depuis 1917, Everlast. Frazier porte lui aussi du matériel Everlast (gants, short) mais ses chaussures sont de la marque Adidas.

Le combat débute sur un rythme terrible. Aucun round d'observation comme il est courant dans les rencontres. Ali est entreprenant. Pour la première fois, on le voit se protéger le visage des deux bras. Les messages de démolition de Frazier l'ont apparemment effrayé. Mais dans les reprises suivantes, il reprend ses habitudes d'une boxe aérienne. Au troisième round, il décide de rester dans les cordes en attendant que Frazier s'épuise en lui balançant des coups dans le corps. Puis, dans une accélération brutale, il enchaîne une série de coups gauche et droite. Le public exulte. Les premiers échanges sont équilibrés mais Ali a un léger avantage au nombre de poings qui atteignent le visage de Frazier.

À la fin du quatrième round, le public crie : « Ali ! Ali ! » De son banc, ce dernier se lève pour exhorter le public à continuer à crier son nom. Au round suivant, la brutalité du combat monte crescendo. Les deux combattants se renvoient coup pour coup. « Frazier ! Frazier ! » entonne le public. Ali saigne du nez.

Au sixième round, Frazier touche Ali de deux violents crochets du gauche. C'est presque le même type de crochet que celui qui a terrassé Ali à New York, en 1971. Ali est sonné mais il retrouve sa lucidité en misant sur une excellente forme physique.

Au septième round, pour la deuxième fois de la soirée, Ali esquisse quelques pas de danse. Il semble revenu des coups de poing qu'il a reçus.

Au huitième round, les deux boxeurs échangent de violents coups qui deviennent insupportables par leur brutalité. La chaleur du lieu commence à agir sur les organismes des deux hommes. Les deux pugilistes souffrent, peinent à revenir sur leur banc, mais ils trouvent leur force dans leur fierté. À la télévision Don Dunphy, « M. Boxe » aux États-Unis, se demande qui sera le premier à céder face aux chocs des coups.

Au douzième round, Ali prend un avantage tonitruant sur son adversaire, avançant continuellement sur lui et lui assénant des coups d'une puissance inimaginable.

Au treizième round, un magnifique *jab* d'Ali éjecte le protège-dents de Frazier. L'image est violente. Frazier encaisse les coups mais continue lui aussi d'assaillir Ali d'uppercuts, de crochets du gauche, de directs sur le visage. La reprise est toutefois terrible pour Frazier qui est méconnaissable. La partie gauche de son visage est enflée et son œil est pratiquement fermé.

À la quatorzième reprise, Frazier est plusieurs fois sérieusement atteint. Son crochet du gauche qui avait tant fait parler de lui devient une arme illusoire tant elle est lancée sans conviction. Bien que lui aussi soit malmené, Ali garde un brin de lucidité pour continuer à démolir le visage de Frazier qui commence à être salement tuméfié. À la fin du round, assis dans son coin, on voit couler du sang de sa bouche. Le médecin s'approche de lui, l'entraîneur lui conseille d'arrêter, Frazier, dans un sursaut d'orgueil, veut remonter sur le ring. Son entraîneur s'interpose. Le match se termine. Ali, de son coin, observe avec un air hagard la scène. Il vient de gagner. S'en est-il rendu compte ? Le camp de Smokin' Joe Frazier vient d'annoncer que le combat est fini pour eux. Ali est ailleurs. Pour la première fois, aucun geste, saut, mouvement de joie n'accompagne sa victoire. Ali se lève et s'écroule au milieu du ring, épuisé. Quelques minutes après la rencontre, exténué, vidé, d'une voix difficilement audible, Ali confie aux journalistes ceci :

> Ce que vous avez vu aujourd'hui, c'était une expérience proche de la mort. Il n'y a qu'une seule chose qui puisse être pire qu'un combat comme celui-ci. C'était plus dur que tous les autres combats parce que je frappais de toutes mes forces et il était toujours là, debout. J'ai toujours su que c'était un grand mais il est encore plus grand que je ne le pensais[1].

Joe Frazier, très avare de compliments, avouera quelques années plus tard, alors qu'Ali, diminué, peut à peine s'exprimer :

> À Manille, je lui ai foutu des coups, des coups qui auraient pu faire effondrer un immeuble. Et il les a encaissés. Il les a encaissés et il s'en est remis. C'est cette partie-là du bonhomme que je respecte. C'était un vrai combattant. Il m'a bien amoché à Manille et il a gagné. Mais je l'ai renvoyé chez lui dans un sale état. Regardez-le, maintenant : il est complètement rincé, fini [...] Il s'est toujours moqué de moi. C'était moi l'abruti, celui qui s'était pris trop de coups dans la tête. Et maintenant, qui c'est l'abruti ? Lui ou moi ? Qui c'est qui a du mal à s'exprimer ? Il n'arrive même plus à parler[2].

Les jours qui suivent le combat donnent cours à des moments parmi les plus lyriques de la littérature de boxe. Dans un phrasé digne de l'*Iliade*, Hugh McIlvanney du quotidien anglais *The Guardian* parle d'instants de *pureté* pugilistique. Quant au *Boxing Illustrated* du 3 octobre 1975, il élève le combat de Manille au rang d'œuvre d'art :

> Le Thrilla in Manila incarnait le « chef-d'œuvre du feuilleton classique », presque une fiction avec ses ingrédients portés à la perfection : brutalité pure, courage sans faille, endurance inhumaine, le tout parfaitement chorégraphié dans cet affrontement digne d'un drame épique[3].

La chute du roi

En 1974, Mohamed Ali est élu, pour la première fois de sa carrière, « Sportif de l'année » par le magazine *Sports Illustrated.* La performance de Kinshasa a marqué les esprits des journalistes de l'hebdomadaire de référence. C'est la consécration : il devient le premier boxeur américain à recevoir ce trophée depuis 1954. Ali est également récompensé par la revue des passionnés, *The Ring*, qui depuis 1922 honore par un trophée le meilleur boxeur du moment. Il a reçu la distinction à deux reprises, en 1974 et 1975.

Le monde politique, si réticent à s'afficher avec « le déserteur du Vietnam », est prompt à en faire un symbole. C'est comme si l'Amérique morale se réconciliait avec le sportif le plus controversé des années 1960. Dès son investiture en 1974, le nouveau président républicain Gerald Ford l'invite à la Maison-Blanche. C'est un passionné de sport. Au lycée, il a été capitaine de l'équipe de football et plus tard un joueur d'un assez bon niveau pour figurer parmi les meilleurs de l'université du Michigan. Il peut se vanter d'avoir joué devant 100 000 spectateurs dans le célèbre Michigan Stadium[1]. Comme bon nombre d'Américains de sa génération, les combats de Jack Dempsey, Gene Tunney ou Joe Louis sont liés à ses souvenirs d'enfance. Ce n'est pas le boxeur Mohamed Ali qui intéresse Gerald Ford mais plutôt ce qu'il représente aux yeux des Américains :

> En tant que président, je trouvais qu'il était juste de reconnaître les gens qui avaient atteint l'excellence dans le domaine du sport. J'ai toujours voulu rencontrer les meilleurs sportifs américains, et Mohamed Ali en faisait de toute évidence partie. Mais au-delà de cela, quand j'ai pris mes fonctions, nous étions une nation déchirée. Il y avait des conflits entre familles, des conflits dans les universités et dans les rues. Nous étions confrontés à d'importants problèmes raciaux ; la guerre du Vietnam avait exacerbé les différends ; et il y avait bien sûr l'héritage du Watergate. Et parmi les grands défis que mon administration a dû relever figurait cette question : comment guérir ce pays ? On ne pouvait pas faire en sorte que tout le monde s'entende, mais il fallait au moins faire cesser les cris et essayer de s'écouter les uns et les autres [...] Et faire venir Mohamed Ali au Bureau ovale faisait partie de cette stratégie globale. Je pensais qu'il était important de tendre la main et de montrer de façon individuelle et collective que nous pouvions avoir d'importantes différences sans nécessairement nous haïr. En bref, si je voulais rencontrer Mohamed, c'était non seulement à cause de mon intérêt pour le sport, mais aussi dans le cadre de ma stratégie globale visant à panser les blessures de la division raciale, du Vietnam, et du Watergate[2].

En 1976, la publication de l'autobiographie de Mohamed Ali, *The Greatest*, est un événement international, et l'Europe tout particulièrement un lieu obligé de diffusion. La promotion qui en découle permet à Ali d'étendre son aura. En France, ce sont les Éditions Gallimard qui, quelques mois après la sortie de la version américaine, publient l'ouvrage. La promotion est à la hauteur de l'événement. Ali est invité à *Apostrophes*. Bernard Pivot fait venir pour l'occasion Jacques Marchand, l'une des meilleures plumes du quotidien *L'Équipe*. On y voit un Mohamed Ali à la fois charmeur et sérieux qui parle de la nécessaire part de comédie dans la promotion des matchs, de ce qu'il représente comme symbole de fierté pour la communauté noire, et de la violence dans la boxe[3]. Ali est vu également sur le plateau de *L'invité du dimanche*, l'émission de variétés animée par Michel Drucker. Assis près de la chanteuse Dalida et devant un plateau constitué pour la circonstance de plusieurs Noirs, Ali répond aux questions qui tournent autour de la violence dans la boxe, des combats truqués et de son avenir après la boxe[4].

La victoire à Manille contre Joe Frazier prolonge le statut de boxeur de légende et de symbole de l'Amérique en voie de déségrégation raciale. Après Manille, Ali n'appartient plus à la boxe, il l'incarne. Aucun discours pugilistique ne peut être reconnu sans une référence à Ali qui passe du statut de boxeur iconoclaste à celui de boxeur de l'*establishment* : il devient la bonne conscience de l'Amérique. Ce qu'il avait tant redouté et critiqué durant toute sa carrière devient une réalité. Ali est le combattant de l'Amérique blanche. Il n'est plus marginalisé. Il devient la référence, le modèle. Ali est accepté et légitimé comme le plus grand boxeur par le monde des experts du *noble art*, par les anciens et les nouveaux boxeurs et par le public d'initiés et de non-initiés. Après la saga Ali - Frazier III, les combats de Mohamed Ali prennent une tonalité complètement différente : sommes en jeu, lieux de rencontres, adversaires, promotion du combat, nombre de journalistes anti-Ali et pro-Ali, suivi médiatique international, affiches, etc.

Dans les affrontements qui suivent, l'intensité médiatique disparaît peu à peu. Les envolées journalistiques perdent de leur superbe parce que Mohamed Ali se bat contre des adversaires de niveau relativement médiocre. Le boxeur sombre dans une routine, « s'embourgeoise ». Ses combats, pour lesquels il signe des contrats dépassant régulièrement le million de dollars, sont ternes et sans éclat.

Une rencontre est symptomatique de la position d'Ali comme boxeur « intouchable », qu'il faut absolument « protéger ». Le 28 septembre 1976, à la surprise générale de tous les observateurs, Ali est déclaré vainqueur aux points contre Ken Norton. Devant 30 296 spectateurs rassemblés au Yankee Stadium de New York, l'endroit mythique des amoureux de base-ball, Ali remporte la rencontre, déjouant les pronostics, notamment des journalistes présents. Ken Norton s'est durement préparé pour cette troisième confrontation. Cela se voit. Il entame les premières reprises sans complexe. Celui qui a brisé la mâchoire d'Ali lors de leur première confrontation en 1973 est plus en rythme qu'Ali, plus percutant. À la différence de Frazier ou Foreman, Norton a une boxe plus technique, plus variée. Il n'est pas dans la lignée des poids lourds puncheurs. Dans ce combat, Norton montre une réelle assurance. Il touche Ali à de multiples occasions par des crochets du gauche. Ali essaye de lui « faire le coup » du *rope a dope* mais Norton ne tombe pas dans le piège. Par sursaut d'orgueil, Ali remporte quelques reprises. À la quatorzième reprise, Norton commet une erreur de débutant, fatale dans les lois tacites de la boxe. Il décide d'être passif plutôt que de continuer à marquer des points. Ali a de l'expérience. Il sait que les juges sont toujours impressionnés par le round final et il décide d'être plus entreprenant, plus combatif en quelque sorte. Il parvient à toucher Norton et surtout il se met à danser.

Les deux boxeurs attendent la décision des juges. Norton est très confiant. Dans le camp d'Ali, malgré l'impression finale, l'optimisme ne se lit pas sur le visage de Dundee ni de Bundini. Mais Ali a un léger avantage. Dans l'histoire des poids lourds, en cas d'indécision des juges, l'avantage est presque toujours donné au champion sortant. Finalement, les trois juges arbitres donnent l'avantage à Ali. Le public siffle au scandale. Le commentateur de télévision de la chaîne H.B.O. parle de honte et se sent solidaire de la déception de Norton. Ali, mal à l'aise, quitte précipitamment le Yankee Stadium sans accorder d'interview. Une première. Bob Biron, le manager de Ken Norton, avait dit avant le match :

> Kenny, c'est toi qui dois prendre le titre à Ali. Si tu ne le fais pas, personne ne reprendra le titre à Mohamed Ali. Si la décision est tant soit peu serrée, il gardera le titre. Il est la boxe[5].

Hors du ring, la popularité d'Ali, devenu un véritable héros national, ne cesse de croître. La ville de Louisville en fait une personnalité historique. En

1978, les membres du conseil municipal votent à six voix contre cinq pour renommer une rue en hommage au boxeur. Walnut Street qui, jusqu'aux années 1960, était un endroit où les Noirs n'étaient pas les bienvenus est baptisée *Muhammad Ali Boulevard*.

Les maux de la fin

Au fur et à mesure que les combats s'enchaînent, le constat est implacable : Ali n'est plus le « danseur » qu'il était. Kinshasa, Manille ne sont plus que des souvenirs. Le poids de l'âge et des centaines de combats amateurs et professionnels, tous aussi rudes les uns que les autres, commencent à peser sur ses épaules. Le boxeur né en 1942 n'a plus la rapidité ni la puissance d'un jeune homme. En ce sens, la boxe est une discipline qui ne supporte pas la vieillesse. Elle est géronticide. Très rares sont les boxeurs poids lourds qui deviennent champions du monde après trente-cinq ans.

Des problèmes familiaux troublent la sérénité nécessaire pour mener sa carrière de boxeur. En 1976, sa deuxième épouse Belinda Khalilah Boyd demande le divorce pour « désertion, adultère et cruauté mentale[1] ». Cette jeune musulmane, fille d'un des proches d'Elijah Muhammad, s'était mariée avec Ali, à l'âge de dix-sept ans. Ils ont quatre enfants. Leur union dura presque dix ans. En 1974, lors de son match à Kinshasa, Ali fait la connaissance de Veronica Porsche, une jeune étudiante, qu'il finira par épouser en juin 1977. Dans le même temps, le divorce des parents d'Ali est rendu public.

Sur les rings, Ali a perdu de sa superbe. Depuis le combat contre Norton, il est incapable d'assurer une victoire nette et sans bavure. Il enchaîne quatre combats qui durent quinze rounds. Ces victoires ont le goût triste des spectacles de fin de règne. Les journalistes montrent du doigt le boxeur qui n'est plus que l'ombre de lui-même. Des voix qui commencent à évoquer sa retraite s'élèvent et pointent le risque du combat de trop qui viendrait ternir une si brillante carrière. Le journaliste sportif Jerry Izenberg le met en garde contre le danger de continuer à boxer à son âge, et après tant d'années à prendre des coups. Il le prévient du risque de la *dementia pugilistica*, ce traumatisme qui touche les boxeurs, découvert par des neurologues américains à la fin des années 1920. Ali continue la boxe. Les besoins d'argent, disent certains, la passion pugilistique, soulignent d'autres, l'entraînent à repousser ses limites. La popularité est un aimant qui l'attire irrésistiblement vers les rings.

Le 29 septembre 1977, opposé au puissant Earnie Shavers, Ali trouve des ressources pour remporter le combat de justesse. Devant près de 15 000 spectateurs du Madison Square Garden, et 70 millions de téléspectateurs, il livre par intermittence des séquences de bonheur aux passionnés de boxe. Mais quelle tristesse de le voir à ce point souffrir pour venir à bout d'un boxeur qui le respecte trop pour « l'achever ». Shavers dira plus tard que « boxer contre Ali fut la meilleure chose qui lui soit arrivée dans toute sa carrière[2] ». Ali inspire énormément de respect à toute une génération de boxeurs qui souvent ont été ses sparring-partners. S'il a réussi à s'en sortir contre Shavers, il est en train de « creuser sa tombe » tant ses combats deviennent inquiétants par les coups qu'il continue à recevoir. La presse est unanime sur le déclin inexorable d'Ali. Quatre faits vont accélérer l'inévitable chute du roi. Au lendemain du match contre Earnie Shavers, Teddy Brenner, promoteur de combats de boxe au Madison Square Garden, prend une décision courageuse en annonçant qu'il n'accueillera plus les combats de Mohamed Ali, jugé trop âgé pour continuer la boxe :

Tant que je serai là, le Madison Square Garden ne proposera plus à Ali de se battre de nouveau. La boxe est un jeu de jeunes hommes. Ali a trente-cinq ans, il a encore la moitié de sa vie devant lui. Pourquoi prendre des risques ? Il n'a plus rien à prouver. Je n'ai pas envie qu'il vienne me voir un jour et qu'il me dise : « Qui êtes-vous ? » Le truc, dans la boxe, c'est partir au bon moment, et le quinzième round d'hier soir était le bon moment pour Ali[3].

Un proche lance un signal d'alarme sur la capacité du boxeur à continuer à endurer autant de coups à son âge. Le docteur Ferdie Pacheco, celui qui l'accompagne depuis plus d'une décennie, constate que son état de santé est inquiétant. Il décide d'alerter ses proches sur un problème rénal dû à une mauvaise circulation du sang. Il met en garde trois personnes : Angelo Dundee, l'entraîneur, Herbert Muhammad, le manager et Veronica, l'épouse d'Ali. Aucun des trois ne daigne prendre le sujet au sérieux. C'est alors qu'il se résout à quitter le staff d'Ali afin de ne pas être complice d'« une mort annoncée ». Deux combats viendront confirmer l'entrée progressive d'Ali dans le tunnel des champions qui n'ont pas su s'arrêter à temps.

En février 1978, Leon Spinks, qui a pour seul fait d'armes d'avoir remporté le titre olympique en 1976, rencontre Ali. Considérant la faible expérience de cet adversaire (sept matchs professionnels contre cinquante-huit combats du côté d'Ali), le camp du champion en titre est confiant quant à l'issue de la rencontre. Mais c'est mal connaître Leon Spinks. Le gamin issu des bas-fonds de Saint Louis est un ancien délinquant qui a réussi à s'en sortir grâce à la boxe. Le combat contre Ali représente une opportunité pour faire parler de lui devant des millions de personnes et également empocher une somme coquette. À Hilton Pavillon de Las Vegas, Spinks va reprendre le titre lors de ce qui restera une médiocre soirée pugilistique. Peu d'observateurs comprennent l'option que prend Ali pour ce combat : si étrange que cela puisse paraître, il décide en effet d'épuiser Spinks comme il l'avait fait contre Foreman. Mais les jeux de jambes et la précision des coups ont disparu. Ali est trop lourd pour surprendre son adversaire, plus jeune et plus vif. L'affrontement ressemble davantage à une bagarre qu'à un championnat du monde où un titre est en jeu. Chacun des deux boxeurs se jette dans des échanges d'une grande pauvreté de style. Au quinzième round, les spectateurs assistent à une scène où les deux boxeurs se rendent coup pour coup, et pour la première fois on voit Ali vaciller sous les poings de son adversaire. Le K.-O. semble même très proche mais il tient jusqu'au gong final. Il perd le combat sans trop crier à l'injustice et demande une revanche qu'il obtient. Il vise un challenge inédit. Réussir ce qu'aucun boxeur lourd n'a jamais réussi à faire : conquérir le titre mondial à trois reprises.

Pari réussi. Sept mois après sa défaite, Ali rencontre Leon Spinks au Superdome de La Nouvelle-Orléans. 64 350 spectateurs assistent à la résurrection du roi. Leon Spinks, peu entraîné et ébloui par une soudaine célébrité, a perdu le match avant de l'avoir commencé, dans les délices et les tentations des précédentes nuits agitées. Ali reprend sa ceinture de champion. La presse est médusée. « Le fantôme de Cassius Clay » semble être revenu, écrit Jack Hahn du *Los Angeles Times*, tandis que le *Time* parle d'« une victoire contre le temps ». C'est l'estime de soi et l'orgueil qui l'ont poussé à remporter cette rencontre. Les champions du monde poids lourds terminent leur carrière sur une victoire. Ali essayera-t-il d'en faire plus pour devenir encore plus grand que le plus grand ?

Le cœur met la raison K.-O.

Après la défaite contre Leon Spinks, la retraite d'Ali ne fait plus de doute. Nombreuses sont les personnes qui attendent patiemment sa décision de mettre fin à sa carrière. Lors de ses passages médiatiques, qui se sont multipliés, il n'élude guère la question. Ali parle de sortie honorable. Il dit vouloir s'impliquer davantage dans des activités humanitaires. Il veut s'investir dans des projets d'aide aux personnes démunies, aux Noirs musulmans du monde entier, aux enfants du tiers-monde, aux familles les plus touchées par la pauvreté aux États-Unis. Ali veut user de sa notoriété pour alerter le gouvernement, les Nations unies, les leaders politiques de grandes nations étrangères sur la nécessité de réagir pour aider les populations qui vivent dans des situations difficiles. Il donne les raisons de son impossible retour sur le ring à un journaliste :

Je serais le plus grand abruti du monde si je devenais un loser après avoir été le premier triple champion du monde. Aucun sportif noir n'est jamais arrivé là où je suis arrivé. Mon peuple a besoin d'un Noir qui soit au sommet. Il faut que je sois le premier[1].

Les sollicitations extra-sportives prolongent l'idée d'une fin de carrière très proche. Sous la présidence de Jimmy Carter, une meilleure visibilité est donnée aux minorités, notamment aux Noirs. Voulant appliquer à la lettre sa politique d'ouverture aux postes de responsabilité aux fractions minoritaires, le président natif de Plains, en Géorgie, nomme deux Afro-Américains à des postes éminemment symboliques : Patricia Robert Harris devient secrétaire au Logement et au Développement urbain, et un ancien compagnon de lutte de Martin Luther King, Andrew Young, se voit confier le poste d'ambassadeur auprès des Nations unies[2]. Sensible à la popularité d'Ali dans les pays de l'Est européen et dans les pays du tiers-monde d'obédience socialiste — Guinée, Angola —, le gouvernement missionne le boxeur en 1978 pour rencontrer le président de l'U.R.S.S., Leonid Brejnev. La visite officielle s'inscrit dans le cadre de la politique de « détente » poursuivie entre les deux grandes puissances. Ali est aussi très actif sur un autre terrain, celui du cinéma. Il tient le rôle principal aux côtés de Kris Kristofferson dans une mini-série télévisée intitulée *Freedom Road* : celui d'un ancien esclave qui s'est battu durant la guerre de Sécession et qui deviendra sénateur républicain de l'État de Caroline du Sud. Le jour arrive où Ali s'exprime enfin sur son avenir.

Le 29 juin 1979, il annonce son retrait définitif du monde de la boxe. Tout laisse à penser que la parole du champion est ferme et définitive. Mais la boxe est certainement le seul sport où les athlètes ont l'impression que l'âge n'altère pas leurs vieux os. Comme l'ont fait les plus grandes gloires (Joe Louis, Floyd Patterson, Ray Sugar Robinson), Ali décide de faire son « come-back ». Subit-il des pressions de la part de son entourage ? Le train de vie de millionnaire dépensier qu'il mène avec Veronica Porsche est-il la cause de ce retour inattendu ? Ou tout simplement, ne parvient-il pas à exister éloigné des rings ?

À l'annonce du retour d'Ali, les fans sont stupéfaits. Quelques mois avant la confrontation prévue pour le 20 octobre 1980, Ali se lance dans une campagne médiatique comme il sait si bien le faire. Face aux journalistes, il annonce qu'« il a remonté la pendule de quinze ans » et que « le combat est gagné d'avance[3] ». Ali se persuade qu'un miracle n'est crédible que s'il se produit à plusieurs reprises, en des temps et des lieux différents, comme ces tours de magie qu'il aime faire à ses enfants et à ses proches. Et puis, son adversaire, c'est Larry Holmes, un boxeur qu'il a vu grandir, qu'il a formé, nourri et qui est pour lui comme un frère d'armes.

Le Caesars Palace de Las Vegas, la nouvelle « Mecque » de la boxe mondiale, accueille ce combat qui marque une nouvelle ère. L'affiche réalisée par l'artiste en vogue du moment, LeRoy Neiman, est intitulée *The Last Hurrah !* Le combat est un désastre pour les amoureux de la boxe. Ali est « écrasé » par un talentueux jeune boxeur qui, par pudeur et pitié, sauve l'ancien champion du monde d'une défaite honteuse. Holmes assène une centaine de coups à un Ali presque amorphe, inexistant. Pour la première fois dans la carrière du boxeur, il donne l'impression qu'il peut succomber aux coups. L'effroi se lit dans le regard de milliers de spectateurs. « Ali le champion du monde, le plus beau, le plus fort, comment en est-il arrivé à monter sur ce ring pour exposer devant les caméras du monde entier une image aussi dégradante[4] ? » marmonnent quelques spectateurs médusés et effrayés par les coups reçus par Ali sur le visage, et les flancs gauche et droit. Larry Holmes, très marqué par ce match, raconte :

> C'est toujours plus facile d'en parler une fois fini. Ali voulait retrouver la couronne qu'il avait abandonnée deux ans plus tôt. Il a raté le coche. Il savait ce qu'il faisait. Merde, j'aurais fait la même chose. Ce combat était réglo. Ali a passé des examens physiques pendant deux jours entiers. Et ils lui ont donné le feu vert. Croyez-moi, je ne voulais pas. Sûrement pas, je vous dis. Je racontais à tout le monde qu'Ali n'aurait pas dû. On était amis. C'était l'idole de mon enfance. Je me souviens, en 1971, je suis venu à son camp d'entraînement de Deer Lake. Je me suis mis à genoux et je l'ai supplié de me prendre comme sparring-partner. Je suis fier d'avoir appris le métier à ses côtés. Il était mon mentor. Un homme, un vrai. Je respectais tout ce qu'il faisait, je vénérais la terre qu'il foulait. Admettons-le, je lui dois énormément. Une dette que l'argent ne peut pas rembourser[5].

Ce combat marque la fin d'une époque, celle des *sixties*, celle de Cassius Clay puis de Mohamed Ali, de la fierté black, de la volonté de mourir pour une cause universelle. Les journalistes qui depuis une vingtaine d'années ont suivi les exploits et les trois défaites de Mohamed voient, ce jour-là, une partie de leurs certitudes de journalistes, d'hommes, et de croyants s'envoler. Pour la première fois, Ali perd un combat avant de l'avoir disputé. Pour huit millions de dollars, il a voulu revenir sur le ring, redevenir le plus grand, le premier à décrocher à quatre reprises la ceinture mondiale. Il échoue dans cet immense hôtel-casino, où le seul miracle possible est d'y pénétrer pauvre et d'en sortir millionnaire grâce aux jeux. En boxe, on ne naît pas champion, on le devient. Le miracle n'existe donc pas, ou une fois par décennie.

Quelques mois après la défaite contre Larry Holmes, Ali décide de remonter sur le ring. Son entourage note que ses mains tremblent légèrement, qu'il parle avec une certaine difficulté, et bafouille parfois. Mohamed Ali ne veut pas entendre parler de dernier match perdu, de retraite. Il rencontre le Canadien Trevor Berbick aux Bahamas. « Il a besoin de ce voyage à Nassau pour comprendre qu'il a quarante ans[6] », écrit Dave Anderson dans le *New York Times*. Pour la première fois, la mère d'Ali s'inquiète pour la santé de « G.G. ». Le match, comme celui contre Holmes, ressemble à une parodie entre un vieux et un jeune, entre un boxeur qui protège son corps pour ne pas avoir mal et un autre boxeur qui balance des coups dans tous les sens pour espérer atteindre le visage, le ventre, partout et nulle part à la fois. Berbick dira à la fin de la rencontre remportée aux points en dix reprises : « J'ai mis le Plus Grand à la retraite. » C'est un moindre mal pour Ali qui répond déjà aux symptômes de la maladie de Parkinson. Quelques années après ses deux défaites, Ali livre la raison pour laquelle il a tant cru au miracle, le dépassement de soi :

J'avais été incapable d'abandonner la boxe, alors c'est la boxe qui m'a abandonné. Aucun des boxeurs noirs qui m'avaient précédé n'avait su s'arrêter au sommet de sa carrière. Je voulais être le premier. La vérité est que si j'avais gagné mon dernier combat, j'aurais continué. Même à soixante ans, j'aurais encore essayé de réaliser l'impossible. On a écrit que j'ai boxé trop longtemps et que ma passion m'a détruit. Mais si c'était à refaire, je ne m'y prendrais pas autrement. Et ma réussite valait bien quelques souffrances. Mon cœur et ma raison me tenaient des discours opposés. Et quand je dus me décider, je fis le choix du cœur. J'ai toujours été mon plus redoutable adversaire[7].

Épilogue

LA FIN DU REBELLE ?

Après sa semi-retraite en 1979, Mohamed Ali aime à répéter qu'il est le Kissinger noir. Cette référence au Prix Nobel de la paix 1973 et à celui qui fut le chef de la diplomatie américaine de 1973 à 1977 n'est pas fortuite. Elle est le fruit d'une profonde mutation de la part de quelqu'un qui, traité de rebelle et d'ennemi de l'intérieur dans les années 1960 par l'État américain, à la suite de sa conversion à l'islam ou de ses positions sur le Vietnam, se vit désormais comme un ambassadeur de l'Amérique, terre de la démocratie.

En 1980, les États-Unis sont empêtrés dans deux « affaires » internationales délicates. La diplomatie est mise à rude épreuve lors de la révolution khomeyniste en Iran. En novembre 1979, des étudiants islamistes pénètrent dans l'ambassade américaine pour exiger l'extradition de Mohammad Reza Chah (l'ancien président, en exil au Caire), et prennent en otage toutes les personnes présentes à l'intérieur.

Pendant quatre cent quarante-quatre jours, l'ambassade devient le cœur de l'activité politico-médiatique du pays. Des centaines de combattants de la Révolution montrent quotidiennement leur haine du « grand Satan » américain, défiant la toute-puissante Amérique et son président Jimmy Carter. Ce dernier pense alors à Mohamed Ali pour apaiser la situation. Après avoir hésité puis s'être rétracté, il décide finalement de le faire intervenir sur un terrain où il pense pouvoir obtenir un résultat probant — celui du sport. Jimmy Carter prévient que l'intervention soviétique en Afghanistan affectera gravement les relations actuelles et futures entre les États-Unis et l'Union soviétique. Les Américains trouvent alors dans l'appel au boycott des jeux Olympiques de 1980, qui doivent avoir lieu durant l'été à Moscou, un moyen efficace de protestation. Pour réussir à mobiliser un maximum de pays, ils ont besoin de l'appui des pays africains. La popularité d'Ali sur le continent noir va servir de fer de lance à ce « Non à Moscou ». Ali fait une tournée en Afrique noire. Sa mission est un échec mais il en sort grandi. Il devient l'image même de cette Amérique qui a su mettre fin à la discrimination « raciale » et a su faire d'un boxeur controversé un héros national.

FIGURE OLYMPIQUE

En 1996, aux jeux Olympiques d'été d'Atlanta, Mohamed Ali émeut la terre entière. Atlanta, la ville où il a fait son retour de boxeur, est le théâtre d'une scène qui reste comme l'une des images les plus mémorables de l'histoire des olympiades. Choisi comme la dernière personne du relais de la torche, il est celui qui allume la flamme de la vasque olympique. Ali, physiquement diminué, trouve la force pour réussir un geste simple mais devenu difficile pour quelqu'un atteint de la maladie de Parkinson depuis une dizaine d'années. Dans cette édition du centenaire des Jeux, Mohamed Ali a l'honneur d'allumer le chaudron olympique lors de la cérémonie d'ouverture. Devant plus de 100 000 spectateurs, sa silhouette apparaît et son corps s'expose. Gardée secrète depuis plusieurs mois, la participation d'Ali n'est pas une surprise, c'est une évidence. L'État américain, et en particulier le président Bill Clinton, a voulu cette présence à plusieurs titres. Pour le chef d'État, Ali représente l'un de ceux qui ont alerté l'opinion publique sur l'ignominie de la guerre au Vietnam ; il affiche par ses titres sportifs une carrière accomplie ; il montre par son courage que la maladie de Parkinson ne l'empêche pas de vivre. Dans l'atmosphère bouillonnante du lancement des Jeux, l'Amérique et des millions de téléspectateurs à travers le monde retiennent leur souffle pour voir Ali, le champion olympique de 1960, Ali le triple champion du monde des poids lourds, le *showman*, le voltigeur du ring. En l'apercevant d'abord sur l'écran géant installé dans l'une des tribunes, les spectateurs croient à un montage. Cette illusion d'un revenant se dissipe. Le doute ne dure que quelques secondes. Ali est bien là, en chair et en os dans le stade. D'un geste tremblant mais assuré, il récupère la flamme olympique de la main droite. La main gauche ne cesse de trembler. Le visage est concentré sur la mission. Pendant quelques instants, les spectateurs et les téléspectateurs ne le quittent pas des yeux. Ali pointe délicatement le flambeau qui allume la grande vasque. Celle-ci restera allumée pendant les dix-sept jours de la compétition. Dans le stade, joie et larmes se confondent pour célébrer plus qu'un champion : une icône du XXe siècle.

LITTÉRATURE

Très peu de sportifs dans le monde peuvent s'enorgueillir d'avoir autant inspiré les écrivains que Mohamed Ali. Habitués à inscrire le sport dans le domaine de la haute culture, les Américains s'intéressent à la « matière Clay puis Ali ». De grands noms de la littérature se sont rapprochés du sportif pour faire émerger un sujet éminemment caractéristique de l'exception américaine. Norman Mailer trouve dans le combat de Kinshasa l'accomplissement du voyage égotique d'Ali. L'avocat et écrivain Thomas Hauser, à travers un travail méticuleux, pénètre les ressorts qui ont permis au boxeur d'inventer son destin. Mike Marqusee, Américain résidant en Angleterre, se projette dans les années 1960 et essaie de comprendre ce qui dans la personnalité d'Ali a favorisé la formation d'une conscience américaine nouvelle. David Remnick se penche sur les raisons pour lesquelles le qualificatif de héros utilisé pour parler d'Ali n'est point usurpé. Les nombreux articles des journalistes de *Sports Illustrated* depuis le début des années 1960 contribuent à installer Ali dans le top 10 des figures sportives. Gerald Early, écrivain de la boxe et directeur d'études sur les Afro-Américains, fait entrer les écrits de Mohamed Ali dans l'Histoire. Joyce Carol Oates se révèle particulièrement puissante dans ses envolées pour évoquer le champion.

Le monde universitaire a lui aussi montré son intérêt pour Cassius Clay / Mohamed Ali. Ces travaux touchent des domaines aussi variés que l'Amérique noire, la masculinité, le rapport entre le sport et la politique. Le pays des religions messianiques ne peut ignorer le boxeur devenu personnage public, ainsi, l'icône Mohamed Ali va même, sous le crayon de Neal Adams, jusqu'à défier Superman dans une bande dessinée, *Superman contre Cassius Clay (Mohamed Ali)*, publiée une première fois en France en 1978 par Sagédition, et rééditée en 2011 par les éditions Atlantic.

Du côté de l'Angleterre, la fulgurance poétique de Hugh McIlvanney s'est trouvé un complice pour traiter du *noble art* comme d'un art majeur. Les universités également, sous l'impulsion de Paul Gilroy et Stuart Hall, ont publié plusieurs travaux comparant la condition des Noirs d'Angleterre à ceux d'Amérique.

La France répond timidement à l'appel, sauf pour pointer les effets du *boxing-business* sur son plus illustre représentant, et en souligner le caractère fantasque. Le journaliste Paul Katz sonne le gong de l'enquête sur l'étrangeté du boxeur. L'écrivain Patrice Lelorain et le philosophe Alexis Philonenko ouvrent les premières brèches de l'alitologie littéraire dans l'Hexagone. Benoît Heimermann, le journaliste et grand reporter à *L'Équipe*, spécialiste du sport américain, trace une nouvelle direction où la boxe cristallise l'histoire originelle du pays. Elizabeth Chambon, Frédéric Roux et Alban Lefranc complètent ce tableau d'un pays qui se prend de passion pour Mohamed Ali.

En 2004, l'éditeur allemand Benedikt Taschen publie *G.O.A.T. (Greatest Of All Time)*, un ouvrage à la mesure de la grandeur du boxeur. L'œuvre fait 792 pages, compte plus 3 000 documents iconographiques, mesure 50 × 50 cm et pèse 34 kg.

MODÈLE D'ARTISTES

L'image de Cassius Clay, alias Mohamed Ali, s'est imposée dans une mémoire collective globalisée grâce à l'inspiration d'artistes aux talents multiples.

Ce sont les photographies de Flip Schulke et de Neil Leifer du magazine *Sports Illustrated*, et de l'œil ami d'Howard Bingham, qui immortalisent les instants magiques de Cassius Clay, dont les poses sont devenues l'expression marquante des années 1960. La photographie de Cassius Clay prise par

Neil Leifer, debout, furieux, tandis que Sonny Liston est allongé sur le tapis lors de leur première confrontation, appartient désormais à l'Histoire de la photographie sportive. Cassius Clay, ce jour-là, n'est pas seulement devenu l'un des plus jeunes champions du monde des poids lourds, mais aussi l'un des premiers sportifs dont l'arrogance, la beauté et la performance furent saisies dans une image aujourd'hui célèbre.

Dans les années 1970, la figure d'Ali interpelle le regard d'artistes iconoclastes et révoltés. En 1978, Andy Warhol en fait l'un des modèles du siècle, tout comme il l'avait fait avec Mao, Marilyn Monroe, Mick Jagger, Liz Taylor...

Le sens du verbe et la musicalité de ses mouvements subjuguent un artiste de la rue : le Haïtien de New York Jean-Michel Basquiat. Ce dernier fait du boxeur de Louisville un champion du peuple. Au début des années 1980, Basquiat réalise des tableaux autour de ses *Black Heroes.* Une de ses œuvres est consacrée au trompettiste Miles Davis, une autre est intitulée « Cassius Clay ».

Le souvenir de l'œuvre pugilistique de Mohamed Ali à Kinshasa est délivré par la force d'expression du tableau de LeRoy Neiman, le peintre des couleurs vives.

L'art contemporain aussi participe à cette célébration. En 2011, Michael Kalish réalise un portrait en 3D baptisé « ReAlise », une sculpture monumentale composée de 1 300 sacs de frappe de boxe.

Les musiciens ont très tôt trouvé dans le talent du boxeur une source d'inspiration.

Le *Ali Shuffle*, mouvement de jeu de jambes introduit par Cassius Clay dès ses premières rencontres, plaît au chanteur de *soul* Alvin Cash. En 1967, il sort un morceau intitulé *Doin' the Ali Shuffle*, extrait de *Alvin Cash Does The Greatest Hits of Muhammad Ali*. L'arrogance et les succès du gamin de Louisville inspirent Eddie Curtis, l'une des voix du rhythm and blues. Il sort *Louisville Lip* au début des années 1970. Philly Soulsters, groupe de Detroit, plonge les fans dans un voyage funky avec *The People's Choice. Muhammad Ali*. Sir Mack Rice, le musicien du label de légende Stax, invoque le champion dans *Muhammad Ali*.

L'Amérique n'est pas le seul endroit qui honore le boxeur par des chansons. Ainsi, c'est avec son titre intitulé *Cassius Clay*, joué sur un rythme reggae, que le Jamaïcain Dennis Alcapone fait danser les habitants de Kingston en 1973. Le Britannique Johnny Wakelin, chanteur de pop et grand fan de Mohamed Ali, s'entoure des Kinshasa Band Black Superman pour sortir *Muhammad Ali* et *In Zaïre* dans les années 1970.

L'Afrique n'a pas oublié Ali. L'orchestre zaïrois Trio Madjesi & Sosoliso règne dans toutes les soirées de Kinshasa avec *8e round*, morceau envoûtant de rumba qui dure près de quatorze minutes.

Dans les années 1990-2000, la fascination pour

Ali ne faiblit pas. Le chanteur à succès R. Kelly, auteur du tube mondial *I Believe I Can Fly*, rend un hommage à Ali avec *The World's Greatest*.

L'éclosion de la musique rap, issue des ghettos noirs des grandes agglomérations, permet d'entendre les tirades d'Ali sur les platines. La jeunesse se le réapproprie. L'image du premier sportif qui accompagne ses combats par des joutes verbales apparaît sur les tee-shirts des musiciens. « Ali est un sportif rappeur », disent certains. Snoop Doggy Dogg, l'un des leaders du « Gangsta rap », utilise la phrase devenue culte *What's my name ?*, souvenir du combat Ali-Terrell de 1967. En 2006, la chaîne E.S.P.N. organise une émission spéciale intitulée *Ali Rap*, pour marquer le lien entre le boxeur et cette tendance musicale. En 2013, The Game, l'un des groupes majeurs de la West Coast, ravit ses fans avec *Ali Bomaye*. La chanteuse Katy Perry reprend « Flotte comme un papillon, pique comme une abeille » pour retenir d'Ali non pas le boxeur mais le poète au verbe acéré.

La jeunesse française sensible au mouvement rap n'oublie pas non plus Mohamed Ali. La préface de *L'âme du papillon*, un ouvrage du boxeur, est rédigée par le rappeur Stomy Bugsy, membre fondateur d'un groupe phare des années 1990, Ministère A.M.E.R. Youssoupha, l'une des vedettes de la scène rap des années 2010, adopte le nom de Bomaye Musik pour toutes ses productions. C'est un clin d'œil à Ali de la part de celui qui a la particularité d'être le fils de Tabu Ley Rochereau, l'une des légendes de la musique zaïroise qui participa à la célébration des musiques noires le jour du combat Ali-Foreman à Kinshasa.

UN HOMME DE CINÉMA

En 1962, nous en avons déjà parlé, le cinéma entre dans la vie de Cassius Clay qui fait une brève apparition dans un film prémonitoire : *Requiem pour un champion*. Depuis, les réalisateurs ont suivi le parcours du boxeur lors des différentes étapes de sa vie. La métamorphose de Cassius Clay en Mohamed Ali est le fil conducteur d'un film dirigé par Jim Jacobs.

William Klein choisit l'angle de l'homme révolté et du revenant de Kinshasa pour évoquer la personnalité de Mohamed Ali. Ainsi, dans *Muhammad Ali. The Greatest 1964-1974*, il embarque les cinéphiles dans les tourments et réussites d'un boxeur d'exception. Le chef-d'œuvre de William Klein, cinéaste photographe épris de liberté, ne traite pas seulement de son itinéraire sportif mais également des façons dont Mohamed Ali incarne une époque.

Leon Gast, avec *When we Were Kings*, offre un remarquable documentaire sur la rencontre à Kinshasa, l'une des plus belles pages de la construction d'une légende. Le film documentaire couronné d'un Oscar en 1997 traduit en outre les enjeux du match qui dépassent largement le périmètre du ring : valorisation du mobutisme, célébration du panafricanisme, premier événement mondialisé qui se tient en Afrique, promotion des musiques noires.

Les matchs homériques entre Ali et Frazier sont remarquablement mis en images dans un documentaire signé Dave Anderson. Plus qu'un film, il propose une vision de l'Amérique, celle qui se projette en Ali et celle qui s'identifie à Joe Frazier.

Comme d'autres grandes figures historiques, la vie de Mohamed Ali a fait l'objet d'un biopic. Réalisé par Michael Mann, ce film hollywoodien à gros budget comprend une pléthore de vedettes. Will Smith, l'une des stars de la nouvelle génération des acteurs afro-américains, est celui qui est choisi pour incarner le boxeur. L'intérêt pour Ali ne se dément pas dans les années 2010. Derik Murray, avec *Facing Ali*, rassemble les paroles des adversaires d'Ali pour en faire une histoire vue de l'autre côté du ring. Bill Siegel, dans *The Trials of Muhammad Ali*, nous rappelle l'une des périodes les plus mouvementées de sa vie sportive, celle qui croise la guerre du Vietnam et ses choix en tant que musulman.

UN PATRIMOINE AMÉRICAIN

Le 14 juin 2003, quelques semaines avant son inauguration officielle, le musée de la Constitution américaine (*National Constitution Center*) accueille Mohamed Ali dans le cadre du *Flag Day*, la journée consacrée à la fête nationale et à la commémoration du drapeau *Stars and Stripes*. Ali est choisi pour hisser le drapeau étoilé au-dessus du bâtiment qui marque l'un des grands moments de la construction de la nation américaine. À cette occasion, le président du centre déclare : « Mohamed Ali symbolise tout ce qui fait la grandeur de l'Amérique[1]. »

Dès la fin de sa carrière, Mohamed Ali est devenu l'une des personnalités les plus récompensées des États-Unis. Le monde sportif, politique et la société civile contribuent à faire de lui un véritable monument historique, un objet de patrimoine. Le magazine *Sports Illustrated* l'a l'élu sportif du siècle. Des historiens des États-Unis du Sud n'oublient jamais de le mentionner dans leurs publications, leurs écrits, leurs travaux. Chaque année, des millions d'enfants sont sensibilisés à son parcours dans le cadre du *Black History Month*. Enfin, l'État l'a honoré de la *Presidential Medal of Freedom*, la plus haute récompense qu'un civil puisse recevoir.

L'histoire de Mohamed Ali n'est plus réduite à celle du sportif. Elle reflète aussi les facettes multiples d'un acteur engagé dans le mouvement civique, dans l'aide aux plus démunis, dans un rôle d'ambassadeur de la paix, dans l'action humanitaire, dans l'investissement aux actions sociales à l'échelle nationale et locale. Au même titre que les grandes personnalités de la politique, Ali est inscrit dans le roman national américain. Le personnage controversé des années 1960 a laissé la place à l'une des figures les plus remarquables et les plus appréciées de l'Amérique d'aujourd'hui. « Je suis l'Amérique », s'amusait à dire Mohamed Ali pour faire taire les multiples attaques de son supposé manque de patriotisme. Depuis plusieurs décennies, le parcours d'Ali fait figure de modèle, d'exemple pour les jeunes générations. En 2005, la ville de Louisville ouvre un musée consacré à sa carrière et à sa vie. Plus qu'un espace dédié au champion, l'endroit se veut un lieu d'apprentissage de valeurs telles que la confiance en soi, le courage, le dévouement et le respect. Ce sont des thèmes sur lesquels se sont bâtis les principes mobilisateurs de l'identité des États-Unis.

UN HÉROS INTERNATIONAL

En 2000, lors d'une interview organisée dans le cadre de la Journée mondiale de la Réconciliation, l'ancien président sud-africain et Prix Nobel de la paix, Nelson Mandela, déclare que Mohamed Ali est l'un de ses héros, affirmant que ce qu'il aime dans la boxe, ce n'est pas la violence mais ce qu'en a fait Ali : un art des plus nobles. Le héros Ali rassemble sur son nom des personnalités très diverses par leur pays d'origine, leur profession ou leur statut social. Le réalisateur Spike Lee parle de l'impact d'Ali sur la communauté noire dans l'éveil de la fierté de se sentir noir et beau durant les années 1960. Le footballeur suédois du Paris Saint-Germain, Zlatan Ibrahimović, déclare qu'il n'a qu'une idole : Mohamed Ali. Mourad Boudjellal, le président médiatique du R.C.T., le club de rugby de Toulon, choisit Ali comme référence dans sa façon d'aborder la vie et pour porter un regard sur la place des personnes issues de l'immigration. Plusieurs sportifs français de disciplines différentes (Nicolas Anelka, Teddy Tamgho, Djibril Cissé) arborent avec fierté des vêtements où apparaissent de façon ostensible les noms de Cassius Clay ou de Mohamed Ali.

La presse hexagonale, *L'Équipe*, notamment, en a fait une personnalité incontournable du sport mondial. En 1999, il est plébiscité derrière le footballeur Pelé dans la liste des plus grands sportifs du XXe siècle. En 2012, un numéro spécial lui est consacré pour fêter ses soixante-dix ans.

En Angleterre, tous les grands boxeurs noirs (Chris Eubank, Lennox Lewis) citent régulièrement le boxeur de Louisville comme l'une des personnes qui a nourri leur passion pour la boxe. D'autres athlètes britanniques voient également en Ali un *role model*. Quant à la presse, elle ne tarit pas d'éloges. En 1999, la B.B.C. fait d'Ali le « Sportif du siècle ».

L'Allemagne, où il a combattu à deux reprises, l'honore de la médaille de la paix Otto Hahn. L'Afrique continue de l'idolâtrer. Au Maroc, il reçoit des mains du roi Hassan II le Ouissam al-Arch, la plus haute distinction de l'État. La C.É.D.É.A.O. (Communauté Économique Des États d'Afrique de l'Ouest) lui rend un vif hommage lors d'une cérémonie officielle.

L'OBJET CULTE

La puissance d'une icône est mesurable à la quantité de productions littéraires et audiovisuelles, et aux références qu'elle a suscitées. L'attraction commerciale est également un critère de la grandeur d'une personnalité mondialement connue et adulée. À partir des années 1980, les entreprises sont en compétition pour associer l'image de leur produit avec celle du *Greatest*. Ali apparaît dans les réclames pour des produits de consommation, comme les hamburgers ou les céréales. En 2008, l'entourage prend la mesure du poids économique d'Ali et confie 80 % des droits de commercialisation de son nom et de son image à la société new-yorkaise C.K.X. (qui a comme clients Woody Allen, Robin Williams, la famille d'Elvis Presley), pour 50 millions de dollars. L'exploitation de son image s'accroît considérablement, en dépit d'une concurrence de sportifs dont l'aura a bénéficié de nouveaux moyens de diffusion, notamment via Internet. Ali reste une icône très demandée et convoitée. Les jeux électroniques, le nouveau loisir domestique, usent de son image dans un duel rêvé Ali contre Tyson. Il est commercialisé par PlayStation 3, en 2009. La collaboration avec Adidas est l'une des plus anciennes et des plus emblématiques. Dans les années 1970, il s'associe avec l'équipementier sportif allemand. La collaboration perdure. En 2007, Ali participe à un spot publicitaire *Imposssible is nothing*. Un montage où il est vu aux côtés de sportifs vedettes du moment (Zinédine Zidane, Haile Gebreselassie, David Beckham…). En janvier 2014, plusieurs articles (chaussures, veste, pantalon…) de la marque aux trois bandes sont commercialisés dans une collection inédite, uniquement dédiée au boxeur, et appelée « Muhammad Ali ».

Mohamed Ali devient une égérie dans le domaine

du luxe. En 2012, il fait partie des légendes sportives (tout comme Diego Maradona, Zinédine Zidane et Pelé) devenues ambassadeurs de la marque Louis Vuitton. Cette campagne dans la presse écrite est déclinée par un clip vidéo où apparaît le musicien Mos Def, qui joue avec les mots d'Ali sur un ring.

En 2010, l'esprit Cassius Clay transparaît dans un spot publicitaire réalisé par Martin Scorsese, pour le parfum *Bleu* de Chanel. L'acteur et mannequin français Gaspard Ulliel déclare dans une conférence de presse : « *I am not going to be the person I am expected to be anymore* », en écho à la célèbre phrase d'Ali prononcée au lendemain de sa victoire contre Liston, le 26 février 1964.

En février 2014, la société américaine Authentic Brands Group (A.B.G.) rachète les droits d'exploitation de l'image d'Ali pour la somme record de 200 millions de dollars. Désormais la riche collection de photos, de vidéos, et de phrases célèbres comme « *Float like a butterfly, sting like a bee* » ou « *The Greatest of all time* » appartient à A.B.G. Le champion constitue toujours une attraction et ses objets sont devenus des produits de luxe qui intéressent de riches collectionneurs. Depuis les années 1990, l'intérêt croissant pour les objets sportifs aborde un nouveau marché : celui des ventes aux enchères. La paire de gants portée lors de son premier titre de champion du monde en 1964 contre Sonny Liston s'est vendue à 836 500 dollars. La même année, en 2014, les gants qu'il revêtait lors de sa première confrontation contre Frazier, au Madison Square Garden en 1971, sont adjugés à un acquéreur qui n'a pas souhaité donner son nom, pour 388 375 dollars (290 000 euros).

L'AMÉRIQUE « POST-RACIALE » ?

Dans un bureau célèbre, on aperçoit la photo culte de Cassius Clay debout surplombant Sonny Liston couché. Ce bureau, c'est celui de Barack Obama, le premier président noir des États-Unis. En 2009, Obama livre ses pensées au quotidien *USA Today* qui célèbre les cinquante ans de carrière d'Ali. L'article est intitulé : « Ce que Mohamed Ali signifie pour moi ». Son talent sportif est naturellement évoqué, mais c'est l'exemplarité de son itinéraire qui est surtout exposée. Produit d'une variété de populations venues des quatre coins de la planète, les États-Unis sont restés, jusqu'aux années 1960, un pays qui se caractérisait par une stratification bâtie sur des lois de discrimination raciale. Les populations noires se trouvèrent marginalisées et dépourvues des droits les plus élémentaires. L'arrivée d'Obama en 2008 a fait résonner dans la conscience américaine et mondiale l'idée que la nation la plus puissante venait d'accomplir un pas de géant dans la constitution d'une ère « post-raciale ».

Mohamed Ali fait partie de ceux qui ont contribué à faire de la question raciale un sujet primordial. Le consensus autour de l'exemplarité de Mohamed Ali renvoie à une vision de l'Amérique qui trace progressivement un avenir où les populations noires sont moins stigmatisées et moins enclines au poids des perceptions et représentations dont elles souffrent depuis plusieurs siècles. Le succès et la notoriété mondiale d'Ali ont contribué à donner une autre image de l'Amérique, à véhiculer une autre idée de la nation qui se construit un nouveau destin, dans lequel les Afro-Américains ne sont plus inaudibles ni invisibles mais bien présents, dans les espaces de reconnaissance que sont la politique, les médias, l'armée, la sphère économique, le sport, etc.

Mohamed Ali, en ce sens, a préparé le terrain à Barack Obama pour construire l'Amérique du XXIe siècle.

*

The Greatest s'est éteint le 3 juin 2016 à Phoenix (Arizona) à l'âge de soixante-quatorze ans.

ANNEXES

REPÈRES CHRONOLOGIQUES

1942\. *17 janvier* : Cassius Marcellus Clay Jr naît, au General Hospital de Louisville, à 18 h 30. Le bébé pèse 3 kilos. C'est le premier fils de Cassius Marcellus Clay Sr, peintre d'enseigne et d'Odessa Lee Grady Clay, femme de ménage.

1944\. Naissance du frère, Rudolph Valentino Clay, qui embrassera une carrière de boxeur, sans succès. Il se convertira à la religion musulmane comme son frère, et deviendra Rahaman Ali.

1949\. Cassius Clay fréquente l'école de la Virginia Avenue, puis le collège Du Valle (Du Valle junior High School).

1954\. Début de la carrière de boxeur au Columbia Gym. Son entraîneur est policier. Première apparition dans l'émission consacrée aux jeunes boxeurs très prometteurs, « Les champions de demain » (*Tomorrow's Champions*), diffusée sur la chaîne locale, W.A.V.E.-T.V.

1956\. Cassius Clay remporte le Kentucky Golden Gloves, tournoi qui réunit les meilleurs boxeurs amateurs de la région.

1957\. Abandon pendant une année de ses activités de boxe. Les médecins diagnostiquent un problème de souffle au cœur. Première rencontre avec son futur entraîneur Angelo Dundee.

1958\. Sèchement battu par un boxeur plus expérimenté, après que son entraîneur, Joe Martin, a décidé d'arrêter le match à la deuxième reprise.

1959\. *11 mars et 4 avril* : gagne deux prestigieux tournois, respectivement les National Golden Gloves à Chicago et le championnat de la National Amateur Athletic Union dans la catégorie mi-lourds. Cette même année, il devient finaliste des Pan American Games. Battu par Amos Johnson.

1960. *11 juin* : obtient son diplôme de fin d'études secondaires (il arrive 376e sur 391).

3 septembre : remporte la médaille d'or des jeux Olympiques, en mi-lourds, face au Polonais Zbigniew Pietrzykowski. Passe professionnel après cent huit combats amateurs (huit défaites).

26 octobre : se lie avec onze businessmen locaux qui créent une structure pour le soutenir, le Louisville Sponsoring Group. Reçoit une prime à la signature de 10 000 dollars. Achète une Cadillac rose pour ses parents.

29 octobre : effectue son premier combat « pro » au Freedom Hall de Louisville, devant 6 000 spectateurs. Victoire aux points contre Tunney Hunsaker.

19 décembre : rejoint le camp d'entraînement d'Angelo Dundee, au Fifth Gym de Miami Beach. La relation avec Dundee va durer vingt et un ans.

1961. *19 avril* : gagne son match qui l'oppose à Lamar Clark. Première d'une longue série de victoires où Ali prédit le round où son adversaire perdra. Commence à fréquenter la mosquée de Miami, deux années avant son premier contact (à Chicago) avec les Black Muslims. Première apparition dans deux publications à diffusion nationale, *Life* et *Sports Illustrated*.

1962. Rencontre avec Malcolm X dans une mosquée à Detroit lors d'un prêche donné par Elijah Muhammad, leader du groupe radical Nation of Islam.

10 février : touche le tapis au premier round au cours de son onzième combat professionnel, pour l'emporter à la quatrième reprise comme il l'avait prédit.

1963. *10 juin* : pour la première fois, fait la une de *Sports Illustrated*. Apparaîtra en couverture trente-sept fois ; seul le basketteur Michael Jordan a fait mieux.

18 juin : effectue son premier combat à l'étranger. Rencontre l'Anglais Henry Cooper à Wembley dans une confrontation qu'il remporte à la cinquième reprise (il l'avait prédit) après avoir touché le tapis à la quatrième reprise.

1964. *24 janvier* : déclaré inapte après les notes médiocres qu'il obtient à l'examen d'aptitude au service militaire, il est contraint de passer un deuxième test.

25 février : il devient champion du monde en battant le tenant du titre Sonny Liston, à la septième reprise par K.-O. Le lendemain, annonce lors d'une conférence de presse sa conversion à l'islam.

6 mars : adopte le nom de Mohamed Ali, donné par Elijah Muhammad.

14 mai : effectue une tournée en Afrique, où il rencontre notamment le président égyptien Gamal Abdel Nasser, et le roi des Ashanti, Osei Prempeh II, à Kumasi (Ghana).

14 août : premier mariage. Épouse Sonji Roi.

1965. *21 février* : Malcolm X est assassiné lors d'un meeting à Harlem. L'appartement d'Ali est incendié dans la même soirée.

25 mai : second match contre Sonny Liston qui dure moins de trois minutes. En novembre, une directive du gouvernement abaisse le niveau d'aptitude mentale pour anticiper une implication plus longue dans le conflit vietnamien.

1966. *10 janvier* : divorce de Sonji Roi.

17 février : les critères de recrutement des soldats ont été revus. Ali est désormais apte au service militaire. Il souhaite être exempté pour motifs religieux ; sa demande est rejetée. Le boxeur est sévèrement critiqué dans le monde politique et pugilistique.

16 août : Ali envoie un courrier au Louisville Sponsoring Group pour résilier son contrat avec le groupe. Herbert Muhammad, le fils d'Elijah Muhammad, devient le manager d'Ali.

1967. *22 mars* : effectue son dernier combat avant le retrait de sa licence. Interdit de rings durant trois ans et demi.

28 avril : convoqué au centre d'examen et d'incorporation, il refuse de servir l'armée au motif qu'un ministre du culte musulman, ce qu'il est, doit être exempté de service militaire. La New York State Athletic Commission et la World Boxing Association lui retirent immédiatement son titre de champion du monde des poids lourds.

8 mai : inculpé par un jury fédéral.

20 juin : un jury de Houston (composé uniquement de Blancs) le condamne à cinq ans d'emprisonnement et à une amende de 10 000 dollars, la peine maximale.

1968. Un comité de soutien s'organise autour d'intellectuels et de George Lois, directeur artistique du magazine *Esquire*. Pour le numéro d'avril, le magazine présente Ali en couverture avec une image qui se réfère au tableau de la Renaissance d'Andrea Mantegna, *Le Martyre de saint Sébastien*.

6 mai : la Cinquième Cour d'appel confirme la sanction d'Ali.

1969. *4 avril* : Elijah Muhammad annonce dans *Muhammad Speaks* (la revue de Nation of Islam) l'exclusion d'Ali qui avait envisagé de revenir au sport à cause de problèmes financiers.

2 décembre : apparition dans une comédie musicale, à Broadway, *Big Time Buck White*.

1970. *26 octobre* : retour tonitruant sur le ring à Atlanta (Géorgie) en battant Jerry Quarry à la troisième reprise.

1971. *8 mars* : rencontre Joe Frazier au Madison Square Garden (New York) devant 20 455 spectateurs, dont plusieurs célébrités. Les deux boxeurs se partagent le gain record de cinq millions de dollars. Frazier remporte le match et Ali touche le tapis au quinzième et dernier round.

28 juin : cinquante mois après son refus d'être mobilisé, la Cour suprême casse à l'unanimité sa condamnation pour vice de forme.

1972. Premier pèlerinage à La Mecque. Effectue des combats d'exhibition, en particulier au Japon et en Irlande.

11 juillet : reçu par le Premier ministre irlandais.

1973. *31 mars* : opposé à Ken Norton, il subit la deuxième défaite de sa carrière professionnelle. Après le combat, l'examen médical révèle qu'il a boxé avec la mâchoire brisée.

1974. *28 janvier* : prend sa revanche sur Joe Frazier en l'emportant aux points.

30 octobre : à Kinshasa, Ali reconquiert son titre de champion du monde en battant George Foreman, à la huitième reprise par K.-O.

10 décembre : reçu à la Maison-Blanche par le président Gerald Ford.

1975. *25 février* : mort d'Elijah Muhammad.

1er octobre : rencontre Joe Frazier pour la troisième fois. Il l'emporte dans une des rencontres les plus éprouvantes de l'histoire de la boxe.

2 décembre : offre 100 000 dollars pour empêcher la fermeture d'un centre communautaire juif pour personnes âgées.

1976. Sortie de sa première autobiographie, *Le Plus Grand*, aux Éditions Gallimard. Achat d'une ferme de trente-cinq hectares dans le Michigan à Berrien Springs.

2 septembre : divorce de sa seconde épouse, Belinda Boyd, qui l'avait épousé à l'âge de dix-sept ans.
28 septembre : bat Ken Norton à l'issue de leur troisième duel.
1er octobre : lors d'un voyage, Ali annonce qu'il abandonne la boxe « sur les recommandations de son chef spirituel, Wallace Muhammad ». La décision est vite abandonnée.

1977. *19 juin* : troisième mariage, avec Veronica Porsche rencontrée à Kinshasa en 1974.
29 septembre : après une victoire alarmante contre Earnie Shavers, le médecin d'Ali, Ferdie Pacheco, l'avertit des risques de santé qu'il prend en poursuivant sa carrière. Il n'est pas écouté et décide de démissionner.

1978. *15 février* : perd son titre mondial contre un jeune boxeur, Leon Spinks.
10-19 juin : effectue une visite officielle en U.R.S.S. et rencontre le président Brejnev.
15 septembre : reprend sa couronne de champion du monde en battant Leon Spinks, devenant ainsi le premier poids lourd de l'histoire à gagner trois fois le titre.

1979. *26 juin* : décide de mettre fin à sa carrière et informe la W.B.A. (World Boxing Association) qu'il souhaite renoncer à sa ceinture. Il effectue plusieurs tournées d'adieu en Europe, organisées par l'agence I.M.G., qui lui rapportent près de 2,5 millions de dollars de droits d'image.
7 novembre : s'implique dans la crise des otages. Il propose à des étudiants iraniens son échange contre soixante otages retenus à l'intérieur de l'ambassade américaine à Téhéran.

1980. *31 janvier* : le président Carter le nomme émissaire en Afrique, avec pour mission de convaincre les pays africains de boycotter les jeux Olympiques organisés à Moscou, pour protester contre l'invasion de l'Afghanistan par l'Union soviétique.
16 avril : annonce son retour à la compétition.
23 juillet : obtient l'autorisation des instances médicales de boxer contre le tenant du titre Larry Holmes, champion W.B.C. (World Boxing Council).
2 octobre : perd son combat. Pour la première fois, son entraîneur Angelo Dundee jette l'éponge pour arrêter la rencontre.

1981. *4 février* : est indirectement impliqué dans un scandale financier : 21,3 millions de dollars auraient été détournés.
1er septembre : il décide de combattre Trevor Berbick.

10 septembre : les instances médicales de la W.B.C. bloquent l'autorisation de boxer. C'est sans conséquence pour la tenue du match.

11 septembre : Ali est humilié par Berbick et perd la rencontre aux points. « On ne rajeunit pas. Le temps m'a rattrapé », déclare Ali à la conférence de presse, devant plusieurs journalistes, en larmes. Il termine donc sa carrière professionnelle avec 61 combats, 56 victoires (dont 37 victoires par K.-O.), et 5 défaites.

1984. Ali déclare officiellement qu'il est atteint de la maladie de Parkinson.

1986. Ali demande réparation et réclame 50 millions de dollars à la justice pour condamnation arbitraire après son refus d'incorporation en 1967. Non-lieu.

19 novembre : épouse Lonnie Ali qu'il rencontra quand elle était petite fille à Louisville.

1990. *8 février* : décès à soixante-dix-sept ans de son père Cassius Marcellus Clay Sr.

2 décembre : malgré son état de santé, contribue à la libération de quinze boucliers humains retenus en otages en Irak.

1992. Célébration du 50ᵉ anniversaire d'Ali à Los Angeles. Plusieurs célébrités sont conviées, Howard Cosell fait un émouvant hommage à la télévision.

1993. *13 avril* : première rencontre entre Ali et Nelson Mandela.

1994. *20 août* : décès à soixante-dix-sept ans de sa mère, Odessa Lee Grady Clay.

1995. Décès à l'âge de soixante-dix-sept ans d'un ami fidèle, le journaliste Howard Cosell. Ali est présent aux funérailles.

1996. *19 juillet* : allume la vasque olympique lors de la cérémonie d'ouverture de la centième édition à Atlanta.

1998. *Avril* : le magazine *GQ* le proclame « sportif du siècle ».

15 septembre : nommé messager de la paix des Nations unies.

1999. À l'approche du millénaire, reçoit plusieurs distinctions dont le titre de sportif du siècle par *Sports Illustrated* et *U.S.A. Today*. L'État du Kentucky le nomme « habitant du Kentucky du siècle ».

2001. *25 décembre* : sortie du film *Ali*, réalisé par Michael Mann.

2002. *Octobre* : fait la une du magazine *Esquire* qui fête ses soixante-dix ans.

17-19 novembre : émissaire des Nations unies, il se rend en Afghanistan en guerre.

2003. Rencontre le Dalaï Lama à Bloomington dans l'Indiana.

2005. *19 novembre* : inauguration du Centre Muhammad Ali, à Louisville. Magnifique bâtiment de six étages.

2006. *28 janvier* : au Forum économique et mondial de Davos (Suisse), devient le premier lauréat du Prix C-100 qui salue son rôle dans le rapprochement entre les mondes musulman et occidental.

2007. *5 juillet* : C.K.X., société chargée de l'exploitation de son nom et de son image, change d'appellation et devient Muhammad Ali Entreprises L.L.C.

2009. *12 février* : afin d'honorer ses actions menées pour lutter contre les inégalités sociales, Ali reçoit le prix présidentiel de « l'Association nationale pour l'avancement des gens de couleur » (N.A.A.C.P.).

Sortie d'un jeu vidéo pour PlayStation 3 et Xbox 360. Dans ce jeu virtuel, Mohamed Ali affronte Mike Tyson.

Avril : pour célébrer le 20 000e numéro du quotidien français *L'Équipe*, un panel de sportifs s'est réuni pour élire « les plus grands athlètes de l'histoire ». Mohamed Ali occupe la première place.

2010. *10 mai* : pour la quatrième année consécutive, Ali termine à la première place de la liste des plus grands athlètes du monde établie par Q score.

2012. *1er février* : décès d'Angelo Dundee, il avait quatre-vingt-dix ans.

13 septembre : reçoit la médaille de la liberté dans le cadre du 225e anniversaire de la constitution américaine.

2014. *Janvier* : Adidas lance une collection Muhammad Ali.

24 février : d'après le *Washington Post*, qui publie des documents émanant du F.B.I. et datés de 1966, le combat entre Mohamed Ali et Sonny Liston, en 1964, aurait été truqué.

31 juillet : les gants utilisés par Mohamed Ali lors de sa première rencontre contre Joe Frazier (en 1971) sont vendus 388 375 dollars (290 000 euros) aux enchères.

2015. Appel de Mohamed Ali à tous les musulmans contre les mouvements djihadistes.

2016. Lancement, au Centre Muhammad Ali, d'un nouveau festival de films consacré aux productions afro-américaines : Black Film Festival.

3 juin : disparition de Mohamed Ali, à la suite d'une longue maladie. Il avait soixante-quatorze ans.

RÉFÉRENCES BIBLIOGRAPHIQUES

OUVRAGES EN FRANÇAIS

Muhammad Ali et Hana Yasmeen Ali, *L'âme du papillon. Les saisons de ma vie*, Paris, Presses du Châtelet, 2005.

Muhammad Ali et Richard Durham, *Le Plus Grand*, Paris, Éditions Gallimard, 1976.

Eldridge Cleaver, *Un Noir à l'ombre*, Paris, Seuil, 1969.

Thomas Hauser, *Mohamed Ali. Sa vie, ses combats*, tomes 1 et 2, Paris, Premium, 2011.

Benoît Heimermann, *Les combats de Muhammad Ali*, Paris, Le Castor Astral, 1998.

Paul Katz, *Un certain Cassius Clay*, Paris, Del Duca, 1971.

Alban Lefranc, *Le ring invisible*, Paris, « Verticales », Éditions Gallimard, 2013.

Patrice Lelorain, *La légende de Muhammad Ali*, Paris, La Table Ronde, 2008.

Norman Mailer, *Le combat du siècle*, Paris, Denoël, 2000.

Joyce Carol Oates, *De la Boxe*, Auch, Éditions Tristram, 2012.

Alexis Philonenko, *Mohammed Ali. Un destin américain*, Paris, Bartillat, 2007.

Frédéric Roux, *Alias Ali*, Paris, Fayard, 2013.

Benedikt Taschen (dir.), *Greatest of all time. Hommage à Muhammad Ali*, Cologne, Taschen, 2010.

José Torres, *Cassius Clay. Les poings d'Allah*, Paris, Solar, 1973.

Nick Tosches, *Night Train*, Paris, Rivages/Noir, 2007.

Neal ADAMS - Denny O'NEIL, *Superman vs Muhammad Ali*, New York, D.C. Comics, 1978.

Howard L. BINGHAM - Max WALLACE, *Muhammad Ali's Greatest Fight. Cassius Clay vs The United States of America*, Londres, Robson Books, 1998.

Stephen BRUNT, *Facing Ali*, Toronto, Vintage Canada, 2003.

Felix DENNIS - Don ATYEO, *Muhammad Ali: The Glory Years*, Londres, Ebury Press, 2002.

Gerald EARLY (ed.), *I'm a Little Special. A Muhammad Ali Reader*, Londres, Yellow Jersey Press, 1998.

Bill HUGHES - Patrick KING, *Come out Writing. A Boxing Anthology*, Édimbourg, Mainstream Publishing, 1999.

Mark KRAM, *Ghosts of Manila. The Fateful Blood Feud between Muhammad Ali and Joe Frazier*, New York, Perennial, 2002.

Les KRANTZ, *Ali in action. The Man, the Moves, the Mouth*, Guilford, The Lyons Press, 2008.

George LOIS, *Ali Rap. Muhammad the First Heavyweight Champion of Rap*, Cologne, Taschen / E.S.P.N. Books, 2006.

Mike MARQUSEE, *Redemption Song. Muhammad Ali and the Spirit of the Sixties*, Londres, Verso, 2000.

Bob MEE, *Liston & Ali. The Ugly Bear and the Boy Who Would Be King*, Édimbourg, Mainstream Publishing, 2010.

Davis MILLER, *The Tao of Muhammad Ali. The Man, The Legend*, Londres, Vintage, 1997.

Walter Dean MYERS, *The Greatest. Muhammad Ali*, New York, Scholastic, 2001.

Gavin NEWSHAM, *The Treasures of Muhammad Ali*, Londres, Seven Oakes, 2008.

Ann OLIVER - Paul SIMPSON (ed.), *The Rough Guide to Muhammad Ali*, Londres, Penguin, 2004.

Michael PARKINSON, *Parky's People*, Londres, Hodder and Stoughton, 2011.

David REMNICK, *King of the World. Muhammad Ali and the Rise of an American Hero*, Londres, Picador, 2000.

Russell J. RICKFORD, *Betty Shabazz. Surviving Malcolm X*, Naperville, Sourcebooks, 2003.

Jeffrey T. Sammons, *Beyond the Ring. The Role of Boxing in American Society*, Chicago, University of Illinois Press, 1988.

Budd Schulberg, *Ringside. A Treasury of Boxing Reportage*, Édimbourg, Mainstream Publishing , 2010.

David West (ed.), *The Mamouth Book of Muhammad Ali*, Londres, Robinson, 2012.

Dave Zirin, *Muhammad Ali Handbook*, Londres, M.Q. Publications, 2007.

FILMOGRAPHIE SÉLECTIVE

John Dower, *Ali vs Frazier, des coups au-delà du ring*, Canal +, 2008.
E.S.P.N., *Muhammad Ali*, E.S.P.N. Enterprises, 2011.
Stephen Frears, *Muhammad Ali's Greatest Fight*, H.B.O. Films, 2013.
Leon Gast - Taylor Hackford, *Muhammad Ali. When we Were Kings*, Polygram Film, 1996.
Phil Grabsky, *Muhammad Ali. Through the Eyes of the World*, T.W.I., 2001.
Jim Jacobs, *a.k.a. [also known as] Cassius Clay*, M.G.M., 2002.
William Klein, *Muhammad Ali. The Greatest, 1964-1974*, Films Paris New York / Arte Vidéo, 2002.
Carlos Larkin, *Muhammad Ali. The Greatest*, Passport International Productions, 2001.
Clare Lewins, *I Am Ali*, IMDb, 2014.
Michael Mann, *Ali*, Studio Canal/Universal, 2002.
Pete McCormack, *Facing Ali*, Metropolitan film & video, 2012.
Ralph Nelson, *Requiem pour un champion*, Sony Pictures, 2005.
Bill Siegel, *The Trials of Muhammad Ali*, Kartemquin Films, 2013.
John Sacret Young, *Muhammad Ali. King of the World*, A.B.C., 2000.

NOTES

UNE ÉDUCATION À LA PORTE DU SUD PROFOND

1. Thomas Hauser, *Mohamed Ali. Sa vie, ses combats*, Paris, Premium, tome 1, 2011, pp. 15-16.
2. Benedikt Taschen (dir.), *Greatest of all time. Hommage à Muhammad Ali*, Cologne, Taschen, 2010, p. 40.
3. Coco Fusco et Brian Wallis (dir.), *Only Skin Deep. Changing Visions of the American Self*, New York, Abrams, 2003, p. 121.
4. Muhammad Ali et Richard Durham, *Le Plus Grand*, Paris, Gallimard, 1976, pp. 33-34.

UNE FAMILLE NOIRE ET BLANCHE

1. *Ibid.*, p. 42.
2. Thomas Hauser, *Mohamed Ali. Sa vie, ses combats*, *op. cit.*, p. 15.
3. Frédéric Roux, *Alias Ali*, Paris, Fayard, 2013, p. 13.

LA BOXE ET RIEN D'AUTRE

1. Benedikt Taschen (dir.), *Greatest of all time. Hommage à Muhammad Ali*, *op. cit.*, p. 41.

L'ASCÉTISME JUVÉNILE

1. Jeffrey T. Sammons, *Beyond the Ring. The Role of Boxing in American Society*, Chicago, University of Illinois Press, 1988, pp. 12-13.

2. Benedikt Taschen (dir.), *Greatest of all time. Hommage à Muhammad Ali*, *op. cit.*, p. 43.

COMBATTANT PLUS QUE CHAMPION-NÉ

1. Thomas Hauser, *Mohamed Ali. Sa vie, ses combats*, *op. cit.*, p. 18.

2. Muhammad Ali et Richard Durham, *Le Plus Grand*, *op. cit.*, p. 49.

LES GANTS D'OR

1. *Ibid.*, p. 50.

2. *New York Times*, 17 septembre 1996.

3. Muhammad Ali et Richard Durham, *Le Plus Grand*, *op. cit.*, p. 51.

4. *Ibid.*, pp. 52-53.

5. *The Badge*. « Official publication of the Jefferson County Fraternal Order of Police », octobre 1957.

ROME 1960

1. Arthur G. Lentz (ed.), *United States 1960 Olympic Book*, 1961.

2. Thomas Hauser, *Mohamed Ali. Sa vie, ses combats*, *op. cit.*, p. 23.

3. Benedikt Taschen (dir.), *Greatest of all time. Hommage à Muhammad Ali*, *op. cit.*, p. 45.

4. Entretien avec Michel Jazy, avril 2011.

5. Thomas Hauser, *Mohamed Ali. Sa vie, ses combats*, *op. cit.*, p. 27.

6. Benedikt Taschen (dir.), *Greatest of all time. Hommage à Muhammad Ali*, *op. cit.*, p. 45.

7. *Ibid.*, p. 48.

8. Frédéric Roux, *Alias Ali*, *op. cit.*, p. 43.

9. Benedikt Taschen (dir.), *Greatest of all time. Hommage à Muhammad Ali*, *op. cit.*, p. 49.

10. Benoît Heimermann, *Les combats de Muhammad Ali*, Paris, Le Castor Astral, 1998, pp. 23-24.

11. Arthur G. Lentz (ed), *United States 1960 Olympic Book*, *op. cit.*, p. 100.

12. David Remnick, *King of the World*, Londres, Picador, 1998, p. 105.

13. Benedikt Taschen (dir.), *Greatest of all time. Hommage à Muhammad Ali*, *op. cit.*, p. 46.

14. *Ibid.*

UNE CÉLÉBRITÉ LOCALE

1. Muhammad Ali et Richard Durham, *Le Plus Grand*, *op. cit.*, pp. 65-66.

2. The Filson Historical Society, *The Filson News Magazine*, vol. 6, n° 1.

3. Thomas Hauser, *Mohamed Ali. Sa vie, ses combats*, *op. cit.*, p. 31.

LA QUÊTE DU MENTOR

1. *The Courier-Journal*, 23 octobre 1960.

2. Benedikt Taschen (dir.), *Greatest of all time. Hommage à Muhammad Ali*, *op. cit.*, p. 60.

3. Ray Sugar Robinson (avec la collaboration d'Andy Dickson et Dave Anderson), *Dieu m'a prêté la foudre*, Paris, Solar, 1971, pp. 261-262.

4. Thomas Hauser, *Mohamed Ali. Sa vie, ses combats*, *op. cit.*, pp. 33-34.

5. Benedikt Taschen (dir.), *Greatest of all time. Hommage à Muhammad Ali*, *op. cit.*, p. 51.

CHOISIR SES ADVERSAIRES POUR DURER

1. *Miami Herald*, 14 janvier 1961.

2. Thomas Hauser, *Mohamed Ali. Sa vie, ses combats*, *op. cit.*, p. 62.

CLOWN AVANT-GARDISTE

1. Frédéric Roux, *Alias Ali*, *op. cit.*, p. 45.

2. Benedikt Taschen (dir.), *Greatest of all time. Hommage à Muhammad Ali*, *op. cit*, p. 67.

3. *The New Yorker*, 3 mars 1962.

4. Benedikt Taschen (dir.), *Greatest of all time. Hommage à Muhammad Ali*, *op. cit.*, p. 72.

5. *Ibid.*, p. 73.

6. Thomas Hauser, *Mohamed Ali. Sa vie, ses combats*, *op. cit.*, p. 53.

7. *Ibid.*, p. 57.

8. *Manchester Guardian*, 19 juin 1963.

9. Thomas Hauser, *Mohamed Ali. Sa vie, ses combats*, *op. cit.*, p. 58.

10. *New York Times*, 19 juin 1963.

UN PRODUIT DE LA TÉLÉVISION

1. Arthur G. Lentz (ed.), *United States 1960 Olympic Book*, *op. cit.*, p. 37.

2. Entretien avec John Hooper, Paris, septembre 2013.

3. Entretien avec Carlos Costa, Paris, juin 2013.

4. *Muhammad Ali*, E.S.P.N., vol. 1. 1963-1965. Cassius Clay, archives filmiques, 2011.

5. Entretien avec Brian Hartford, Londres, avril 2012.

6. Benedikt Taschen (dir.), *Greatest of all time. Hommage à Muhammad Ali*, *op. cit.*, p. 130.

7. *Ibid.*, p. 136.

1. Thomas Hauser, *Mohamed Ali. Sa vie, ses combats, op. cit.*, pp. 68-69.

2. Nick Tosches, *Night Train*, Paris, Rivages/Noir, 2007, p. 30.

3. *Sport mondial*, nº 79, 1962, p. 19.

4. *Sport mondial*, nº 81, 1963, p. 23.

5. Thomas Hauser, *Mohamed Ali. Sa vie, ses combats, op. cit.*, p. 74.

6. *Ibid.*, pp. 74-75.

7. *Ibid.*, p. 75.

8. *Ibid.*

9. *Muhammad Ali*, E.S.P.N., vol. 1. 1963-1965, *op. cit.*

10. *Ibid.*

11. Angelo Dundee, *I Only Talk Winning*, Toronto, Methuen, 1983.

12. David Remnick, *King of the World, op. cit.*, p. 195.

13. Archives radio A.B.C., 25 février 1964.

14. *Muhammad Ali*, E.S.P.N., vol. 1. 1963-1965, *op. cit.*

15. *The Miami News*, 26 février 1964 ; *The Miami Herald*, 26 février 1964.

16. *Sport mondial*, nº 93, avril 1964, p. 46.

MON NOM EST MOHAMED ALI

1. Thomas Hauser, *Mohamed Ali. Sa vie, ses combats, op. cit.*, p. 92.

2. Mike Marqusee, *Redemption Song. Muhammad Ali and The Spirit of the Sixties*, Londres, Verso, 2000, p. 9.

3. *New York Journal American*, 24 mars 1964.

4. *Boxing & Wrestling*, juillet 1964.

5. Michel Fabre, *Les Noirs américains*, Paris, Armand Colin, 1967, p. 139.

6. Malcolm X et Alex Haley, *L'autobiographie de Malcolm X*, Paris, Presse Pocket, 1993, p. 142.

7. Manning Marable et Leith Mullings, *Freedom. Une histoire photographique de la lutte des Noirs américains*, Paris, Phaidon, 2003, p. 285.

8. Malcolm X et Alex Haley, *L'autobiographie de Malcolm X*, *op. cit.*, p. 151.

9. Thomas Hauser, *Mohamed Ali. Sa vie, ses combats*, *op. cit.*, p. 99.

10. *Ibid.*, p. 109.

11. *New York Times*, 7 mars 1964.

12. *Paris Match*, 7 mars 1964.

13. Raymond Meyer et Claude Girard, *La Boxe*, Paris, La Table Ronde, 1965, p. 64.

LE REBELLE ET LE MODÈLE

1. Eldridge Cleaver, *Un Noir à l'ombre*, Paris, Seuil, p. 98.

2. John Kennedy, Presidential Library and Museum, K.N.-C. 1971.

3. Alan H. Levy, *Floyd Patterson. A Boxer and a Gentleman*, North Carolina, McFarlane & Co, 2008, p. 127.

4. Benedikt Taschen (dir.), *Greatest of all time. Hommage à Muhammad Ali*, *op. cit.*, p. 243.

5. *Sports Illustrated*, 15 novembre 1965.

6. *Sports Illustrated*, 22 novembre 1965.

7. *L'Équipe*, 24 novembre 1965.

LE PUNCHEUR À PART

1. Thomas Hauser, *Mohamed Ali. Sa vie, ses combats*, *op. cit.*, p. 178.

2. *The Ring*, août 1966.

3. *L'Équipe*, 23 mai 1966.

4. *Sunday Telegraph*, 22 mai 1966.

5. *The Washington Post*, 7 août 1966.

LES GANTS DU DÉSHONNEUR

1. *Sports Illustrated*, 6 février 1967.

2. Thomas Hauser, *Mohamed Ali. Sa vie, ses combats*, *op. cit.*, p. 180.

3. *Sports Illustrated*, 12 février 1967.

4. *The Ring*, 7 février 1967.

5. *Dallas Morning*, 7 février 1967.

6. Thomas Hauser, *Mohamed Ali. Sa vie, ses combats*, *op. cit.*, p. 182.

7. *Ibid.*, p. 183.

8. *Muhammad Ali*, E.S.P.N., vol. 1. 1966-1967. Cassius Clay, archives filmiques A.B.C., 2011.

LE SAVANT

1. José Torres, *Cassius Clay. Les poings d'Allah*, Paris, Solar, 1973, p. 132.

2. Benedikt Taschen (dir.), *Greatest of all time. Hommage à Muhammad Ali*, *op. cit.*, p. 150.

3. *Muhammad Ali*, E.S.P.N., vol. 2. 1966-1967, *op. cit.*

LA GARDE NOIRE

1. Ray Sugar Robinson, *Dieu m'a prêté la foudre*, *op. cit.*, p. 263.

2. *The New York Times*, 29 septembre 1987.

3. *Muhammad Ali*, E.S.P.N., vol 1. 1963-1965, *op. cit.*

4. *Orlando Sentinel*, 4 octobre 1987

5. Thomas Hauser, *Mohamed Ali. Sa vie, ses combats*, *op. cit.*, pp. 100-101.

6. *Philly.com (The Philadelphia Inquirer)*, 9 janvier 1998.

LES « NÈGRES BLANCS »

1. *Dissent* (magazine), The White Negro, 1957 ; *Esprit*, nº 258, février 1958.

2. Benedikt Taschen (dir.), *Greatest of all time. Hommage à Muhammad Ali*, *op. cit.*, p. 53.

3. *Washington Post*, 17 mai 2008.

4. *Ebony*, novembre 2005 (60th anniversary issue), p. 109.

5. Benedikt Taschen (dir.), *Greatest of all time. Hommage à Muhammad Ali*, *op. cit.*, p. 502.

LES ÉTATS-UNIS D'AMÉRIQUE VERSUS CASSIUS CLAY

1. Jacques Portes, *Les États-Unis et la guerre du Vietnam*, Paris, Éditions Complexe, 2008, p. 169.

2. Pap Ndiaye, *Les Noirs américains. En marche pour l'égalité*, Paris, Découvertes Gallimard, 2009, p. 106.

3. Thomas Hauser, *Mohamed Ali. Sa vie, ses combats*, *op. cit.*, pp. 161-162.

4. Howard Bingham et Max Wallace, *Muhammad Ali's Greatest Fight. Cassius Clay vs. The United States of America*, Londres, Robson Books, 2001, p. 115.

5. Thomas Hauser, *Mohamed Ali. Sa vie, ses combats*, *op. cit.*, p. 162.

6. *Ibid.*

7. *Ibid.*, p. 163.

8. Muhammad Ali et Richard Durham, *Le Plus Grand*, *op. cit.*, p. 168.

9. *Ibid.*, p. 170.

10. *Ibid.*, p. 144.

11. *Ibid.*

12. *Ibid.*, p. 145.

13. Howard Bingham et Max Wallace, *Muhammad Ali's Greatest Fight. Cassius Clay vs. The United States of America*, *op. cit.*, p. 120.

14. Thomas Hauser, *Mohamed Ali. Sa vie, ses combats*, *op. cit.*, p. 164.

15. *Ibid.*, p. 165.

LA TOURNÉE DU BANNI

1. Thomas Hauser, *Mohamed Ali. Sa vie, ses combats*, *op. cit.*, pp. 207-208.

2. Entretien, Paris, avril 2012.

3. Entretien, Paris, mai 2013.

4. Tommie Smith, *Silent Gesture*, Philadelphie, Temple University Press, 2007, p. 93.

5. Entretien, Paris, mai 2013.

6. Thomas Hauser, *Mohamed Ali. Sa vie, ses combats*, *op. cit.*, p. 213.

7. *Muhammad Speaks*, 4 avril 1969.

8. *Les Temps modernes*, mai-juin 1968.

LE RETOUR DU ROI

1. *Esquire*, mai 1970.
2. Benedikt Taschen (dir.), *Greatest of all time. Hommage à Muhammad Ali*, *op. cit.*, pp. 349-350.
3. Howard L. Bingham et Max Wallace, *Muhammad Ali's Greatest Fight. Cassius Clay vs. The United States of America*, *op. cit.*, p. 215.
4. *L'Équipe*, 26 octobre 1970.
5. Thomas Hauser, *Mohamed Ali. Sa vie, ses combats*, *op. cit.*, p. 237.
6. *The New York Times Magazine*, 7 mars 1971.
7. *Life*, 18 décembre 1970.

LA DÉFAITE VICTORIEUSE

1. *The New York Post*, 8 mars 1971.
2. Benedikt Taschen (dir.), *Greatest of all time. Hommage à Muhammad Ali*, *op. cit.*, p. 375.
3. Thomas Hauser, *Mohamed Ali. Sa vie, ses combats*, *op. cit.*, p. 251.
4. *Ibid.*, pp. 257-258.
5. Benedikt Taschen (dir.), *Greatest of all time. Hommage à Muhammad Ali*, *op. cit.*, p. 384.
6. *Sports Illustrated*, 15 mars 1971.
7. *The Guardian*, 9 mars 1971.
8. *L'Équipe*, 8 mars 1971.

LE VRAI OU LE FAUX NOIR ?

1. John Dower, *Ali vs Frazier, des coups au-delà du ring*, Canal+, 2008.
2. *Ibid.*
3. *Sports Illustrated*, 5 avril 1971.
4. Thomas Hauser, *Mohamed Ali. Sa vie, ses combats*, *op. cit.*, p. 249.
5. *Ibid.*

AFRICA OYÉ : KINSHASA, CAPITALE DU MONDE NOIR !

1. *Jeune Afrique*, 7 décembre 1974.
2. Leon Gast et Taylor Hackford, *Muhammad Ali. When we Were Kings*, Polygram Film, 1996.
3. *Jeune Afrique*, 28 septembre 1974.
4. Thomas Hauser, *Mohamed Ali. Sa vie, ses combats*, *op. cit.*, tome 2, p. 16.
5. *Jeune Afrique*, 10 août 1974.

LA BRUTE REPENTIE

1. Thomas Hauser, *Mohamed Ali. Sa vie, ses combats*, *op. cit.*, tome 2, p. 17.
2. *Ibid.*, p. 18.

ALI BOMBAYÉ ! ALI BOMBAYÉ !

1. *Jeune Afrique*, 28 septembre 1974.
2. *Jeune Afrique*, 10 août 1974.
3. *Jeune Afrique*, 9 novembre 1974.
4. *L'Équipe*, 29 octobre 1974.

ALI S'ACCORDE À CLAY

1. *L'Équipe*, 31 octobre 1974.
2. *Le Figaro*, 30 octobre 1974.
3. Benedikt Taschen (dir.), *Greatest of all time. Hommage à Muhammad Ali*, *op. cit.*, p. 462.

À BOUT DE SOUFFLE

1. *Philadelphia Daily News*, 1er octobre 1975.
2. Thomas Hauser, *Mohamed Ali. Sa vie, ses combats, op. cit.*, tome 2, p. 91.
3. *Boxing Illustrated*, 3 octobre 1975.

LA CHUTE DU ROI

1. Brian Kilmeade, *The Games Do Count. America's Best and Brightest on the Power of Sports*, New York, Reganbooks, 2004, pp. 40-41.
2. Thomas Hauser, *Mohamed Ali. Sa vie, ses combats, op. cit.*, tome 2, pp. 34-35.
3. Archives I.N.A., 5 mars 1976.
4. Archives I.N.A., 7 mars 1976.
5. Ken Norton, *Going the Distance*, New York, Sportspub, 2000, p. 130.

LES MAUX DE LA FIN

1. Thomas Hauser, *Mohamed Ali. Sa vie, ses combats, op. cit.*, tome 2, p. 112.
2. Stephen Brunt, *Facing Ali*, Toronto, Vintage Canada, 2003, p. 272.
3. Thomas Hauser, *Mohamed Ali. Sa vie, ses combats, op. cit.*, tome 2, p. 120.

LE CŒUR MET LA RAISON K.-O.

1. Thomas Hauser, *Mohamed Ali. Sa vie, ses combats, op. cit.*, tome 2, p. 137.
2. Howard Zinn, *Le XXe siècle américain. Une histoire populaire de 1890 à nos jours*, Marseille, Agone, 2003, p. 308.
3. Benedikt Taschen (dir.), *Greatest of all time. Hommage à Muhammad Ali, op. cit.*, p. 552.
4. *Newsweek*, 4 octobre 1980.

5. Benedikt Taschen (dir.), *Greatest of all time. Hommage à Muhammad Ali*, *op. cit.*, p. 552.

6. *Ibid.*, p. 554.

7. Muhammad Ali, *L'âme du papillon. Les saisons de ma vie*, Paris, Presses du Châtelet, 2005, pp. 151-152.

ÉPILOGUE

1. *National Constitution Center Archives*, 14 juin 2003.

REMERCIEMENTS

Mes pensées vont à tous ceux qui ont, de près ou de loin, contribué à la réalisation de cet ouvrage. Je remercie particulièrement Anne, ma première lectrice (*My Greatest love of all*), et mes fils Clément et Thomas. Une place spéciale est accordée à toutes les personnes interviewées, et à mes collègues universitaires Jean-François Diana, Paul Dietschy, Jean-Paul Derai, Jean-Michel Faure, Marion Fontaine, Yvan Gastaut, Piero-D. Galloro, Pierre Lanfranchi, Julien Sorez, Lilian Ndjaga-Mba, Pap Ndiaye, Harry Mephon, Stéphane Mourlane, Rafael Poli, Didier Rey, Gautier Sergheraert, Kevin Marston Tallec, Matt Taylor et Naïma Yahi. Une pensée chaleureuse va à mes amis Tayeb Belmihoub, Mohamed Berouane, Stéphane Drici, Michel Erlich, Frank « Lopez » Hubert et la famille Roussel, ainsi qu'aux boxeurs Jean-Claude Bouttier, Lucie Bertaud, Aya Cissoko, Jean-Marc Mormeck, Mike Tyson. Un petit clin d'œil pour l'équipe de la librairie Millepages de Vincennes avec qui j'ai passé des heures exclusives à parler de boxe et de boxe...

Last but not least, ma reconnaissance va à Gérard de Cortanze, qui m'a permis de réaliser ce projet qui me tenait tant à cœur. Encore merci pour votre patience.

REMERCIEMENTS

ANNEXES

FOLIO BIOGRAPHIES

L'abbé Pierre, par SOPHIE DOUDET

Alain-Fournier, par ARIANE CHARTON. Prix Roland de Jouvenel 2015.

Alexandre le Grand, par JOËL SCHMIDT

Mohamed Ali, par CLAUDE BOLI

Lou Andreas-Salomé, par DORIAN ASTOR

Attila, par ÉRIC DESCHODT. Prix « Coup de cœur en poche 2006 » décerné par *Le Point*.

Bach, par MARC LEBOUCHER

Joséphine Baker, par JACQUES PESSIS

Balzac, par FRANÇOIS TAILLANDIER

Baudelaire, par JEAN-BAPTISTE BARONIAN

Beaumarchais, par CHRISTIAN WASSELIN

Beethoven, par BERNARD FAUCONNIER

Sarah Bernhardt, par SOPHIE-AUDE PICON

Bouddha, par SOPHIE ROYER

Bougainville, par DOMINIQUE LE BRUN

Les Brontë, par JEAN-PIERRE OHL

James Brown, par STÉPHANE KOECHLIN

Buffalo Bill, par MICHEL FAUCHEUX

Lord Byron, par DANIEL SALVATORE SCHIFFER

Maria Callas, par RENÉ DE CECCATTY

Calvin, par JEAN-LUC MOUTON

Camus, par VIRGIL TANASE

Truman Capote, par LILIANE KERJAN

Le Caravage, par GÉRARD-JULIEN SALVY

Casanova, par MAXIME ROVERE

Céline, par YVES BUIN

Jules César, par JOËL SCHMIDT

Cézanne, par BERNARD FAUCONNIER. Prix de la biographie de la ville d'Hossegor 2007.

Chaplin, par MICHEL FAUCHEUX

Che Guevara, par ALAIN FOIX

Churchill, par SOPHIE DOUDET

Cléopâtre, par JOËL SCHMIDT

Albert Cohen, par FRANCK MÉDIONI

Colette, par MADELEINE LAZARD

Christophe Colomb, par MARIE-FRANCE SCHMIDT

Joseph Conrad, par MICHEL RENOUARD

Marie Curie, par JANINE TROTEREAU

Darwin, par JEAN-NOËL MOURET

Alexandra David-Néel, par JENNIFER LESIEUR

Miles Davis, par FRANCK MÉDIONI

James Dean, par JEAN-PHILIPPE GUERAND

Debussy, par ARIANE CHARTON

Delacroix, par FRÉDÉRIC MARTINEZ

Charles Dickens, par JEAN-PIERRE OHL

Diderot, par RAYMOND TROUSSON

Marlene Dietrich, par JEAN PAVANS

Dostoïevski, par VIRGIL TANASE

Alexandre Dumas, par SYLVAIN LEDDA

Albert Einstein, par LAURENT SEKSIK

Fellini, par BENITO MERLINO

Georges Feydeau, par VIOLAINE HEYRAUD

Scott et Zelda Fitzgerald, par STÉPHANE MALTÈRE

Flaubert, par BERNARD FAUCONNIER

Saint François d'Assise, par VIRGIL TANASE

Freud, par RENÉ MAJOR et CHANTAL TALAGRAND

Gandhi, par CHRISTINE JORDIS. Prix du livre d'histoire de la ville de Courbevoie 2008.

Federico García Lorca, par ALBERT BENSOUSSAN

De Gaulle, par ÉRIC ROUSSEL

Geronimo, par OLIVIER DELAVAULT

George Gershwin, par FRANCK MÉDIONI. Coup de cœur du prix des Muses 2015.

Goethe, par JOËL SCHMIDT

Carlo Goldoni, par FRANCK MÉDIONI

Olympe de Gouges, par MICHEL FAUCHEUX

Goya, par MARIE-FRANCE SCHMIDT
Jimi Hendrix, par FRANCK MÉDIONI
Billie Holiday, par SYLVIA FOL
Homère, par PIERRE JUDET DE LA COMBE
Victor Hugo, par SANDRINE FILLIPETTI
Ibsen, par JACQUES DE DECKER
Jésus, par CHRISTIANE RANCÉ
Janis Joplin, par JEAN-YVES REUZEAU
Louis Jouvet, par OLIVIER RONY. Prix Renaudot Poche 2021.
Kafka, par GÉRARD-GEORGES LEMAIRE
Gene Kelly, par ALAIN MASSON
Kennedy, par VINCENT MICHELOT
Kerouac, par YVES BUIN
Klimt, par SERGE SANCHEZ
Lafayette, par BERNARD VINCENT
Lapérouse, par ANNE PONS
Lawrence d'Arabie, par MICHEL RENOUARD
Abraham Lincoln, par LILIANE KERJAN
Franz Liszt, par FRÉDÉRIC MARTINEZ
Jack London, par BERNARD FAUCONNIER
Louis XIV, par ÉRIC DESCHODT
Louis XVI, par BERNARD VINCENT
Auguste et Louis Lumière, par MICHEL FAUCHEUX
Martin Luther King, par ALAIN FOIX
Machiavel, par HUBERT PROLONGEAU
Magritte, par MICHEL DRAGUET
Malraux, par SOPHIE DOUDET
Nelson Mandela, par FABRICE D'ALMEIDA
Man Ray, par SERGE SANCHEZ
Marivaux, par FRANCK SALAÜN
Bob Marley, par JEAN-PHILIPPE DE TONNAC
Maupassant, par FRÉDÉRIC MARTINEZ
Mermoz, par MICHEL FAUCHEUX
Michel-Ange, par NADINE SAUTEL

Mishima, par JENNIFER LESIEUR
Modigliani, par CHRISTIAN PARISOT
Moïse, par CHARLES SZLAKMANN
Molière, par CHRISTOPHE MORY
Marilyn Monroe, par ANNE PLANTAGENET
Montesquieu, par CATHERINE VOLPILHAC-AUGER
Thomas More, par MARIE-CLAIRE PHÉLIPPEAU
Jim Morrison, par JEAN-YVES REUZEAU
Mozart, par JEAN BLOT
Alfred de Musset, par ARIANE CHARTON
Napoléon, par PASCALE FAUTRIER
Gérard de Nerval, par GÉRARD COGEZ
Nietzsche, par DORIAN ASTOR
Anna de Noailles, par FRÉDÉRIC MARTINEZ
George Orwell, par STÉPHANE MALTÈRE
Pasolini, par RENÉ DE CECCATTY
Pasteur, par JANINE TROTEREAU
Gérard Philipe, par GENEVIÈVE WINTER
Édith Piaf, par ALBERT BENSOUSSAN
Picasso, par GILLES PLAZY
Platon, par BERNARD FAUCONNIER
Marco Polo, par OLIVIER GERMAIN-THOMAS
Ravel, par SYLVAIN LEDDA
Louis Renault, par JEAN-NOËL MOURET
Richelieu, par SYLVIE TAUSSIG
Rimbaud, par JEAN-BAPTISTE BARONIAN. Prix littéraire 2011 du parlement de la Fédération Wallonie-Bruxelles.
Robespierre, par JOËL SCHMIDT
Rousseau, par RAYMOND TROUSSON
Sade, par STÉPHANIE GENAND
Saint-Exupéry, par VIRGIL TANASE. Prix de la biographie de la ville d'Hossegor 2013.
Saint-Simon, par MARC HERSANT. Prix de la biographie littéraire de l'Académie française 2017.
George Sand, par MARTINE REID. Prix Ernest Montusès 2013.

Madame de Sévigné, par STÉPHANE MALTÈRE

Shakespeare, par CLAUDE MOURTHÉ

Madame de Staël, par SOPHIE DOUDET

Gertrude Stein, par PHILIPPE BLANCHON

Stendhal, par SANDRINE FILLIPETTI

Jacques Tati, par JEAN-PHILIPPE GUERAND

Tchekhov, par VIRGIL TANASE

Henry David Thoreau, par MARIE BERTHOUMIEU et LAURA EL MAKKI

Tocqueville, par BRIGITTE KRULIC

Toussaint Louverture, par ALAIN FOIX

Trotsky, par MICHEL RENOUARD

Jules Vallès, par CORINNE SAMINADAYAR-PERRIN

Van Gogh, par DAVID HAZIOT. Prix d'Académie 2008 décerné par l'Académie française (fondation Le Métais-Larivière).

Verdi, par ALBERT BENSOUSSAN

Verlaine, par JEAN-BAPTISTE BARONIAN

Boris Vian, par CLAIRE JULLIARD

La reine Victoria, par PHILIPPE CHASSAIGNE

Léonard de Vinci, par SOPHIE CHAUVEAU

Voltaire, par FRANÇOIS JACOB

Wagner, par JACQUES DE DECKER

Andy Warhol, par MERIAM KORICHI

George Washington, par LILIANE KERJAN

H. G. Wells, par LAURA EL MAKKI

Oscar Wilde, par DANIEL SALVATORE SCHIFFER

Tennessee Williams, par LILIANE KERJAN. Prix du Grand Ouest 2011.

Virginia Woolf, par ALEXANDRA LEMASSON

Frank Zappa, par GUY DAROL

Stefan Zweig, par CATHERINE SAUVAT

COLLECTION FOLIO

Dernières parutions

6801. Sophie Chauveau	*Picasso, le Minotaure. 1881-1973*
6802. Abubakar Adam Ibrahim	*La saison des fleurs de flamme*
6803. Pierre Jourde	*Le voyage du canapé-lit*
6804. Karl Ove Knausgaard	*Comme il pleut sur la ville. Mon combat - Livre V*
6805. Sarah Marty	*Soixante jours*
6806. Guillaume Meurice	*Cosme*
6807. Mona Ozouf	*L'autre George. À la rencontre de l'autre George Eliot*
6808. Laurine Roux	*Une immense sensation de calme*
6809. Roberto Saviano	*Piranhas*
6810. Roberto Saviano	*Baiser féroce*
6811. Patti Smith	*Dévotion*
6812. Ray Bradbury	*La fusée* et autres nouvelles
6813. Albert Cossery	*Les affamés ne rêvent que de pain*
6814. Georges Rodenbach	*Bruges-la-Morte*
6815. Margaret Mitchell	*Autant en emporte le vent I*
6816. Margaret Mitchell	*Autant en emporte le vent II*
6817. George Eliot	*Felix Holt, le radical.*
6818. Goethe	*Les Années de voyage de Wilhelm Meister*
6819. Meryem Alaoui	*La vérité sort de la bouche du cheval*
6820. Unamuno	*Contes*
6821. Leïla Bouherrafa	*La dédicace.*
6822. Philippe Djian	*Les inéquitables*

6823. Carlos Fuentes	*La frontière de verre.* Roman en neuf récits
6824. Carlos Fuentes	*Les années avec Laura Díaz.* Nouvelle édition augmentée
6825. Paula Jacques	*Plutôt la fin du monde qu'une écorchure à mon doigt.*
6826. Pascal Quignard	*L'enfant d'Ingolstadt. Dernier royaume X*
6827. Raphaël Rupert	*Anatomie de l'amant de ma femme*
6828. Bernhard Schlink	*Olga*
6829. Marie Sizun	*Les sœurs aux yeux bleus*
6830. Graham Swift	*De l'Angleterre et des Anglais*
6831. Alexandre Dumas	*Le Comte de Monte-Cristo*
6832. Villon	*Œuvres complètes*
6833. Vénus Khoury-Ghata	*Marina Tsvétaïéva, mourir à Elabouga*
6834. Élisa Shua Dusapin	*Les billes du Pachinko*
6835. Yannick Haenel	*La solitude Caravage*
6836. Alexis Jenni	*Féroces infirmes*
6837. Isabelle Mayault	*Une longue nuit mexicaine*
6838. Scholastique Mukasonga	*Un si beau diplôme !*
6839. Jean d'Ormesson	*Et moi, je vis toujours*
6840. Orhan Pamuk	*La femme aux cheveux roux*
6841. Joseph Ponthus	*À la ligne. Feuillets d'usine*
6842. Ron Rash	*Un silence brutal*
6843. Ron Rash	*Serena*
6844. Bénédicte Belpois	*Suiza*
6845. Erri De Luca	*Le tour de l'oie*
6846. Arthur H	*Fugues*
6847. Francesca Melandri	*Tous, sauf moi*
6848. Eshkol Nevo	*Trois étages*
6849. Daniel Pennac	*Mon frère*
6850. Maria Pourchet	*Les impatients*
6851. Atiq Rahimi	*Les porteurs d'eau*
6852. Jean Rolin	*Crac*
6853. Dai Sijie	*L'Évangile selon Yong Sheng*
6854. Sawako Ariyoshi	*Le crépuscule de Shigezo*

6855. Alexandre Dumas	*Les Compagnons de Jéhu*
6856. Bertrand Belin	*Grands carnivores*
6857. Christian Bobin	*La nuit du cœur*
6858. Dave Eggers	*Les héros de la Frontière*
6859. Dave Eggers	*Le Capitaine et la Gloire*
6860. Emmanuelle Lambert	*Giono, furioso*
6861. Danièle Sallenave	*L'églantine et le muguet*
6862. Martin Winckler	*L'École des soignantes*
6863. Zéno Bianu	*Petit éloge du bleu*
6864. Collectif	*Anthologie de la littérature grecque. De Troie à Byzance*
6865. Italo Calvino	*Monsieur Palomar*
6866. Auguste de Villiers de l'Isle-Adam	*Histoires insolites*
6867. Tahar Ben Jelloun	*L'insomniaque*
6868. Dominique Bona	*Mes vies secrètes*
6869. Arnaud Cathrine	*J'entends des regards que vous croyez muets*
6870. Élisabeth Filhol	*Doggerland*
6871. Lisa Halliday	*Asymétrie*
6872. Bruno Le Maire	*Paul. Une amitié*
6873. Nathalie Léger	*La robe blanche*
6874. Gilles Leroy	*Le diable emporte le fils rebelle*
6875. Jacques Ferrandez / Jean Giono	*Le chant du monde*
6876. Kazuo Ishiguro	*2 nouvelles musicales*
6877. Collectif	*Fioretti. Légendes de saint François d'Assise*
6878. Herta Müller	*La convocation*
6879. Giosuè Calaciura	*Borgo Vecchio*
6880. Marc Dugain	*Intérieur jour*
6881. Marc Dugain	*Transparence*
6882. Elena Ferrante	*Frantumaglia. L'écriture et ma vie*
6883. Lilia Hassaine	*L'œil du paon*
6884. Jon McGregor	*Réservoir 13*
6885. Caroline Lamarche	*Nous sommes à la lisière*
6886. Isabelle Sorente	*Le complexe de la sorcière*

6887. Karine Tuil — *Les choses humaines*
6888. Ovide — *Pénélope à Ulysse* et autres lettres d'amour de grandes héroïnes antiques
6889. Louis Pergaud — *La tragique aventure de Goupil* et autres contes animaliers
6890. Rainer Maria Rilke — *Notes sur la mélodie des choses* et autres textes
6891. George Orwell — *Mil neuf cent quatre-vingt-quatre*
6892. Jacques Casanova — *Histoire de ma vie*
6893. Santiago H. Amigorena — *Le ghetto intérieur*
6894. Dominique Barbéris — *Un dimanche à Ville-d'Avray*
6895. Alessandro Baricco — *The Game*
6896. Joffrine Donnadieu — *Une histoire de France*
6897. Marie Nimier — *Les confidences*
6898. Sylvain Ouillon — *Les jours*
6899. Ludmila Oulitskaïa — *Médée et ses enfants*
6900. Antoine Wauters — *Pense aux pierres sous tes pas*
6901. Franz-Olivier Giesbert — *Le schmock*
6902. Élisée Reclus — *La source* et autres histoires d'un ruisseau
6903. Simone Weil — *Étude pour une déclaration des obligations envers l'être humain* et autres textes
6904. Aurélien Bellanger — *Le continent de la douceur*
6905. Jean-Philippe Blondel — *La grande escapade*
6906. Astrid Éliard — *La dernière fois que j'ai vu Adèle*
6907. Lian Hearn — *Shikanoko, livres I et II*
6908. Lian Hearn — *Shikanoko, livres III et IV*
6909. Roy Jacobsen — *Mer blanche*
6910. Luc Lang — *La tentation*
6911. Jean-Baptiste Naudet — *La blessure*
6912. Erik Orsenna — *Briser en nous la mer gelée*
6913. Sylvain Prudhomme — *Par les routes*
6914. Vincent Raynaud — *Au tournant de la nuit*
6915. Kazuki Sakuraba — *La légende des filles rouges*

6916. Philippe Sollers	*Désir*
6917. Charles Baudelaire	*De l'essence du rire* et autres textes
6918. Marguerite Duras	*Madame Dodin*
6919. Madame de Genlis	*Mademoiselle de Clermont*
6920. Collectif	*La Commune des écrivains. Paris, 1871 : vivre et écrire l'insurrection*
6921. Jonathan Coe	*Le cœur de l'Angleterre*
6922. Yoann Barbereau	*Dans les geôles de Sibérie*
6923. Raphaël Confiant	*Grand café Martinique*
6924. Jérôme Garcin	*Le dernier hiver du Cid*
6925. Arnaud de La Grange	*Le huitième soir*
6926. Javier Marías	*Berta Isla*
6927. Fiona Mozley	*Elmet*
6928. Philip Pullman	*La Belle Sauvage. La trilogie de la Poussière, I*
6929. Jean-Christophe Rufin	*Les trois femmes du Consul. Les énigmes d'Aurel le Consul*
6930. Collectif	*Haikus de printemps et d'été*
6931. Épicure	*Lettre à Ménécée* et autres textes
6932. Marcel Proust	*Le Mystérieux Correspondant* et autres nouvelles retrouvées
6933. Nelly Alard	*La vie que tu t'étais imaginée*
6934. Sophie Chauveau	*La fabrique des pervers*
6935. Cecil Scott Forester	*L'heureux retour*
6936. Cecil Scott Forester	*Un vaisseau de ligne*
6937. Cecil Scott Forester	*Pavillon haut*
6938. Pam Jenoff	*La parade des enfants perdus*
6939. Maylis de Kerangal	*Ni fleurs ni couronnes* suivi de *Sous la cendre*
6940. Michèle Lesbre	*Rendez-vous à Parme*
6941. Akira Mizubayashi	*Âme brisée*
6942. Arto Paasilinna	*Adam & Eve*
6943. Leïla Slimani	*Le pays des autres*
6944. Zadie Smith	*Indices*
6945. Cesare Pavese	*La plage*

6946. Rabindranath Tagore	*À quatre voix*
6947. Jean de La Fontaine	*Les Amours de Psyché et de Cupidon* précédé d'*Adonis* et du *Songe de Vaux*
6948. Bartabas	*D'un cheval l'autre*
6949. Tonino Benacquista	*Toutes les histoires d'amour ont été racontées, sauf une*
6950. François Cavanna	*Crève, Ducon !*
6951. René Frégni	*Dernier arrêt avant l'automne*
6952. Violaine Huisman	*Rose désert*
6953. Alexandre Labruffe	*Chroniques d'une station-service*
6954. Franck Maubert	*Avec Bacon*
6955. Claire Messud	*Avant le bouleversement du monde*
6956. Olivier Rolin	*Extérieur monde*
6957. Karina Sainz Borgo	*La fille de l'Espagnole*
6958. Julie Wolkenstein	*Et toujours en été*
6959. James Fenimore Cooper	*Le Corsaire Rouge*
6960. Jean-Baptiste Andrea	*Cent millions d'années et un jour*
6961. Nino Haratischwili	*La huitième vie*
6962. Fabrice Humbert	*Le monde n'existe pas*
6963. Karl Ove Knausgaard	*Fin de combat. Mon combat - Livre VI*
6964. Rebecca Lighieri	*Il est des hommes qui se perdront toujours*
6965. Ian McEwan	*Une machine comme moi*
6966. Alexandre Postel	*Un automne de Flaubert*
6967. Anne Serre	*Au cœur d'un été tout en or*
6968. Sylvain Tesson	*La panthère des neiges*
6969. Maurice Leblanc	*Arsène Lupin, gentleman-cambrioleur*
6970. Nathacha Appanah	*Le ciel par-dessus le toit*
6971. Pierre Assouline	*Tu seras un homme, mon fils*
6972. Maylis Besserie	*Le tiers temps*
6973. Marie Darrieussecq	*La mer à l'envers*
6974. Marie Gauthier	*Court vêtue*
6975. Iegor Gran	*Les services compétents*

6976. Patrick Modiano	*Encre sympathique*
6977. Christophe Ono-dit-Biot et Adel Abdessemed	*Nuit espagnole*
6978. Regina Porter	*Ce que l'on sème*
6979. Yasmina Reza	*Anne-Marie la beauté*
6980. Anne Sinclair	*La rafle des notables*
6981. Maurice Leblanc	*Arsène Lupin contre Herlock Sholmès*
6982. George Orwell	*La Ferme des animaux*
6983. Jean-Pierre Siméon	*Petit éloge de la poésie*
6984. Amos Oz	*Ne dis pas la nuit*
6985. Belinda Cannone	*Petit éloge de l'embrassement*
6986. Christian Bobin	*Pierre,*
6987. Claire Castillon	*Marche blanche*
6988. Christelle Dabos	*La Passe-miroir, Livre IV. La tempête des échos*
6989. Hans Fallada	*Le cauchemar*
6990. Pauline Guéna	*18.3. Une année à la PJ*
6991. Anna Hope	*Nos espérances*
6992. Elizabeth Jane Howard	*Étés anglais. La saga des Cazalet I*
6993. J.M.G. Le Clézio	*Alma*
6994. Irène Némirovsky	*L'ennemie*
6995. Marc Pautrel	*L'éternel printemps*
6996. Lucie Rico	*Le chant du poulet sous vide*
6997. Abdourahman A. Waberi	*Pourquoi tu danses quand tu marches ?*
6998. Sei Shônagon	*Choses qui rendent heureux* et autres notes de chevet
6999. Paul Valéry	*L'homme et la coquille* et autres textes
7000. Tracy Chevalier	*La brodeuse de Winchester*
7001. Collectif	*Contes du Chat noir*
7002. Edmond et Jules de Goncourt	*Journal*
7003. Collectif	*À nous la Terre !*
7004. Dave Eggers	*Le moine de Moka*
7005. Alain Finkielkraut	*À la première personne*

7007. C. E. Morgan	*Tous les vivants*
7008. Jean d'Ormesson	*Un hosanna sans fin*
7009. Amos Oz	*Connaître une femme*
7010. Olivia Rosenthal	*Éloge des bâtards*
7011. Collectif	*Écrire Marseille.* 15 grands auteurs célèbrent la cité phocéenne
7012. Fédor Dostoïevski	*Les Nuits blanches*
7013. Marguerite Abouet et Clément Oubrerie	*Aya de Yopougon 5*
7014. Marguerite Abouet et Clément Oubrerie	*Aya de Yopougon 6*
7015. Élisa Shua Dusapin	*Vladivostok Circus*
7016. David Foenkinos	*La famille Martin*
7017. Pierre Jourde	*Pays perdu*
7018. Patrick Lapeyre	*Paula ou personne*
7019. Albane Linÿer	*J'ai des idées pour détruire ton ego*
7020. Marie Nimier	*Le Palais des Orties*
7021. Daniel Pennac	*La loi du rêveur*
7022. Philip Pullman	*La Communauté des esprits. La trilogie de la Poussière II*
7023. Robert Seethaler	*Le Champ*
7024. Jón Kalman Stefánsson	*Lumière d'été, puis vient la nuit*
7025. Gabrielle Filteau-Chiba	*Encabanée*
7026. George Orwell	*Pourquoi j'écris* et autres textes politiques
7027. Ivan Tourguéniev	*Le Journal d'un homme de trop*
7028. Henry Céard	*Une belle journée*
7029. Mohammed Aïssaoui	*Les funambules*
7030. Julian Barnes	*L'homme en rouge*
7031. Gaëlle Bélem	*Un monstre est là, derrière la porte*
7032. Olivier Chantraine	*De beaux restes*
7033. Elena Ferrante	*La vie mensongère des adultes*
7034. Marie-Hélène Lafon	*Histoire du fils*

7035.	Marie-Hélène Lafon	*Mo*
7036.	Carole Martinez	*Les roses fauves*
7037.	Laurine Roux	*Le Sanctuaire*
7038.	Dai Sijie	*Les caves du Potala*
7039.	Adèle Van Reeth	*La vie ordinaire*
7040.	Antoine Wauters	*Nos mères*
7041.	Alain	*Connais-toi* et autres fragments
7042.	Françoise de Graffigny	*Lettres d'une Péruvienne*
7043.	Antoine de Saint-Exupéry	*Lettres à l'inconnue* suivi de *Choix de lettres dessinées*
7044.	Pauline Baer de Perignon	*La collection disparue*
7045.	Collectif	*Le Cantique des cantiques. L'Ecclésiaste*
7046.	Jessie Burton	*Les secrets de ma mère*
7047.	Stéphanie Coste	*Le passeur*
7048.	Carole Fives	*Térébenthine*
7049.	Luc-Michel Fouassier	*Les pantoufles*
7050.	Franz-Olivier Giesbert	*Dernier été*
7051.	Julia Kerninon	*Liv Maria*
7052.	Bruno Le Maire	*L'ange et la bête. Mémoires provisoires*
7053.	Philippe Sollers	*Légende*
7054.	Mamen Sánchez	*La gitane aux yeux bleus*
7055.	Jean-Marie Rouart	*La construction d'un coupable.* À paraître
7056.	Laurence Sterne	*Voyage sentimental en France et en Italie*
7057.	Nicolas de Condorcet	*Conseils à sa fille* et autres textes
7058.	Jack Kerouac	*La grande traversée de l'Ouest en bus* et autres textes beat
7059.	Albert Camus	*« Cher Monsieur Germain,... »* Lettres et extraits
7060.	Philippe Sollers	*Agent secret*
7061.	Jacky Durand	*Marguerite*
7062.	Gianfranco Calligarich	*Le dernier été en ville*

7063. Iliana Holguín Teodorescu — *Aller avec la chance*
7064. Tommaso Melilli — *L'écume des pâtes*
7065. John Muir — *Un été dans la Sierra*
7066. Patrice Jean — *La poursuite de l'idéal*
7067. Laura Kasischke — *Un oiseau blanc dans le blizzard*
7068. Scholastique Mukasonga — *Kibogo est monté au ciel*
7069. Éric Reinhardt — *Comédies françaises*
7070. Jean Rolin — *Le pont de Bezons*
7071. Jean-Christophe Rufin — *Le flambeur de la Caspienne. Les énigmes d'Aurel le Consul*
7072. Agathe Saint-Maur — *De sel et de fumée*
7073. Leïla Slimani — *Le parfum des fleurs la nuit*
7074. Bénédicte Belpois — *Saint Jacques*
7075. Jean-Philippe Blondel — *Un si petit monde*
7076. Caterina Bonvicini — *Les femmes de*
7077. Olivier Bourdeaut — *Florida*
7078. Anna Burns — *Milkman*
7079. Fabrice Caro — *Broadway*
7080. Cecil Scott Forester — *Le seigneur de la mer. Capitaine Hornblower*
7081. Cecil Scott Forester — *Lord Hornblower. Capitaine Hornblower*
7082. Camille Laurens — *Fille*
7083. Étienne de Montety — *La grande épreuve*
7084. Thomas Snégaroff — *Putzi. Le pianiste d'Hitler*
7085. Gilbert Sinoué — *L'île du Couchant*
7086. Federico García Lorca — *Aube d'été* et autres impressions et paysages
7087. Franz Kafka — *Blumfeld, un célibataire plus très jeune* et autres textes
7088. Georges Navel — *En faisant les foins* et autres travaux
7089. Robert Louis Stevenson — *Voyage avec un âne dans les Cévennes*

7090. H. G. Wells	*L'Homme invisible*
7091. Simone de Beauvoir	*La longue marche*
7092. Tahar Ben Jelloun	*Le miel et l'amertume*
7093. Shane Haddad	*Toni tout court*
7094. Jean Hatzfeld	*Là où tout se tait*
7095. Nathalie Kuperman	*On était des poissons*
7096. Hervé Le Tellier	*L'anomalie*
7097. Pascal Quignard	*L'homme aux trois lettres*
7098. Marie Sizun	*La maison de Bretagne*
7099. Bruno de Stabenrath	*L'ami impossible. Une jeunesse avec Xavier Dupont de Ligonnès*
7100. Pajtim Statovci	*La traversée*
7101. Graham Swift	*Le grand jeu*
7102. Charles Dickens	*L'Ami commun*
7103. Pierric Bailly	*Le roman de Jim*
7104. François Bégaudeau	*Un enlèvement*
7105. Rachel Cusk	*Contour. Contour – Transit – Kudos*
7106. Éric Fottorino	*Marina A*
7107. Roy Jacobsen	*Les yeux du Rigel*
7108. Maria Pourchet	*Avancer*
7109. Sylvain Prudhomme	*Les orages*
7110. Ruta Sepetys	*Hôtel Castellana*
7111. Delphine de Vigan	*Les enfants sont rois*
7112. Ocean Vuong	*Un bref instant de splendeur*
7113. Huysmans	*À Rebours*
7114. Abigail Assor	*Aussi riche que le roi*
7115. Aurélien Bellanger	*Téléréalité*
7116. Emmanuel Carrère	*Yoga*
7117. Thierry Laget	*Proust, prix Goncourt. Une émeute littéraire*
7118. Marie NDiaye	*La vengeance m'appartient*
7119. Pierre Nora	*Jeunesse*
7120. Julie Otsuka	*Certaines n'avaient jamais vu la mer*
7121. Yasmina Reza	*Serge*

*Tous les papiers utilisés pour les ouvrages
des collections Folio sont certifiés
et proviennent de forêts gérées durablement.*

*Impression Maury Imprimeur
45330 Malesherbes
le 23 mai 2023
Dépôt légal : mai 2023
1er dépôt légal dans la collection : juin 2016
N° d'imprimeur : 270593*

ISBN 978-2-07-045410-5 / Imprimé en France

600546